法然上人画像

知恩院所蔵。「往生要集披講の御影《みえい》」と呼ぶが，通称は「隆信《たかのぶ》の御影」。そのいわれは『法然上人行状絵図《ほうねんしょうにんぎょうじょうえず》』に，法然の『往生要集《おうじょうようしゅう》』の講義に感激した後白河法皇《ごしらかわほうおう》が似絵の名人の藤原隆信に命じて描かせ，蓮華王院《れんげおういん》に納めたとある「上人の真影」をこれとするものである。しかし，この画像は，「足引《あしびき》の御影」（二尊院所蔵）や「鏡の御影」（金戒光明寺所蔵・カバー）のように，頭頂が平らで凹《へこ》みのある「法然頭」に描かれず，また衣の線が形式的なことから，室町初期の模写本とも考えられる。便利堂写真提供。

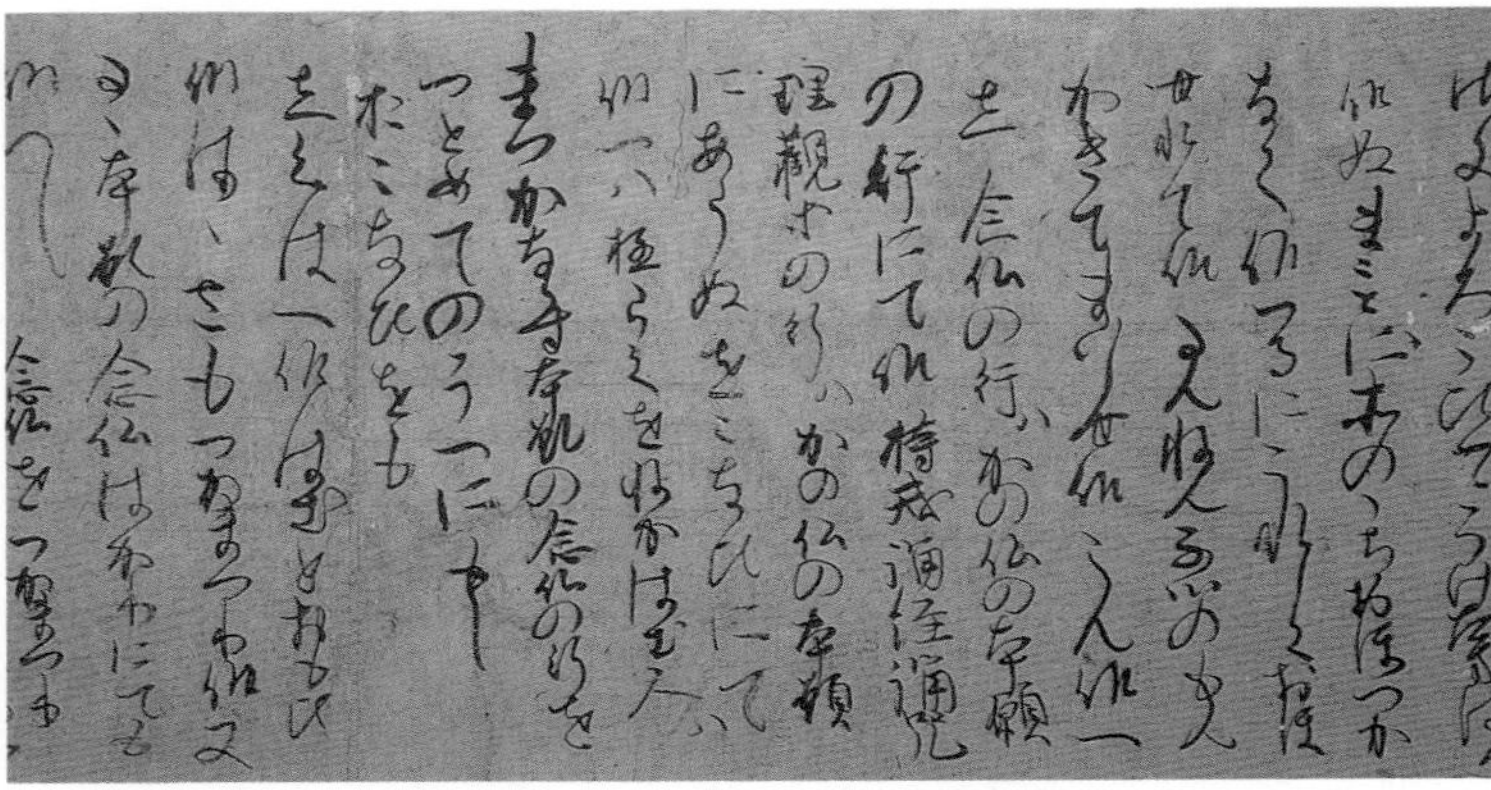

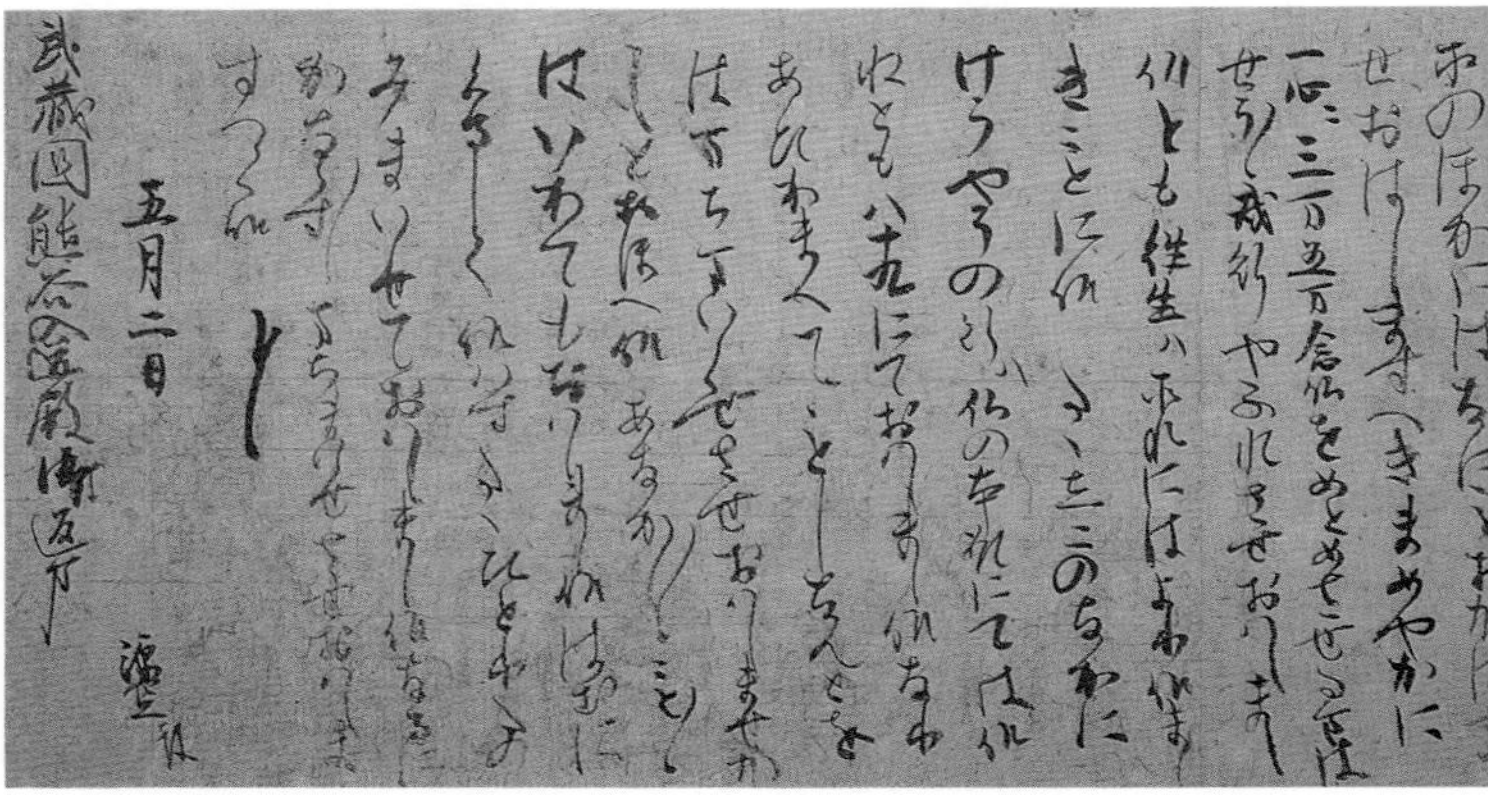

法然自筆書状

清涼寺所蔵。この書状の存在は古くから知られていたが，昭和37年に発見された興《こう》善寺《ぜんじ》の法然自筆書状と筆跡が一致することより，法然の自筆であることが確認された。内容は，熊谷直実《くまがいなおざね》の質問に対して，阿弥陀仏《あみだぶつ》の本願である念仏の行だけが極楽往生《ごくらくおうじょう》への道であると説き，持戒《じかい》・誦経《じゅきょう》・誦呪《じゅじゅ》・理観《りかん》などは本願の行ではなく，一心に三万・五万の念仏を唱えれば，少し戒行《かいぎょう》を破っても往生できなくなることはない，と懇切《こんせつ》に諭している。奈良国立博物館写真提供。

日本の名僧 ⑦

念仏の聖者 法然

中井真孝［編］

吉川弘文館

目次

口絵

法然上人画像

法然自筆書状

挿図

挿表

愚痴へ還《かえ》る

寺内大吉

元久《げんきゅう》二年（一二〇五）の十月。奈良興福寺《こうふくじ》が法然の専修念仏《せんじゅねんぶつ》を訴えた文書がある。「興福寺奏状《そうじょう》」と呼ばれる。九カ条に及んでおり、筆者は解脱房貞慶《げだつぼうじょうけい》と言われる。興福寺だけの利害とは思えず、南都北嶺《なんとほくれい》の既成教団の総意を代弁したものと考えて良いであろう。ここではその第五条「霊神ニ背《そむ》ク失《しつ》」に触れておくことにする。

霊神とは日本の神々を指す。古来からの神明《しんめい》思想で、既成の八宗は仏教をこれと習合させることで成立ってきた。

「奏状」は弾劾《だんがい》する。法然はこれらの民族神や民俗神を否定するばかりか、宗廟《そうびょう》大社の信仰まで無視しきる。宗廟大社はこの国の主権者が尊崇を深くしているところだ。尊崇《そんすう》を無視するのであれば、どのようにして王者の聖体を安《やす》んずることができようか、と王法為《おうぼうい》本《ほん》、神仏混交《こんこう》の立脚点から法然の専修念仏を非難するのである。法然義《ぎ》が阿弥陀如来《あみだにょらい》という一仏だけに帰依《きえ》することは「鎮護国家《ちんごこっか》」の日本の仏法を滅亡させる結果を招く。現に「奏状」は最終の第九条で「国土ヲ乱ス失」で締めくくっている。

この弾劾に法然はどのように対応したか。わずかに門弟の安楽房遵西《あんらくぼうじゅんさい》と法本房行空《ほうほんぼうぎょうくう》とを「殊《こと》ノホカ偏執《へんじゅう》」として傘下《さんか》から追放しただけだった。

かねて法然は念仏信仰に熱心のあまり他をかえりみない門弟信徒を「偏執」として退けてきた。「げにげにしき念仏者」とも呼んだ。行動ばかりではなく法然には確固たる理念があった。

その理念とは、正しき念仏者はつねに自分を「愚痴《ぐち》ノ人」と位置づけねばならないということだ。愚かな痴《し》れ者であるからこそ、阿弥陀仏の誓願《せいがん》に乗《じょう》じて救われてゆくのではないか。絶対他力《たりき》の根底には、おのれを愚か者とキメつける謙虚さがなければならない。比《ひ》叡山《えいざん》で修学していたころ「智恵第一ノ法然房」とうたわれた彼が巷《ちまた》へ現われると「愚痴ノ法然」と公言してはばからなかった。万人が平等の愚者であればこそ阿弥陀の慈悲心《じひしん》はいよいよ深まってくるはずである。

その点、偏執の信心は他を見下す賢者《けんじゃ》の奢《おご》り高ぶりが付きまとう。自力《じりき》念仏へ惑溺《わくでき》していってしまう。専修教団のなかで、こうした偏執の徒は「一念義《いちねんぎ》」とも呼ばれた。

彼らは念仏を弘《ひろ》めるべく未信の者とたえず論争をする。他力思想の優位性を強調する余り自力の腕力を振りまわしたりする。神明信心の習俗もきびしく否定した。

――神明に臨《のぞ》まば（礼拝《らいはい》すれば）必ず魔界《まかい》に堕《お》つ。

と言い触らしたりした。

「興福寺奏状」を受納した朝廷は蔵人頭《くろうどのとう》三条長兼に以下のような文章で答えさせた。

――頃年《このごろ》、源空《げんくう》（法然）上人《しょうにん》都鄙《とひ》ニアマネク念仏ヲ勧《すす》ム。道俗《どうぞく》多ク教化《きょうけ》ニ赴ク。而《しか》ルニ今、カノ門弟ノ中ニ邪執《じゃしゅう》ノ輩《ともがら》、名ヲ専修ニカルヲ以《もち》テ、咎《とが》ヲ破戒ニ顧《かえりみ》ズ。是《これ》ヒトエニ門弟ノ浅智《せんち》ヨリ起リテ、却《かえり》テ源空ノ本懐ヲ叛《そむ》ク。偏執ヲ禁遏《きんあつ》ノ制ニ守ルトイウトモ刑罰ヲ誘諭《ゆうゆ》ノ輩ニ加ウルコトナカレ。

と「奏状」をにぎりつぶした形となった。だが偏執門弟の暴走は止まるところを知らなかった。主権者はこれを利用する。「奏状」は最終第九条の「国土ヲ乱ス失」で予告している。

――現今、専修念仏ノ隆昌《りゅうしょう》ハ王化《おうか》中興ノ時トイウベキカ。

王化中興とは一天万乗《いってんばんじょう》の君たる天皇の独裁権力の確立だ。後鳥羽《ごとば》院の剛腕は「吹毛《すいもう》」に似た小事件をとらえて有力門弟を処刑し、法然自身をも四国へ流したのだった。

七十五歳の高齢で都を追われてゆく法然。だが彼は心乱す素振りは全く見せない。四国は未知の土地、そこで未知の人々に念仏を弘めて来よう、と門弟に語っている。

信心の強靭《きようじん》さもだが、そこに「愚痴の法然」の純朴そのものの姿が見えるではないか。どこの地へゆこうとも出会う人はみんな愚者仲間である。心おきなく念仏の有難さが語り合えるはずである。

これがエリート意識を突っぱらせていたら、七十五年間営々と積み上げてきたものを罪人という汚名を着せられて身も心も喪《うしな》うところであろう。

八百余年を経た現代日本社会で俄《にわか》に法然がかえりみられようとしている。それはなぜか。明治このかたアジアのエリート大国となった日本が第二次世界大戦で完敗。焼土の中から経済大国となって再起した。だが、その「経済」も今や二流三流へランクされつつある。つまり明治からこの十年ほど前までの日本人は「智者」であるおのれに頼りきってきた。それが挫折《ざせつ》した現代。あらためて「愚者」とは何であるか。つねに「環愚痴」(愚痴ニ環《かえ》レ)と主唱してきた法然の愚かさとは何であるか。日本人の眼が一斉にそこへ向けられてくるのではあるまいか。

「法然」公演の想出

中村梅之助

前進座は法然上人御生誕八百五十年にあたる一九八二年、「法然」を上演した。文芸部田島栄君が宗門の諸先生の御教示を得て三年がかりで「二幕十二場」の戯曲《ぎきょく》を書いた。同年九月京都南座を振出しに二年間で全国を巡演し、二〇四回上演、観客動員二三万人、その行程は一万三〇〇〇キロに及んだ。

もう二十年も前、私が五十二歳の時であり、この様な偉大な聖人を演ずるのは初めてで、責任の重大さに身の震える思いであった。同時に大きい目標に体当りして、得がたい経験に挑む勇気も湧いて来たものである。

資料によると鶴の様な細い方ではなく、中程度の肥満型で、幸い私の体格とあまり差異のないことにまずホッとした。困ったことに上人の日常の御生活の記録はないに等しい。上人は日に七万回念仏されたと聞き、多くの絵像から学んで、常に数珠《じゅず》を爪繰《つまぐ》ることにした。これを全公演で通算すると一二〇万八〇〇〇回も爪繰ったことになる。小さな行ないも重ねれば大きな数になることに驚いたものである。この数珠は有難《ありがた》いことに、故藤井実応御門主《ごもんす》の御添書を頂いて、岡山県津山誕生寺《つやまたんじょうじ》に納められている。

私の父中村翫右衛門《かんえもん》は、当時病床にあったが「この役の体験はこれからの君に、大きい貴重な影響を与えて呉《く》れるだろう」と喜んでくれた。

私は法然上人を演じ、俳優として、人間として大切なことを学ぶことができたと思う。

第一に、観客を信頼すること、上人を慕って集まられた観客の一つになった心が、劇の進展を信じ一緒に高めて下さる。この信頼の力が私を支えて下さった。清水寺《きよみずでら》の故大西良慶《りようけい》師の暁天《ぎようてん》講座で「貴方《あなた》がたが仏なの、私は毎朝こうして仏とお話ししているの」とあの張りのある声で聴衆に語られていたのを想い出される。

第二に、相手役（演ずる役者も含めて）を信頼すること、毎回新鮮に相手の言葉を聞き、それに応じながら相手の生き方苦しみに学び、教えが確かめられていくのである。

第三に、戯曲を信頼し、予見や雑念、学んだ知識を捨て、舞台に生き己《おの》れ自身が昂《たか》められていかなくてはならない。父の教えの中に、「憶えて忘れろ」「役になれ、自分になれ」という言葉がある。この劇を通じて少しずつわかってきた様に思えた。どれもこれも、当り前のことと思うが、己れを追いつめないと本当のことがわからないものである。

法然上人の御行跡《おぎようせき》、良くまとめて書かれた作品、それを演ずることで感動に心を洗われるような日々であった。第一幕の終章、勝林院《しようりんいん》大原《おおはら》問答の場では豊かになり大きい確信に満ちたことを憶えている。「つくづく今の世を思うに天災戦乱は民の苦しみを増し、今《こん》生《じよう》に望みを失ない死後の地獄、餓鬼《がき》、畜生道《ちくしようどう》の責苦《せめく》を思いおののく人々、一切の衆生《しゆじよう》を一人ももれなく救わんと誓われた弥陀《みだ》の御心、それを信じ生きる支えとして称《とな》えるのが他《た》力《りき》の念仏です、つたないこの身をかえりみ、相応の法をのべました、この説を押しつけたり、すぐれた学問修行を妨げようとはいささかも思いませぬ」。居並ぶ諸宗の人々の胸を打つこの問答は、現実を直視し、全てを捨て人々を救うために見出した道への確信と、初めて人間平等を示めされた中世仏教の礎《いしずえ》を築かれたものといえよう。

親鸞《しんらん》上人には「本当の苦しみの中でしか、己れを見出せぬ、生きる道も見出せぬもの、十人念仏申して九人往生出来ず共、己れ一人は必ず念仏して往生するぞと思いなされ」と云われる。誠に慄然《りつぜん》とする程、厳しさを教えられる。

　終幕の洛東《らくとう》小松殿で、念仏の勢いを恐れた諸宗は遂に念仏禁止に追込み、法然、親鸞を流罪《るざい》とする。七十五歳の上人は「辺境の地に赴き田夫野人《でんぷやじん》に勧めること、かねてより念願であり、はからずも此度《このたび》の流罪《るざい》は朝恩《ちようおん》と云ってもよい、法の弘通《ぐずう》は、人止めんとするとも法さらに止まるべからず」、そして御入滅《にゆうめつ》あらば遺跡は何処《どこ》にとの問いに「遺跡を一つに決めては教えは広く伝わらぬ、弘通は生涯の勤めであり念仏の声する処、みなわたしの遺跡である、わたしに会いたくば念仏を称《とな》えなされ」と語りかけられる。その様なことを申されてはお命にかかわりますとの声に「わたしの言葉を信じ生きる支えとする人々を見捨てよと云うのか、たとえ死刑になろうともこの事ばかりは申さずにはおられぬ、南無阿《なむあ》弥陀仏《みだぶつ》」と毅然《きぜん》として立たれ、そして「一枚起請文《いちまいきしょうもん》」の群読《ぐんどく》で幕が下りるのであった。

瓩右衛門が死去したのは九月二十一日、東京の公演で不思議と此《こ》の日だけ休演日であったので父を看取ることができた。常に良い芝居を全国にと云っていた父の心は、「法然」の終幕に上人の言葉と一つになって私の胸に迫って来たものである。私も七十四歳になった。「法然」の体験はそれからの一生を写し確かめる鏡と思っている。

法然上人との出会い

水谷幸正

いま、法然上人が生きておられたら、現実の世相を視つめて、私に、あるいは私たちに、何をおっしゃるか、ということが私にとっての法然上人である。おっしゃるであろうことを私なりに受けとめて（間違っているにしても、真剣に受けとめる）、日常生活の規範とすべく努力しているのが現状である。「現世のすぐべきようは念仏の申されんようにすぐべし」をめざす日ぐらしである。

法然上人（以下上人という）との出会いを述べたい。浄土宗寺院に生まれる。称名念仏《しょうみょう》の声を聞きながら育ったが、上人と出会ったという自覚は全くなかった。小学生時代、上人について格別に父から教えられた記憶はない。中学一年、念仏信者老婦人宅に下宿。勧められて婦人と共に少しばかり念仏をしていたが、どちらかといえば嫌であった。一年修了後、軍人養成学校に入る。終戦までの四年半、天皇とか神々の話には関心はあったが、上人とのご縁はなかった。終戦後、小生を可愛がってくれていた祖母の寺に復員。初志貫徹できず、半ば茫然《ぼうぜん》自失、将来への展望も画いていないときに、落ちぶれた姿を見た祖母が「おまえはやっぱり坊主になれ」と涙声で強く奨《すす》めてくれる。「やっぱり」とは生前からの法然上人とのご縁のこと。母は法然上人の寺の娘。しかも、十三年間、小生が上人のお仏飯《ぶっぱん》で育ったことは間違いない。この祖母の一言で僧侶になることを決心。翌年四月、仏教専門学校に入学し、僧侶への第一歩を踏み出す。これとても、上人の生きざまに憧れ、その教えを求めてのことではない。簡単にいえば、僧侶になることが目的だったのであり、大きな志や願いを具体的に抱いていたわけではなかった。

仏教専門学校において、仏教を学び、上人の教えを学ぶにつれて、上人との出会いを自覚した、といえる。法然教学に親しみをおぼえるにつれて、血肉の中に上人の教えが流れているのではないか、と感ずるようになった。難しい仏教用語でいえば、「薫習《くんじゅう》」「習気《じっけ》」

であろうか。寺も女房も持たない念仏の求道《ぐどう》僧になることを真剣に考えたときもあった。浄土宗僧侶として上人に傾倒しつつあったが、とくに璽書伝法《じしょでんぽう》（浄土宗僧侶の高次の修行道場）において、林隆碩勧学《かんがく》が感極まって大粒の涙を流して説かれた上人の念仏の極意に感動し、念仏を人生の心柱にせねばの覚悟が心底からでてきた。これこそ正しく法然上人との出会いであった、とおもう。爾来《じらい》、五十余年、怠惰《たいだ》な小生をよきにつけあしきにつけ今日まで支えてくれたのは称名念仏そのものである。

念仏興行《こうぎょう》を阻止する勢力の讒言《ざんげん》による四国配流《はいる》のとき（上人七十五歳）、嘆き悲しむ弟子たちへ「流刑《るけい》を恨んでいない。辺鄙《へんぴ》な土地で念仏を説く機会を与えてくれた朝恩《ちょうおん》である、云々」という上人のお言葉に胸がしめつけられるおもい。まさに生涯をかけての求道と教化の年輪が刻まれている。悪縁を仏縁と流してゆく自然法爾《じねんほうに》の名にふさわしい上人の真意がこもっている。殺害された父の「敵を怨《うら》むな、仏道に入れ」の遺訓が生涯を通しての上人の念仏の心である。「怨みを返すな」は釈尊《しゃくそん》の教えでもあった。仏教は自己に厳しく他者に寛容な、まさに大らかな宗教である。慈悲心とはこのことである。上人の念仏の心は慈悲心の極みであり、もっとも大らかな仏教である。ちなみに、私事を申しあげて恐縮だが、拙寺は上人流罪の船乗場遺跡の対岸にある。朝な夕な古《いにし》えに変らぬ鴨川《かもがわ》の流れを見つめ、上人のお言葉をかみしめることを習いとする。上人が怠惰な小生を思いやって、拙寺とご縁を結ばせて下さったと有難く拝受している。

この配流を憂えた弟子が念仏説法《せっぽう》を躊躇《ちゅうちょ》したとき「たとい死刑になってもこのことは言わねばならない」と上人は言い切っている。念仏信仰弘通《ぐずう》にかける信念は毫《ごう》も揺いでいない。円満柔和な優しいお人がらでありながら、こと伝道については実に剛毅剛直《ごうきごうちょく》な方であった。川の流れは八百年前の人間法然像を倦《う》まずたゆまず浮かばせてくれる。

わが浄土宗の願を込めて、平成十三年正月、「浄土宗二十一世紀劈頭宣言《へきとう》」を世間に訴えた。「愚者の自覚」「家庭にみ仏の光を」「社会に慈《いつく》しみを」「世界に共生を」の四大項目である。上人の心を心とし、すべての人びとの幸せを願っての宣言である。なかんずく、「愚者の自覚」は、世俗の名利《みょうり》を捨て、世俗からの出離《しゅつり》を求めていた上人の厳しい自己反省による人間観であった。人類の不幸を齎《もたら》している傲慢《ごうまん》な人間観への鉄槌《てっつい》であり頂門《ちょうもん》の一針《いっしん》である。自分以外の他者との「共生」を自覚せしめてくれる。これからの人類の指導理念は「共生」である。

おわりにメッセージ。「法然上人の心を日本人へ、日本人の眼を法然上人へ」

一　法然伝の系譜

中井真孝

1　法然伝研究の問題点

法然上人（以下、尊称を略す）の死後、有力な弟子を核にしてできたいくつかの門流が、宗祖の言行についてそれぞれ別個の伝承をもち、それにもとづいた何篇かの伝記が作られた、と推測することには誰しも異存はなかろう。しかし、成立が前後する二、三の伝記について、それらの間に類似の記事が見出せたとして、後に作られた伝記はそれ以前に成立した伝記を参照して取り入れ、内容を豊かに、体裁を整えてゆくと考えるのは、一般的な性向ではあるが、初期に成立した伝記については少し問題であろう。これまでの法然伝研究では、伝記によってそうした潤色《じゅんしょく》の過程が跡づけられるものと、そうでないものとがあることを混同してきた。

従来の法然伝研究は、成立年代が明らかであるか、または推定できる何篇かの伝記の間に、内容や表現に共通もしくは類似の記事があると、成立が早いと見られる伝記が原典となり、後続の伝記は先行のそれを継承して潤色を加えて記事をなした、と考えてきた。だが、これは伝記の変化にさまざまな形容があることを無視した論議であって、一種の思い込みに過ぎないのである。

室町時代以前の成立にかかる法然伝は、現存するものだけでも十指に余るほど多種に及ぶが、このうち最古の法然伝は『法然上人伝記』［醍醐本《だいごぼん》］（以下『醍醐本』という）もしくは『源空聖人私日記《げんくうしようにんしにつき》』（以下『私日記』という）であって、その他の法然伝の祖形（原資料）になっていると考えられていた。田村圓澄《えんちよう》氏は『私日記』が最初に成立した法然伝であり、園城《おんじよう》寺の公胤《こういん》が夢で法然を勢至菩薩《せいしぼさつ》の来現と見たと記すところから、公胤夢告《むこく》の建保《けんぽ》四年（一二一六）を成立の上限とし、嘉禄《かろく》の法難《ほうなん》に触れていないところから、嘉禄三年（一二二七）に下限を置いた（『法然上人伝の研究』法蔵館、一九五六年）。一方、三田全信《ぜんしん》氏は『醍醐本』の方が早く成立したと考え、法然伝がおおむね上人の年忌《ねんき》に作られる傾向にあることを理由に、三回忌に当たる建保二年（一二一四）に成立したという（『成立史的法然上人諸伝の研究』光念寺出版部、一九六六年）。

『私日記』が最古の法然伝とする説では『私日記』→『醍醐本』の順に、『醍醐本』が最初の法然伝と考える説によれば『醍醐本』→『私日記』の順に成立したと見て、成立史的な系譜を想定する。ところが、『私日記』と『醍醐本』は系統を異にする伝記だとして、両者間に系譜関係を想定しない説もある（阿川文正「知恩講私記《ちおんこうしき》と法然上人伝に関する諸問題」『大正大学研究紀要』五一輯、一九六六年）。

右の法然伝に次ぐものとして、安貞二年（一二二八）に書写された隆寛《りゅうかん》（劉官《りゅうかん》）作の『知恩講私記』（以下『知恩講』という）と、嘉禎《かてい》三年（一二三七）に耽空《たんくう》（堪空《たんくう》）が詞書《ことばがき》を作成した『伝法絵流通《でんぼうえるずう》』「善《ぜん》導《どう》寺本の外題《げだい》は『本朝祖師伝記絵詞《ほんちょうそしでんきえことば》』」（以下『伝法絵』という）がある。なかでも『知恩講』について、『醍醐本』と密接な関係にあると指摘した上で、その成立は早ければ上人の三回忌法要の時期とする説（阿川文正）、建保（一二一三〜一九）年間半ばすぎ以降約十年とする説（伊藤唯真『浄土宗史の研究』法蔵館、一九九六年）に分かれる。また『私日記』との前後関係においては、『私日記』より後れると見なされている（三田全信・伊藤唯真）。しかし、法然上人伝の成立史から見て、『知恩講』を『醍醐本』『私日記』などと並んで古層に属する伝記に位置づけることには、誰も異議を挟まないであろう。

法然伝のなかでも古層に属する『醍醐本』『私日記』および『知恩講』について、成立史的に諸説が交錯《こうさく》しているのはどうしてだろうか。それは前後関係の決め方であろう。例えば田村圓澄氏は、『私日記』が法然を荘厳《しょうごん》するために取り上げた神秘的奇瑞《きずい》などの聖道門《しょうどうもん》的色彩が、『醍醐本』の「一《いち》期《ご》物語」ではすべて拒否ないし無視されているから、「一期物語」の成立が『私日記』以後にあることを示す、という。伊藤唯真氏も、法然を道綽《どうしゃく》の来現、善導《ぜんどう》の再誕であるとする浄土門《じょうどもん》的祖師観で書かれた『知恩講』の方が、同じく法然を弥陀《みだ》の応跡《おうしゃく》、勢至の化身《けしん》と見る聖道門的祖師観の『私日記』より後に成立した、とする。しかしながら、祖師の描き方が、聖道門的な伝記が古く、浄土門的な伝記が新しいと見なす論拠はどこにもないのである。法然伝の研究において、こうした論者の主観と思い込みは排除されねばならないのである。

2　法然伝の成立過程

早期成立の法然伝　『醍醐本』は大正年間（一九一二～二六）に醍醐寺から発見された。近世初頭に義演准后《ぎえんじゅんごう》の書写にかかる法然伝だが、古体を残している。内容は(1)「一期《いちご》物語」(2)「禅勝房《ぜんしょうぼう》との問答」(3)「三心料簡《りょうけん》事」(4)「別伝記」(5)「御臨終日記」(6)「三昧発得《さんまいほっとく》記」の六篇から成るが、写本における改頁の仕方から判断すると、(1)(2)(3)、(4)、(5)(6)の三部に分かれるようである。冒頭に「法然上人伝記」という題号に続いて「附《つけたり》　一期物語　見聞書勢観房《せいかんぼう》」とあるところから、(1)は源智《げんち》（勢観房）の見聞にかかる法然の法語《ほうご》を書き留めたもので、(2)(3)もまた源智の伝える法語であろう。

(5)の末尾に「上人入滅《しょうにんにゅうめつ》以後三十年に及ぶ。当世上人に値《あ》ひ奉《たてまつ》れるの人、其《そ》の数多しと雖《いえど》も、時代若《も》し移らば、在生《ざいしょう》の有様《ありさま》に於《お》いて定めて蒙昧《もうまい》を懐《いだ》くか。これが為《ため》に今聊《いささ》か見聞《けんもん》の事を抄記《しょうき》す」とあり、(6)の前文に「また上人在生の時、口称三昧《くしょうざんまい》を発得し、常に浄土の依正《えしょう》を見たまふ。自筆を以て勢至（観カ）房に伝ふ。上人往生《おうじょう》の後、明遍僧都《みょうへんそうず》尋ねて一見を加へ、随喜《ずいき》の涙を流す。即《すなわ》ち本処に送らる。当時聊かこの由《よし》を聞き及ぶと雖も、未《いま》だ本を見ざれば、その旨を記さず。後にかの記を得て写せり」、末尾に「この三昧発得の記、年来の間、勢観房秘蔵して披露せず。没後に於て図らずも伝へ得て書き畢《おわ》んぬ」とある。(4)以外の各篇の成立は、法然の在世中または没後の間もないころに想定しうるが、これらの識語《しきご》から、現行本のように六篇まとまった形で編集されたのは、源智が亡くなった暦仁元年《りゃくにん》(一二三八)より後の、法然没後三十年の仁治《にんじ》二年(一二四一)ごろ、源智の弟子の手になると考えられる。(4)の「別伝記」は、源智の門流に伝える法然伝とは系統を異《こと》にし、「直《ただ》の人に非《あら》ざる」様相を描く法然伝から、必要な箇所を抜粋《ばっすい》したものと思われる。

『知恩講』は、法然の廟堂《びょうどう》で遺弟《ゆいてい》らが命日ごとに営んだ「知恩講」の講式である(書名の「私記」は「式」の当て字)。講式とは、法会《ほうえ》の式次第およびその際に読み上げる賛嘆《さんだん》の詩文のことで、当然そこには伝記の要素が込められており、『知恩講』もまた法然伝の一つに数えてよい。昭和三十九年(一九六四)に東寺宝菩提院《とうじほうぼだいいん》から発見された古写本には、「安貞《あんてい》二年八月十二日以上蓮房本書写了　沙弥《しゃみ》信阿弥陀仏《しんあみだぶつ》」という奥書《おくがき》をもつので、安貞二年(一二二八)以前の成立である(櫛田良洪《りょうこう》「新発見の法然伝記」『日本歴史』二〇〇号、一九六五年)。

この『知恩講』の作者は、隆寛《りゅうかん》と推定されている(櫛田良洪「虫余漫筆」『大正大学学報』二三号、一九六四年)。その理由は、「桑門《そうもん》劉官作」の『別時《べつじ》念仏講私記』の跋文《ばつぶん》に、貞応《じょうおう》三年(一二二四)十月中旬に隆寛が作成したと記し、それを元仁《げんにん》二年(一二二五)二月下旬に『知恩講』と同じ信阿弥陀仏が書写しているからである。この推定の蓋然《がいぜん》性は高く、隆寛は法然の高弟として、法然の五七日中陰《ごしちにちちゅういん》法要の導師を勤めており、法然滅後の専修《せんじゅ》念仏集団の指導的立場にあった。

法然の徳を讃える賛嘆文《さんだんもん》は「第一、諸宗通達《つうだつ》の徳を讃す」「第二、本願興行の徳を讃す」「第三、専修正行《しょうぎょう》の徳を讃す」「第四、決定《けつじょう》往生の徳を讃す」「第五、滅後利物《めつごりもつ》の徳を讃す」の五つがあり、特に伝記的要素は第一・第三・第四の讃に見える。第四の讃は、法然が決定往生した徳を讃えて、往生の瑞相《ずいそう》が現れたことを述べるが、その「種々の霊異《りょうい》、連々の奇瑞《きずい》」は世人周知の事実であったという。法然の臨終にまつわる霊異・奇瑞は、親鸞《しんらん》の『西方指南抄《さいほうしなんしょう》』所収の「法然聖人臨終の行儀」「諸人霊夢記」や『醍醐本』の(5)「御臨終日記」などに拠って成文したと考えられている（伊藤唯真）。しかし、それらの古記録と『知恩講』の間には、少なからず記事の出入りが見られる。特に「二十四日酉《とり》の剋《こく》以去、称名《しょうみょう》、躰《からだ》を迫《せ》めて無間無余《むけんむよ》なり。助音《じょおん》の人々は窮屈に及ぶと雖《いえど》も、暮齢病悩の身、勇猛《ゆうみょう》にして声を絶たざること未曾有《みぞう》の事なり。明日往生《おうじょう》の由《よし》、夢想の告《つげ》に依りて、驚き来て終焉《しゅうえん》に逢《あ》ふ者、五六許《きょ》輩なり」、という箇所は、『知恩講』独自の表現と内容をもっている。

第一の讃に「然《しか》らば則《すなわ》ち、本国の明師《みょうし》は還《かえ》りて弟子と成り、黒谷《くろだに》の尊師は押して規範と為す。興福《こうふく》寺《じ》の耆徳《ぎとく》は仏陀と称して供養を展《の》べ、東大寺の長老は和上《わじょう》と為して円戒《えんかい》を受く」とあるのは、四人の師匠・学僧が法然に敬服し、弟子の礼をとったという逸話を伝えるものだが、諸伝の中で『醍醐本』「別伝記」が本国の智鏡《ちきょう》房（本師）、黒谷の慈眼《じげん》房（出家授戒の師）、鏡賀《きょうが》（華厳《けごん》宗の先達《せんだつ》）、蔵俊《ぞうしゅん》（法相《ほっそう》の法門）の名を挙げて「已上《いじょう》四人の師匠、みな二字の状を進む」と特記するのに、最も近いようである。

しかし、『知恩講』は賛嘆文という性格からか流麗な文章であり、『醍醐本』「別伝記」は抜粋《ばっすい》した形

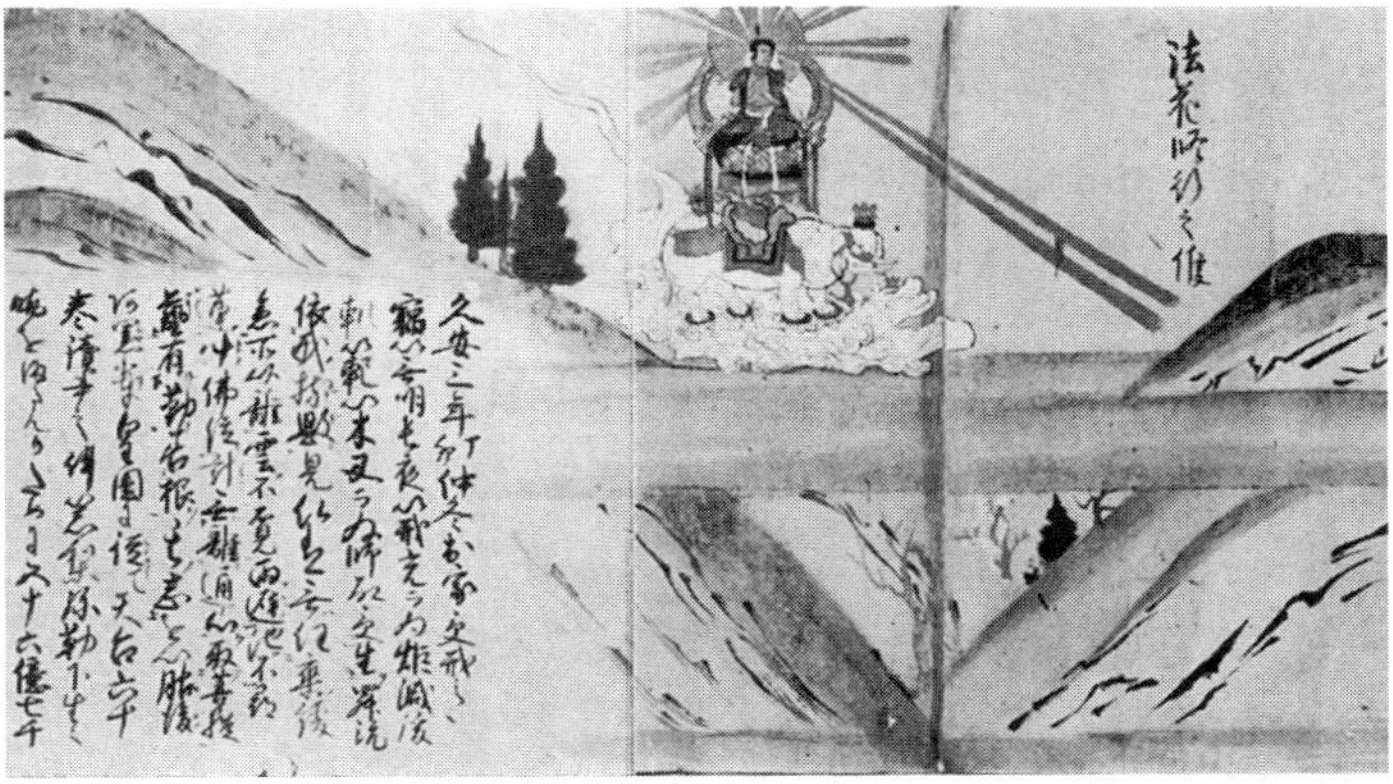

図１　『本朝祖師伝記絵詞』（久留米市善導寺所蔵）

跡を残すためか文体が不統一である。両者は内容的に系統を同じくする伝記であって、しかも極めて近しい関係にあるが、文章表現でいずれか一方が他方を参照したという成立的な前後関係は想定しがたい。

『伝法絵』の完本には、久留米《くるめ》の善導寺《ぜんどうじ》所蔵の『本朝祖師伝記絵詞』四巻がある。室町時代の写本で、絵図は粗略の観を免れないが、詞書《ことばがき》は原態を伝えていると思われる。『本朝祖師伝記絵詞』は外題《げだい》であって、巻三の内題の『伝法絵流通《るずう》』が本来の書名であり、しかも当初は二巻の構成になっていた。巻二の奥書に「嘉禎三年丁酉十一月廿五日筆功已《すで》に畢《おわ》んぬ。……爰《ここ》に躭空《たんくう》筆を執《と》りて旨趣を草《そう》し、観空墨《すみ》を和《あ》へて画図を摸す」とあり、躭空が詞書を書き、観空が絵図を描き、嘉禎三年（一二三七）に制作されていることが分かる。なお、巻四の跋文《ばつぶん》に「永仁二年甲午九月十三日書畢　執筆沙門寛恵《しゃもんかんえ》満七十」とあるので、永仁《えいにん》二年（一二九四）に寛恵が書写したものを、さらに転写したのが善導寺本ということになる。

制作の意図は、善導寺本の序文に「いま先師上人念仏すすめ給《たま》える由来を、画図にしるす事しかり。于時《ときに》嘉禎三年丁酉正月廿五日、沙門躭空記之《これをしるす》」、巻二（原上巻）の末尾に「上人始は戒をときて人に授《さずけ》、後には教を弘《ひろめ》てほとけになさしめ給《たまう》。……又《また》二菩薩の化をほどこして、九品蓮台《くほんれんだい》をひらき給。末代なりといへども誰人《たれびと》か疑をなさん。仰《あおい》で信《しんず》べしと思て、心のはやりのままに七旬《しちじゅん》の老眼に悲涙《ひるい》を抑《おさえ》て泣《なき》、一人の同法をすすめて後素《こうそ》をしるす」、巻四（原下巻）の末尾に「上件巨細《こさい》、将来までとどめんと念仏の処、古廟顚倒《てんどう》の日、無懺《むざん》の思ふかくして、生死《しょうじ》をいとひ、新発意《しんぼち》の沙門、有縁《うえん》のもよほすところ、互に言語《ごんご》をまじへ、共に画図の思案をめぐらして、後見のあざけりをわすれて前途を彼界におくる」と、躭空・観空それぞれの立場から述べている。要するところ、法然への報恩と念仏弘通《ぐずう》のために、詞書と絵図を交えた絵巻物を作り、宗祖法然の事績を明らかにして、その徳行に帰敬《ききょう》の念を起こさせることにあった。ここに「絵伝」（「伝絵」とも）という形式の伝記が生まれたのである。そこで『伝法絵』は、この後に続く法然の絵伝の最初として注目される。

なお、詞書の作者躭空について、巻四の奥書に「六十九歳」とするから年齢計算の点で問題が残るが、建長《けんちょう》五年（一二五三）に七十八歳で亡くなっており、初めは法然の弟子で後に信空の弟子となった堪空（正信房《しょうしんぼう》）と同一人物と考えて差し支えない（井川定慶『法然上人絵伝の研究』法然上人伝全集刊行会、一九六一年）。

『私日記』の位置　さてここで論じなければならないのが、『私日記』のことである。『私日記』が最初に成立した法然伝であると主張したのは田村圓澄氏であるが、中沢見明《けんみょう》氏の見解を無批判に継承しているに過ぎない。中沢氏は『伝法絵』が『私日記』を根本資料としていると考えたが、その例証に高倉《たかくら》天皇受戒《じゅかい》のことを挙げている（『真宗源流史論』法蔵館、一九五一年）。

中沢氏は、『私日記』が上西《じょうさい》門院における説戒《せっかい》につづいて突然、「高倉天皇御得戒」云々とあるのは変な書きぶりで、親鸞自筆の『西方指南抄』所載の『私日記』には「高倉天皇御宇得戒」となっており、『私日記』は高倉天皇受戒のことを記したのではなく、上西門院に説戒されたのが高倉天皇の御時であり、その戒は南岳大師相承《そうじょう》のものであったと読解した。『私日記』のここは、（上西門院が）「高倉天皇の御宇《ぎょう》に戒を得たまひき」と読むべきところを、『伝法絵』が依拠した『私日記』には「宇」字が脱落していたらしく、「高倉天皇御得戒侍《はべ》りき」と読んでしまったという。中沢氏は、『私日記』の上西門院に関する一事件を記した文章に一字の脱字があったために、『伝法絵』では二の事件となり、上西門院説戒の段の次に高倉天皇受戒の段が付け加えられたと推測した。そして、『伝法絵』は『私日記』の脱字本が材料になっていると結論づけたのである。

中沢氏の所説は、結論のみが多くの法然伝研究者に受け入れられて、その論証に疑義《ぎぎ》が呈されることはなかった。『私日記』における年代表記は、各段の冒頭に置くことを原則としており、中沢氏が上西門院の説戒は高倉天皇の時代であったと解釈できるような、段の半ば以後の位置に年代表記の語句を配することはない。しかも親鸞自筆本は改行しているのである。したがって「高倉天皇」以下の記事は、「宇」字の存否にかかわらず、上西門院説戒の記事と内容的な繋がりはないと考えざるをえない。ここに『私日記』成立が『伝法絵』以前にあるとする説の、主たる論拠を失ったことになる。

本章では詳細な検討は省くが、記事の比較対照を行なうと、『私日記』は『醍醐本』「一期物語」を資料として用いたことが判明する（中井真孝『法然伝と浄土宗史の研究』思文閣出版、一九九四年）。『私日記』は文章を書き換えた際に、語句の挿入や省略などの改竄《かいざん》で、記事の不統一や表現の曖昧《あいまい》さを露呈しているのである。さらに『伝法絵』との比較対照においても、中沢氏以来の通説に反して、『私日記』の方が『伝法絵』を素材としたことが分かる。『私日記』は『伝法絵』の関連記事を適当に拾い集めたようで、故意の省略による前後の矛盾、簡略から生じる内容の不足などが窺われる。こうした不手際は、『私日記』の作者が自己の関心に従って『醍醐本』「一期物語」および『伝法絵』の中から記事を拾い集めて、それを自己流に書き換えたからに他ならないのである。逆に『醍醐本』「一期物語」や『伝法絵』が、『私日記』の文章をもとに、上記の欠陥を補正しつつ修文することは、技法的に不可能に近いと思われる。

このように、『私日記』に従前から与えてきた、法然伝のオリジナルであるという評価は認められないのである。それでは『私日記』はいつ成立したのか。上限は『伝法絵』の嘉禎三年（一二三七）ないし『醍醐本』が編集されて世に出る仁治二年（一二四一）に設定できるが、下限は『私日記』を収載する『西方指南抄』を親鸞が書写した康元《こうげん》元年（一二五六）に置くのが妥当であろう。建長六年（一二五四）に橘《たちばなの》成季《なりすえ》が撰した『古今著聞集《ここんちよもんじゆう》』巻二の法然に関する物語は、主として『知恩講』および『伝法絵』によって書かれており、『私日記』を用いた形跡はない。ところが、正嘉《しようか》元年（一二五七）に愚勧住信《ぐかんじゆうしん》の編集にかかる『私聚百因縁集《しじゆひやくいんねんしゆう》』巻八の「法然上人事」は、明らかに『私日記』を根本資料の一つに用いているからである（藤堂恭俊「愚勧住信の法然上人伝成立攷」『東山高校研究紀要』一集、一九五四年）。

以上によって、『私日記』が『醍醐本』「一期物語」や『伝法絵』に依拠した二次的な法然伝であると言わざるをえず、中沢見明氏や田村圓澄氏によって構築されてきた『私日記』観は根底から崩れたのである。なお、先行する法然伝になく、『私日記』に初めて現れる記事は、「聖人始めて胎内《たいない》を出《いづ》る時、両幡《ばん》天より降れり。奇異の瑞相なり」という誕生時の奇瑞、法然の父を襲撃したのは稲岡庄預《あずかり》所《どころ》の「明石源内武者《あかしのげんないむしや》」であったことなどが挙げられる。

3　門流教化と法然伝

門流と法然伝　早期に成立した法然伝の、成立時もしくは確実に推定される下限は、『知恩講』は安貞二年（一二二八）、『伝法絵』は嘉禎三年（一二三七）、『醍醐本』は仁治二年（一二四一）となる。この三つの伝記間には、類似の記事を見いだしうるが、それは何を意味するのであろうか。各伝記が共通する祖本の「原法然伝」からそれぞれ直接に継受したか、あるいは『知恩講』→『伝法絵』→『醍醐本』といった成立的な系譜関係を推測せしめるか、現在そういったことを証明することはできない。異なった伝記間の記事の共通性は、本章の冒頭に述べたように、後続の伝記が先行伝記の記事を資料にしたと考えるだけでは、十分に説明できない場合がある。

法語《ほうご》を例にとると、鎮西《ちんぜい》の修行者と法然の、称名《しょうみょう》のとき心を仏の相好《そうごう》に懸けるべきかの問答は、『醍醐本』「一期物語」に収めるが、ほぼ同じ内容で「信空上人伝説の詞《ことば》」(『和語灯録《わごとうろく》』巻五)にも、隆寛の門弟が編集した『閑亭後世物語《かんていごせものがたり》』巻上にも出てくる。この法語を載せる文献もまた、原拠《げんきょ》と継受の関係を想定すべきであろうか。私は、鎮西の修行者と法然の問答を、その場に居合わせた弟子、たとえば源智《げんち》・信空《しんくう》・隆寛《りゅうかん》らが各自その法語を書き留め、もしくは門弟に語り伝えた、と推測するのである。系統を異にする門流間で伝わった法然の法語に、内容・表記に類似性が見いだされるのは、それらが資料引用の関係で生じた結果ではなく、法然自身が語った言葉を複数の聴聞者《ちょうもん》が書き留め、あるいは聞き伝えた所産であることを示している。そこに微妙な差異があるならば、聴聞者による主観的な理解ないしは取捨選択、誤聞を表していると考えられる。

こうしたことは、法然の伝記でも言えるのではないか。『私日記』を除くと、初期に成立した法然伝は、(1)源智系の『醍醐本』「一期物語」、(2)信空・湛空《たんくう》系の『伝法絵』、(3)隆寛系の『知恩講』、の三つとなる。(1)は「法然上人伝記」と称されるが、実際は語録に近い。(2)は伝道用の絵巻物《えまきもの》であるが、絵詞《えことば》は伝記としての体裁を整え、首尾一貫している。(3)は法然の遺徳を讃える講式だが、前二者の中間に位置する。これらの伝記類は成立年代が前後し、記事の内容・表記などに共通点が見られるが、成立上の系譜関係を有さないのである。それは、法然の言行や回顧譚《かいこたん》を直接に見聞した門弟らが各自で書き留めたり、門流の間で語り伝えたりした結果、系統を異にする伝記類として別個に成立したからである。三者間には原拠、継承の関係はなく、互いに独立して原初的な位置にあったと考えられる。

伝法絵系統の諸伝　鎌倉時代の後半になって、いくつかの法然絵伝が制作されたが、それらは多かれ少なかれ、絵図や詞書において『伝法絵』を源流とする成立史的な系譜関係が認められる。ここでは後続の伝記ほど、先行の伝記をもとに、表現を模倣《もほう》しつつ、次第に内容を豊かに、記事を整えてゆく、という一般的な性向が指摘できるのである。これは、絵伝が絵図を中心に展開し、詞書はその説明であるという性格をもつところから、いわば〝版を重ねる〟ごとに詞書が増補されていったと考えられる。

現存する法然絵伝の主なものを挙げると、梅津次郎氏が残欠の断簡を復元されたものがある（梅津次郎「新出の法然上人伝法絵について」『国華《こっか》』七〇五号、一九五〇年）。新出の残欠本（以下『国華本』という）は転写本であるが、絵図・詞書ともに鎌倉時代の風格を保ち、南北朝まで下がらないという。内《ない》題《だい》に「法然上人伝法絵流通下」とあるので、『伝法絵』と同じく二巻本であったことが分かる。

つぎに、浄土宗大本山増上寺《ぞうじょうじ》に『法然上人伝』（以下『増上寺本』という）残欠二巻がある。慶長《けいちょう》十五年（一六一〇）に後陽成《ごようぜい》天皇から賜ったものだが、鎌倉後期の絵巻物だと言われている。真宗高田派本山専修寺《せんじゅじ》にも『法然上人伝絵』（以下『高田本』という）が所蔵されている。ただし、詞書だけの下巻が現存するのみで、永仁四年（一二九六）十二月六日に専修寺第三世の顕智《けんち》が書写している。識語《しきご》に「草本云　永仁四年十一月十六日云々」とあり、『高田本』の原本の成立は、顕智が書写する直前のことであった。

『法然聖人絵』（以下『弘願《ぐがん》本』という）は現在、知恩院に一巻、堂本《どうもと》家に三巻が残存している。巻末に「黒谷《くろだに》上人絵　釈弘願」とあるが、この弘願とは作者を指すのではなく、所有者のようである。東本願寺《ひがしほんがんじ》に所蔵する貞和二年（一三四六）に光養丸（善如）が書写した『本願寺聖人親鸞伝絵』にも「釈弘願」とあり、同一人と見られている。

東京都港区芝公園の妙定院《みょうじょういん》に『法然上人伝絵詞』（以下『琳阿《りんあ》本』という）が所蔵されている。近世の写本であるが、九巻すべて完全に揃っている。巻二などの巻首に「向福寺琳阿弥陀仏」とあり、撰者のように見える。しかし、西本願寺所蔵の永仁三年（一二九五）に覚如《かくにょ》が制作した『善信《ぜんしん》聖人絵』の題号の下に「向福寺琳阿弥陀仏」と別筆で署名する人物と同一人で、『琳阿本』の所持者に過ぎない。『琳阿本』の原本にあった所有者の署名をも本文と同筆で書き写したので、撰者のごとく誤読されてきたと思われる（井川定慶）。弘願は真宗系、琳阿は時宗系の人物で、彼らが親鸞の絵伝と並んで法然の絵伝を所持していたことに注意しておきたい。

図2 『拾遺古徳伝絵』（茨城県常福寺所蔵）

茨城県那珂《なか》郡瓜連《うりづら》町の常福寺に所蔵する『拾遺《しゅうい》古徳伝絵《ことくでんえ》 黒谷源空聖人』（以下『古徳伝』という）は九巻揃った完本で、奥書に「元亨《げんこう》三歳 癸 亥《みずのとい》十一月十二日奉図画之 願主釈 正空《しゃくしょうくう》」とあり、元亨三年（一三二三）に制作された。もとは近くの上宮《じょうぐう》寺に伝わったが、徳川光圀《みつくに》によって常福寺に寄進されたものである。『常楽台主老衲《じょうらくだいしゅろうのう》（存覚上人）一期記《いちごき》』に正安《しょうあん》三年（一三〇一）冬のころ、鹿島門徒《かしまもんと》の長井道(導)信の所望《しょもう》で「黒谷伝」九巻を覚如が新草したとあり、この「黒谷伝」が『古徳伝』に相当する。大阪府門《かど》真《ま》市の願得寺に蔵する『拾遺古徳伝絵詞』は『古徳伝』の詞書だけの古写本であるが、その識語によれば、覚如は正安三年（一三〇一）の十一月十九日から十二月五日までの十七日間で仕上げたという。短期間で書き終えたのは、導信の在京期限に迫られていたからであろう（小山正文「解説・拾遺古徳伝絵」

『真宗重宝聚英』六巻、同朋舎出版、一九八八年)。そこで編集を急ぐために先行の法然伝からの利用が多かったと想像される。題名に付けられた「拾遺」とは補遺の意であり、先行の法然伝がほとんど触れていない法然と親鸞の親密な師弟関係を強調するところに趣旨が存した。

4 法然伝の大成

法然絵伝の系譜 右に挙げた法然絵伝は、いずれも『伝法絵』の系統に属するが、各伝の前後関係を措定《そてい》したいと思う。成立年代が明らかなのは永仁四年(一二九六)の『高田本』と正安三年(一三〇一)の『古徳伝』であり、当然この両書が基準となろう。この際、前述したように後続の伝記は、先行伝記にもとづいて、その表現を模倣しつつ、別の資料によって内容を増補し、より豊かな記事を構成する、という一般的な通則を適用することで、各伝の前後関係を措定していく。諸伝の詳細な対照が必要であろうが、ここでは試みに法然の配所下向《はいしょげこう》から帰洛《きらく》までの諸伝の記事をサンプルにしたい。

まず『国華本』の記事は、『伝法絵』のそれにほとんど多くが近似する。『伝法絵』になく増補された詞書は「遠流《おんる》の途中海路の段」「恩免の段」「一切経施入《いっさいきょうせにゅう》の段」「帰洛の段」である(梅津次郎)。これらは『琳阿本』や『高田本』に多く継承されるので、『伝法絵』の第一の後続本ともいうべき位置にあり、『琳阿本』や『高田本』の直接の先行本と考えられる。

つぎに、『琳阿本』には独自記事も存するが、大部分を『伝法絵』および『国華本』によっている。

『高田本』もまた『伝法絵』『国華本』を受けながら、増補された記事は著《いちじる》しく多いのである。法然の法語を随所に挿入したところが、先行の伝記に見られない特徴である。増補の状況から判断すると、『琳阿本』の方が『高田本』より早く成立したと考えざるをえない。ただし、『高田本』が『琳阿本』を資料とした形跡は窺《うかが》えないのである。『弘願本』の記事は『高田本』とほぼ同文であり、善通寺参詣の段と松山観桜《かんおう》の段の順序が入れ替わっているだけの相違が見られる。よって『弘願本』は『高田本』と同一のテキストを用い、その成立は年代的に接近していると考えられる。

『古徳伝』は、先行伝記の『高田本』もしくは『弘願本』をもとに一部を省略しつつ、一方では独自に記事を増補している。その際に参照した有力な資料は、対照を前後の段にまで広げると、『琳阿本』であったことが明らかになる。絵図に関しても、『琳阿本』系のそれを参照した可能性が高いことが指摘されている（米倉迪夫《みちお》「琳阿本『法然上人伝絵』について」『美術研究』三二四号、一九八三年）。しかし、先行する伝記間で異説のあった事項や語句に関しては、例えば召還《しようかん》（赦免《しやめん》）の宣旨《せんじ》の日付け――建永《けんえい》二年八月か、承元《じようげん》三年八月か、建暦《けんりやく》元年八月か――、勝尾寺における聖覚《せいかく》の一切経開題讃《かいだいさん》嘆《だん》の文にある永観の著述――「往生講式には七門をひらきて」か、「往生十因には十門をたてて」か――などは『高田本』や『弘願本』に従って、必ずしも『琳阿本』を襲っていない。『古徳伝』は、鎮西派《ちんぜいは》の色彩が濃い『琳阿本』を参考にしながらも、真宗の立場を十分に意識した法然伝を出現させた。

以上の『伝法絵』から『古徳伝』にいたる法然絵伝は、成立年代からいえば、『国華本』『琳阿本』『高田本』『弘願本』の順になるが、系譜的な関係を措定すると、『国華本』→『高田本』『弘願本』→『古徳伝』および『国華本』→『琳阿本』→『古徳伝』の二系統が考えられる。

『行状絵図』の成立　法然伝のなかで最も浩瀚《こうかん》な伝記が知恩院に蔵される『法然上人行状絵図』（以下『行状絵図』という）四十八巻である。絵巻物という形態からは法然絵伝の部類に属するが、序文に「ひろく前聞をとぶらひ、あまねく旧記をかんがへ、まことをえらび、あやまりをただして、粗《ほぼ》始終の行状《ぎょうじょう》を勒《ろく》するところなり」とあり、初期に成立した諸伝記をはじめ、それまでに先行したすべての法然伝を集大成していると言えよう。法然一期《いちご》の「行状」に止まらず、その教え（法語・消息・問答）、帰依《きえ》した人びと（天皇・公家・高僧・武士・庶民）との物語、さらには門弟の伝記までを網羅した、全二百三十五段に及ぶ膨大なボリュームの絵伝である。

『行状絵図』の作者と成立について、江戸時代中ごろの忍澂《にんちょう》が記した『勅修吉水円光大師御伝縁起《ちょくしゅうよしみずえんこうだいしごでんえんぎ》』（以下『縁起』という）には、後伏見《ごふしみ》天皇が叡山《えいざん》功徳《くどく》院の舜昌《しゅんじょう》に勅《ちょく》して「昔年吉水（法然）門人の記する所の数部の旧伝を集めて大成せしめ給《たま》」い、舜昌は「近代杜撰《ずさん》の濫述《らんじゅつ》」を捨て、「門人旧記の実録をのみ」取り用いて編集し、「徳治二年に初まり、十年あまりの春秋をへて、其《その》功ことごとく成就《じょうじゅ》し給ひぬ」という。忍澂も言及するように、澄円《ちょうえん》が撰した『浄土十勝箋節論《じょうどじっしょうせんせつろん》』巻二に、「知恩院別当法印《べっとうほういん》大和尚位舜昌、これ（法然の法語）を得て祖師行状画図の詞となす」とあり、澄円の自序が書かれた正中《しょうちゅう》元年（一三二四）以前に『行状絵図』が成立していたことは明らかである。したがって忍澂が拠った史料は分からないが、徳治二年（一三〇七）より十年の歳月をかけてできあがったというのは、今のところ信じざるをえない。

『行状絵図』は、後伏見天皇が勅をもって集成せしめられたから、浄土宗では「勅修御伝」と通称して、もっとも権威ある法然伝として尊んできた。『縁起』によれば、それは「古《いにしえ》より相伝へて」きたという。しかし、存覚が『行状絵図』の詞書のみを十冊に書写し、これを「黒谷四十八巻絵詞」と呼び（『存覚袖日記』）、永享《えいきょう》九年（一四三七）に『行状絵図』の詞書を任意に抜粋した『黒谷上人絵詞抜書』が陽明《ようめい》文庫に所蔵されており、寛永《かんえい》二十一年（一六四四）に四十八巻分の詞書が片仮名で刊行され、これを『黒谷上人伝絵詞』と題していた。そこで、むしろ『黒谷上人(伝)絵』が通り名であって、「勅修御伝」と称したのは元禄《げんろく》十年（一六九七）の「円光《えんこう》大師」贈号と前後する時期で（大橋俊雄《しゅんのう》「四十八巻伝の成立年時に就いて」『日本歴史』一五〇号、一九六〇年）、その普及には忍澂の『縁起』のあずかるところが大きいと考えられる。

「勅修」が史実でなかったにしても、そのために『行状絵図』の価値が損なわれることはなかろう。『行状絵図』は、先行する法然伝と比較して、圧倒的に多数の法語・消息・問答などを収録している。舜昌が資料収集に費やした努力は並大抵でなく、その際に便宜を得たのは了恵《りょうえ》が編纂した『黒谷上《くろだにしょう》人語灯録《にんごとうろく》』であろう（三田全信）。ほかに寺院や公家からも記録を入手したと考えられるが、用字の異同はともかく、原典をかなり正確に引用しているのである。ただ単に「勅修」への嫌悪感から史料的価値を低めるがごとき議論がなされるとすれば、それは見当違いと言うべきある。

ところで、「知恩院」の名が初めて『行状絵図』に三ヵ所も現れる。『行状絵図』の成立と知恩院の草創は不可分の関係にあると見て、京都に進出してきた鎮西派が知恩院を拠点に勢力を伸張させ、自らの門流を歴史的に権威づけようとしたのが『行状絵図』であったと推考されている（田村圓澄）。しかし、そうだからといって、『行状絵図』に法然の姿、法然の言葉を求め、法然の時代背景を見いだそうとするのは誤りだと断定するのは、いかがなものであろうか。『行状絵図』の記事すべてが史実でないように見なす論説には同意しがたいのである。

『九巻伝』と『行状絵図』の前後関係　ここで言及しておくべきは、『行状絵図』の稿本と見なされてきた『法然上人伝記』九巻（以下『九巻伝』という）のことである。望月信亨《しんこう》氏が『九巻伝』は『行状絵図』の中の法語と弟子伝を略したものに異ならず、舜昌の草する『行状絵図』の稿本であるとして以来、法然伝研究では通説となっている（『浄土教之研究』金尾文淵堂、一九二二年）。しかし、両本の記事を丹念に比較対照した上での結論ではなく、『浄土宗全書』収載の『九巻伝』の刊記に忍海《にんかい》が「舜昌法印録せる勅修御伝四十八巻も、この九巻伝を基とせり」、在禅《ざいぜん》が「蓋《けだ》し舜昌法印の集録にして勅修の草稿にもなりぬべし」というところを襲ったに過ぎない。

現行本『九巻伝』（九巻十八冊）の構成はまことに複雑である。「法然上人絵詞巻第一」という内題《ないだい》をもつ残欠本《ざんけつ》と、「法然上人伝記」九巻完結本の二部から成っている。この二部が合綴《がってつ》された事情は分からないが、元来は系統を異にする別種の伝記ではなかろうか。さらに完結本にも問題がないわけではない。「法然上人伝記」の冒頭に付された貞享《じょうきょう》五年（一六八八）の注記によると、この伝記を探り得たところ、最初の一冊が欠けていたが、幸いにも後に一巻の絵巻物を入手し、これを校訂するに、先に得ていた本の第一巻上下の二冊に相当することが分かったので、欠落した第一冊目を後の本で補ったという。要するところ、『九巻伝』は、「法然上人絵詞巻第一」「法然上人伝記巻第一上并序」「法然上人伝記巻第一下」より以下は、それぞれ由来を異にするテキストであったと考えねばならない。

紙数の関係で詳しい論証は省くが、「法然上人絵詞巻第一」は『行状絵図』に極めて近く「草稿」と考えられなくはない。「法然上人伝記巻第一上并序」は系統が確認できない序文をもち、誕生の記事は他伝よりも日付けなどが詳しくなり、上洛の記事は伝法絵系に属するものと思われる。「法然上人伝記巻第一下」以下の『九巻伝』は、全般的にいって『行状絵図』を基本としながら、他の資料をも参照して編集したと見られる。

『九巻伝』巻九下に「いま九巻の絵を作して、九品《くほん》の浄業《じょうごう》にあて、……諸伝の中より要をぬき肝をとりて、或《あるい》は紕謬《ひびゅう》をただし、或は潤色《じゅんしょく》を加えて、後賢にをくりて、ともに仏国を期せんと也」と、伝記制作の目的を述べている。そこで通説とは逆に、『九巻伝』は『行状絵図』より後に成立したと考える説の方が正しいようである（井川定慶）。成立時期は、刊記に忍海が「元祖滅後凡《およそ》百五十年の頃に於て、隆寛律師の門葉《もんよう》より記録せしと古伝に云伝《いいつた》へたり」と記すところに従って、十四世紀半ばと推定しておく。

伝記における法然の全体像

法然の人間像を描くには、法然の伝記に拠らざるをえない。しかし、宗祖の伝記は宗祖を追慕《ついぼ》し、賛仰《さんごう》するために編纂されたのであるから、法然に帰依《きえ》した作者が偉大な宗教者・救済者を描こうとする。そこには、人間味あふれた法然像は存在しないのである。伝記をもとに法然の人間像を求めることは、おのずから限界があろう。だが、かりに伝記から史実だけを抽出し、それらをつなぎ合わせたとしても、断片的に切り割かれた肖像画を見るに等しく、正しい意味での人間像に迫ることにはならない。伝記資料でしか法然の生涯をたどることができないとなれば、〝伝記における法然像〟という限定づきであることを覚悟しておこう。

最後に、伝記において作者が法然の全体像をどのように描きたかったかを見ておきたい。『知恩講』は法然の「五徳」を讃えて、道俗の男女に往生の業を励まさんとして制作された。その五徳とは、第一に諸宗の教義に通達《つうだつ》したこと、第二に弥陀本願《みだほんがん》の念仏に帰したこと、第三に専修《せんじゅ》念仏の正行《しょうぎょう》を積んだこと、第四に往生極楽が決定《けつじょう》したこと、第五に滅後に恩徳《おんどく》が広く及んだこと、の五点にまとめている。

伝法絵系の諸伝の祖本たる『伝法絵』には、法然の「徳行」は明らかで、諸宗にすぐれているとして、①諸宗の学匠が初め謗《ぼう》じ、後に帰したこと、②仁和寺法親王《にんなじほっしんのう》が帰依したこと、③暗夜に灯火なく室を照らしたこと、④慈覚《じかく》大師の袈裟《けさ》を相伝《そうでん》したこと、⑤（戒師となって）帝皇に尊ばれたこと、⑥法皇に真影《しんえい》を写されたこと、⑦摂政《せっしょう》に礼されたこと、⑧諸宮諸院に敬されたこと、⑨数代の天台座《ざ》主《す》に帰されたこと、⑩師匠が還《かえ》って弟子となったこと、⑪智恵第一と称されたこと、⑫現身《げんしん》に光を放ったこと、⑬（法然滅後に）華夷《かい》の男女が家ごとに遠忌《おんき》・月忌《がっき》・臨時に孝養すること、⑭（法然滅後に）人ごとに真影を留めて持念すること、の一四点を挙げている。

⑤から⑨までは、嘉禄の法難で壊滅状態になった浄土宗が、専修念仏への弾圧を避け、朝廷や天台《てんだい》宗との融和を図るため、天皇や貴族らの権門勢家から尊崇された法然を描こうとしたことを示している。⑬⑭は『知恩講』の第五徳と同様に、滅後にかかることなので除外すると、残る①から④までと、⑩から⑫までが生前の徳行として特筆されている。このうち、③や⑫のごときは奇瑞的な法然像であり、①⑩⑪などは智者的な法然像を描いている。

『伝法絵』が総結として列記した法然の徳行は、『琳阿本』『古徳伝』『九巻伝』に継承されていった。すなわち『琳阿本』は①②④⑤⑥⑪⑫を、『古徳伝』は③④⑤⑥⑫を、『九巻伝』は①③④⑥⑦⑧⑪⑫⑬⑭を挙げて、それぞれ伝記の特色を出しているが、ほぼ共通しているのは①③④⑤⑥⑪⑫の諸点である。ここらあたりに、伝法絵系の法然伝が描こうとした法然像の特性を読み取ることができよう。

二　法然浄土教の形成

福原隆善

1　問題の所在

日本浄土教の本格的な流れは源信《げんしん》（九四二—一〇一七）より始まるとみるのは大方の見かたである。そしてこの源信の著わした『往生要集《おうじょうようしゅう》』によって浄土の法門に入り、称名念仏《しょうみょうねんぶつ》を旗印に浄土門《じょうどもん》を独立させたのが法然（一一三三—一二一二）であり、それは約二百年後のことになる。この二百年の間に浄土教はどう変化したのであろうか。従来、観念《かんねん》念仏を説いた源信から称名念仏へ移行させることによって民衆化がはかられたことが指摘されてきた。筆者もこのことに異論をはさむ必要を感じない。ただ一部の見かたに、源信の浄土教を後世の浄土教からみたとき不徹底で劣ったものと位置づけることがあるが、源信には源信の浄土教として一つの徹底したすがたがあり、後世の浄土教の立場のものさしによる位置づけではなく、立場の相違という観点より、観念から称名の道程を探ってみたい。とくに本章においては仏の相好《そうごう》のうち『観無量寿経《かんむりようじゆきよう》』に説かれる白毫相《びやくごう》（仏の三十二相の一つであり、眉間にある白色の旋毛）の位置づけを視野に入れ、そこからの一つの展開である名号《みようごう》の功徳《くどく》を中心に法然における観念から称名への道程を位置づけてみたいと思う。

2　源信の浄土教

『阿弥陀仏白毫観』の念仏　源信の諸伝によれば、源信は幼少より阿弥陀仏《あみだぶつ》に対する信仰をもっていたといわれるが、おそらく後世の源信の強い阿弥陀仏信仰から、伝記の作者によって意図的に述べられたものと思われる。源信の阿弥陀仏信仰や往生《おうじよう》思想がいつごろから起ってきたかは明確には解らない。しかし師の良源《りようげん》（九一二—九八五）以後、浄土信仰は密教《みつきよう》依存の貴族の間でも、次第にたかまってきていた。源信と同時期の慶滋保胤《よししげのやすたね》（？—一〇〇二）の著した往生伝記『日本往生極《ごく》楽記《らくき》』には、法華《ほつけ》の信仰と同時に阿弥陀仏信仰を持つ信仰が示されており、源信も

図3　源信像（聖衆来迎寺所蔵）

『往生要集』に「当今、極楽界を刻念し、法華経に帰依《きえ》するもの熾盛《しじょう》なり」と述べている。良源は藤《ふじ》原師輔《わらのもろすけ》の加護のもと比叡山《ひえいざん》の堂塔伽藍《どうとうがらん》を整備し、三塔に法華堂《ほっけどう》と常行堂《じょうぎょうどう》を一対《いっつい》の建物として建てたといわれ、現在も西塔《さいとう》にそのなごりがある。したがって源信在世の当時には、最澄や円仁《えんにん》が伝えた常行三昧《ざんまい》（四種三昧の一。天台宗で、七日または九〇日の間、常に弥陀の仏像のまわりを歩行して弥陀の名号を称え、心に弥陀を想ってやまない修行法）の念仏が行なわれており、とくに円仁の伝えた、唱える工夫をした五会念仏《ごえねんぶつ》も行なわれていたことであろう。法華信仰は中国天台以来の当然のありかたであろうが、同じ位置づけで弥陀信仰が行なわれていたことであろうことは、源信の浄土教が説かれる状況にあったことを十分に想定させる。

源信の弥陀信仰が明確になるのが何歳の頃からかは前述のとおり明確でないが、源信の最初の著作として確認できるのは三十七歳の時に著した『四相違記《しそういき》』という因明《いんみょう》関係の著作で、以後の源信の幅広い性相《しょうぞう》学（唯識と倶舎との教学）に関する最初の著作でもある。その後、一般性相学に関する書を著わしたであろうが、浄土教の著作として注目される最初の書は『阿弥陀仏白毫観《あみだぶつびゃくごうかん》』である。長《ちょう》西《さい》の『浄土依憑経論章疏録《えひょうきょうろんしょうしょろく》』には『白毫相観《びゃくごうそうかん》』とあり、また近年になって醍醐三宝院《だいごさんぼういん》の蔵から発見された旧記（『三宝院旧記』といわれている）にみられる「白毫観法一巻　源信」とあるものと同じものと思われる。同じものであるならば、『三宝院旧記』にあるように天元《てんげん》四年（九八一）四十歳の時に著わされたことになる。この歳は永観《えいかん》二年（九八四）に稿をおこし寛和《かんな》元年（九八五）に完成をみることになる『往生要集』成立の直前である。

『阿弥陀仏白毫観』一巻は大著ではないが、短い中に源信の浄土教を集約した形の教義がみられ、これが『往生要集』以後の浄土教にも大きく影響していると思われる。源信は『阿弥陀仏白毫観』の随所に『観無量寿経』や『観仏三昧海経《かんぶつざんまいかいきょう》』を引いているので、両経にみられる白毫観に集約した観法《かんぼう》（真理を観念するしかた）のありかたを受け、白毫観による阿弥陀仏の観法を示したと思われる。

『阿弥陀仏白毫観』には、白毫一相を観ずるにあたって五種の観法を示している。すなわち⑴観業因《かんごういん》、⑵観相貌《かんそうみょう》、⑶観作用《かんさゆう》、⑷観体性《かんたいしょう》、⑸観利益《かんりやく》の五法である。このうち⑴⑵⑶は事《じ》に約し、⑷は理《り》に約し、⑸は事と理に約して説かれる。⑴観業因は白毫相を得た業因《ごういん》（苦楽の果報を招く因となる善悪の行為）について述べており、持戒《じかい》や精進《しょうじん》、そして不妄《ふもう》語など数えきれない功徳《くどく》の集積によって得たものといい、総じていえば、一切衆生《いっさいしゅじょう》の所有《しょう》の福聚《ふくじゅ》、あるいは如来《にょらい》の色相《しきそう》の功徳を合成して一眉間《いちみけん》白毫相を得たという。⑵観相貌は白毫相のすがたかたちの特色を述べ、白毫相は眉間にあって、右に旋《めぐ》っていて五須弥山《ごしゅみせん》ほどの大きさのもので、そこから出る光は格別に強いものであることを述べている。⑶観作用は白毫相のはたらきのことであり、白毫相から発せられる光は格別であり、念仏の衆生を摂取《せっしゅ》するという。⑷観体性は白毫相が実体として存在するものではなく、因縁生《いんねんしょう》であり、本来空寂《くうじゃく》であるから執《とら》われてはならないことを述べている。⑸観利益は白毫観による利益について述べ、白毫観を修するものは白毫相をみてもみなくても九十六億那由他恒河沙微塵数劫《なゆたごうがしゃみじんすうごう》の生死《しょうじ》の罪を除くという。また白毫相のことを歓喜信受《かんぎしんじゅ》すれば、八十億劫生死の罪を除くとある『観仏三昧海経』所説のことばを引き、白毫観による利益について述べている。

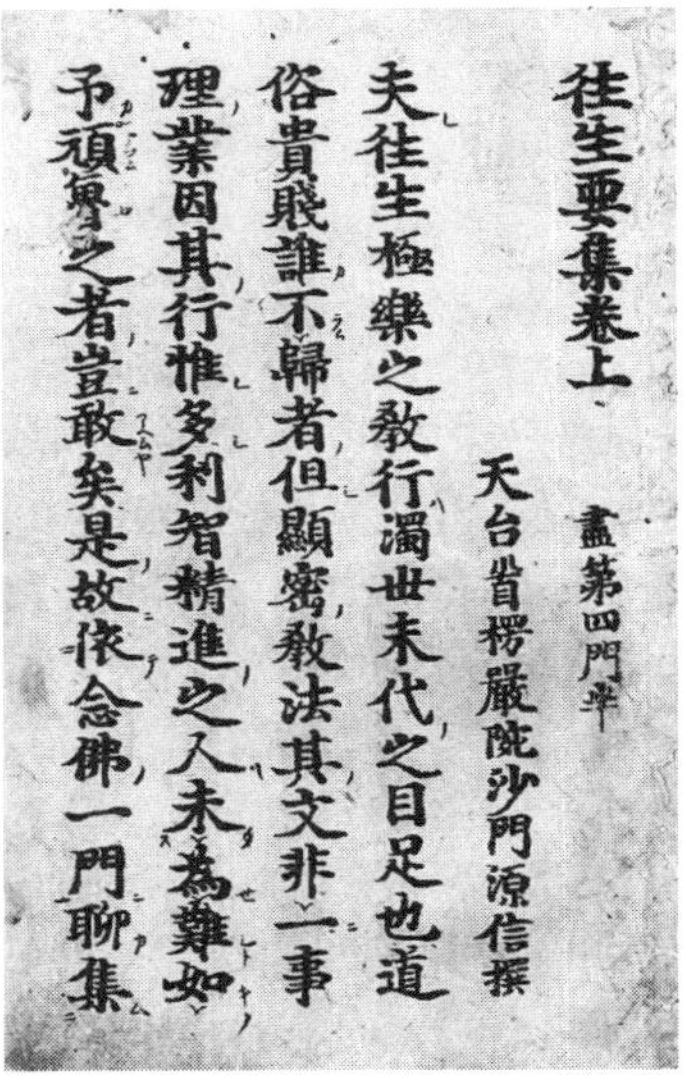
往生要集巻上
天台首楞嚴院沙門源信撰
盡第四門半
夫往生極樂之教行濁世末代之目足也道
俗貴賤誰不歸者但顯密教法其文非一事
理業因其行惟多利智精進之人未為難如
予頑魯之者豈敢矣是故依念佛一門聊集

図4　『往生要集』
（龍谷大学大宮図書館所蔵）

『往生要集』の念仏　『往生要集』は、寛和《かんな》元年（九八五）源信四十四歳の時に半年かけて完成した書で、末代罪濁《ざいじょく》のものは念仏による往生を求めるべきであることを、往生に関する要文《ようもん》（経文中の大切な文句）を集めて著したものである。厭離穢土《えんりえど》、欣求浄土《ごんぐじょうど》、極楽証拠、正修《しょうじゅ》念仏、助念《じょねん》方法、別時《べつじ》念仏、念仏利益《りやく》、念仏証拠、往生諸業《しょごう》、問答料簡《りょうけん》の十門組織より成っている。『往生要集』の念仏は主に第四正修念仏に示される。ここには世親《せしん》所説の五念門を導入し、独自の念仏実践が説かれている。阿弥陀仏を礼拝《らいはい》し讃歎《さんだん》することを述べたあと、作願《さがん》門においては菩提心《ぼだいしん》（悟りを求め仏道を行なおうとする心）が往生浄土の実践に必要なことを述べ、ついで観察《かんざつ》門において念仏を示している。

念仏を説くにあたって龍樹《りゅうじゅ》の『十住毘婆沙論《じゅうじゅうびばしゃろん》』により、初心の観行は色相観によるべきであるとし、三種の観法を示している。実相《じっそう》観や真如《しんにょ》観によることは凡夫《ぼんぶ》には困難であり、仏身の具体的な相好を観念するものである。三種の観法とは⑴別相観、⑵総相観、⑶雑略《ぞうりやく》観である。⑴別相観は仏の相好《そうごう》を一つ一つ頭上より足下に向かって観念し、ついで足下から頭上へ向かって一つ一つ観念するという方法を順次くりかえすものであり、仏身の個別的特色を観念する方法である。⑵総相観は仏身全体を観念する方法であり、⑶雑略観は相好のうち特に白毫《びやくごう》相を観念する方法である。仏身を観念する方法を白毫相に集約したのは、先の『阿弥陀仏白毫観』に示されるとおりであり、『観無量寿経』や『観仏三昧海経』の所説によるものである。この三種の観法については性相学をきわめた源信であるので、総相と別相という二面から法を明らかにする方法は当然用いたと考えられる。また道綽《どうしやく》の『安楽集』の中に、『涅槃経《ねはんぎよう》』を引いて「ただ阿弥陀仏、もしくは総相もしくは別相を憶念《おくねん》して所縁に随いて観ず」とあり、天台智顗《ちぎ》も随所に総相別相の論じかたをしているので、これらによって設定されたものと思われる。さらに雑略観については白毫一相に壮大な仏の世界が示されている『観無量寿経』などの所説によるものであることは先に述べたとおりである。この三種の方法によって阿弥陀仏を念じようというのであり、これらをどのように修《しゆう》するのかについては意楽《いぎよう》に随えといっているので、三種の観法を一種であれ二種であれ三種であれ、決まったものはなく、複数の観法についてもその順序も定められていないということである。

三種の観法の⑴別相観は、まず仏の華座《けざ》を観念し、ついで仏の相好を頂上の肉髻《にくけい》相からはじめて順次に足下へと観相する方法である。これは『観仏三昧海経』所説の観法によるもので、頂上より足下へと観相する順観《じゅんかん》と足下から頂上へと観相する逆観《ぎゃくかん》を十六遍くりかえすことが説かれている。この観法にあたって源信は仏の三十二相八十随形好《ずいぎょうこう》の相好の中からあわせて四十二相を示している。なぜ四十二相をあげるのかは明確にされていないが、源信は天台の教義上、四十二字、四十二心分に配当したと思われるし、菩薩の階位の聖位《しょうい》に当てたとも考えられる。この四十二相については源信自身が示すように、『大般若経《だいはんにゃきょう》』や『観仏三昧海経』を中心に定めている。『大般若経』から三十二相のうち二十八相を、八十随形好から四相をとりあげ三十二相とし、あとの十相は『大般若経』ではなく、『観仏三昧海経』よりとりあげている。(2)の総相観は、先の別相観と同じようにまず仏の華座を観じ、次いで三身即一《さんしんそくいち》の阿弥陀仏を観念する方法が説かれている。『観無量寿経』『無量寿経《むりょうじゅきょう》』『般舟三昧《はんじゅざんまい》経《きょう》』『大智度論《だいちどろん》』『心地観経《しんじかんぎょう》』『金光明経《こんこうみょうきょう》』『念仏三昧経』『般若経』『摩訶止観《まかしかん》』などの多くの仏典によって色身《しきしん》から真身《しんしん》を感得する方法が示されている。ここにも白毫一相に集約した観法がある。(3)雑略観はまさに白毫相を観念する方法が示され、源信はここでは「具《つぶ》さには別巻にあり」として多くを語っていない。ここにいう「別巻」はおそらく『阿弥陀仏白毫観』を指しているものと思われ、説明をそちらに譲った形をとっている。さらに極めて簡略にした白毫観として極略《ごくりゃく》観をも認めている。これら三種の観法を述べたあと、しかもこの相好の観念に堪《た》えることのできない場合は、帰《き》命想・引《いん》摂《じょう》想・往生想の三想により一心に称念することを勧めている。法然はこの「称念」を「称名」と受けとめ、しかもここにこそ源信の本意があると強調した。

『阿弥陀経略記』の念仏

源信は晩年の七十三歳になって『阿弥陀経略記《あみだきょうりゃっき》』を著わし、『往生要集』の念仏とは異なる理観《りかん》念仏を唱導した。『往生要集』の念仏では、仏の具体的な相好《そうごう》を観念する事観《じかん》念仏が説かれたが、『阿弥陀経略記』には阿弥陀仏に真理そのものを観念する理観念仏が示された。この念仏は無量寿の三字に空・仮《け》・中の三諦《さんだい》（一切存在は空であるという空諦、一切存在は縁起によって仮に存在するという仮諦、一切存在は空・仮を超えた絶対のものであるという中諦、の三種の真理）が配当され、無はそのまま空、量はそのまま仮、寿はそのまま中であるとし、無量寿すなわち阿弥陀仏を念ずることはそのまま空仮中の三諦の理を感得することであるとした。天台は、浄土信仰にかかわらず、空仮中の円融《えんにゅう》三諦の理を一心三観により感得する教えであるといってよいから、これが無量寿の三字を念ずることにおいて成就《じょうじゅ》するとした源信の主張によって、いわば天台浄土教の究極的なありかたが示されたといってよい。

このように源信においては、四十三歳の時の『往生要集』にみられたように、事観念仏は具体的な相好をもった仏を念ずる方法が説かれ、念仏往生が求められた。ところがそれから三十年後の七十三歳になって著わされた『阿弥陀経略記』には天台教義の三諦三観思想との融合がなされ、無量寿を念ずることはそのまま空仮中の三諦を観ずることになるという理観念仏が示され、念仏成仏が説かれた。往生という段階を置かないで、成仏に直結する方法が示された。

3　源信以後の浄土教

『観心略要集』と『妙行心要集』　『観心略要集』は源信作と伝えられている。序に「強圉之歳《きょうぎょ》夏五月」とあり、「強圉之歳」というのが十干《じっかん》の「ヒノト（丁）」の年の意になるので、源信の生涯中において、内容的に『往生要集』以後という関係からみて四十六歳、五十六歳、六十六歳、七十六歳と考えられるが、最近の研究によって源信作とすることに疑問が提出されている。『観心略要集』は『往生要集』の十門組織と同じ形式をとり、源信の『阿弥陀経略記』に近い内容でまとめられている。『阿弥陀経略記』に、「無量寿」の三字に「空仮中」の三字を配当し、無量寿仏を念ずることはそのまま空仮中の真実にめざめる方法として浄土教のありかたとして一つの極められた形がみられるが、同様の内容がみられる。すなわち『観心略要集』は「阿弥陀」の三字に「空仮中」の三字を配当するものである。『阿弥陀経略記』の「無量寿」を「阿弥陀」に置き換えただけである。同じようにみられるが同じと思えないところも出てくる。「無量寿」を「空仮中」に配当するのは、ある程度の意味の共通点を見いだすことができるが、「阿弥陀」は単純に「空仮中」に置き換えられないところがある。「阿」と「空」は良いとしても「弥」と「仮」、「陀」と「中」は相当しないようである。「弥陀」が「無量寿」の「量」に相当することになるので、一字一字を配当できないことがおきてくる。しかし問題は指摘することはできても、阿弥陀仏の名に仏のもつすべての功徳を抱摂するという考えかたは受け継がれている。『観心略要集』は『阿弥陀経略記』を受けて理観的色彩の強い内容になっているが、一方で『往生要集』にみられない称名念仏のありかたを説いている。生涯にわたって罪を犯してきたものでも臨終において自らを反省し、散心《さんしん》のままでも念仏すれば救われるというものである。勝れた行ではないが、一方で往生の方法として認めている。

次に『妙行心要集《みょうぎょうしんようしゅう》』は、先の『往生要集』と『観心略要集』とともに三要集といわれるが、本書も源信に仮託されている。諸目録によれば「恵快」という人の著作とされる。「恵快」が「恵心」と混同されたのであろうか。『妙行心要集』は源信の白毫観に集約する念仏のありかたが強く反映する著作である。本書には阿弥陀仏の左右の眉を空と仮に配し、白毫は中道を表わすものとして天台の真理観である空仮中の三諦の理を観ずる方法に用いている。否定的側面からみた真実のありかたである空諦《くうたい》、また空諦でありながらも肯定的側面からみれば真空妙有《しんくうみょうう》としてのありかたである仮諦《けたい》、そして否定肯定の両辺にかたよらない立場からみた中諦《ちゅうたい》という三つの側面があるが、これは決して三つの真実のありかたがあるのではなく、空のままが仮であり、仮のままが中であり、中のままが空であるという三諦円融のありかたであるという。このようなありかたをわが一心にとらえることを説く天台教観を白毫一相に求めている。これはもと中国の天台智顗《ちぎ》によって創説されており、本書はそれを受けついでいる。そして「毫は即ち我が心なり。我が心はこれ毫なり」といい、我が心がそのまま白毫であるという関係を説き、観心的実践が示されている。

『妙行心要集』には、さらに「弥陀四字」として総じて阿弥陀仏の四字について十種の義があることを明かしている。一は真俗二諦《しんぞくにたい》（絶対的真理である真諦と、相対的真理である俗諦）および中道に配当するもので、阿弥陀という字は仮名《けみょう》であるから俗諦であり、四字は実に非字実空であるから真諦であり、そして四字実相は非字非非字で一実諦であり中道であるというものである。二は総じて一心三観を修することによって一心三徳、一心三諦を観ずるもので、随縁を寿とするのは解脱《げだつ》であり、これを妙有《みょうう》無量寿仏とし、智慧を寿とするのは般若《はんにゃ》であり、これを妙空無量寿仏とし、如理《にょり》を寿とするのは法身《ほっしん》であり、これを妙中無量寿仏とするのである。三は別して一心三観を修するもので、無量光は即《そく》空《くう》、無量寿は即仮《そくけ》、無量清浄は即中《そくちゅう》と観ずるものである。四は源信にもみられたように、阿は無であり即空、弥は量であり即仮、陀は寿であり即中として、阿弥陀および無量寿の一字一字に空仮中の三諦を配当するものである。五は阿弥陀の三字は所観《しょかん》（止観される対象）の境であり、仏の一字は能観《のうかん》（止観する自己）の智であるとし、能所は仮、境もなく智もないのを空、境も智も是であるのを中とし、一心三諦であるものである。六は阿弥陀仏は所念の対境であり、我《われ》は能念であり、所念の修徳《しゅとく》と能念の性徳《しょうとく》が不二《ふに》であり修性も不二であり、即空仮中であることである。七は心が即空を観じるのは弥陀の報仏を念じ、心が即仮を観じるのは弥陀の応仏《おうぶつ》を念じ、心が即中を観じるのは弥陀の法仏を念ずることで、即空の観は四住《しじゅう》の惑《わく》すなわち見思《けんし》の惑を破《は》し、即仮の観は塵沙《じんじゃ》の惑を破し、即中の観は無明《むみょう》の惑を破すとするものである。八は円《まど》かに弥陀空仮中の理を観ずれば三諦円かに五住の煩悩《ぼんのう》すなわち界内界外《かいげ》の惑を破すというもので、五住の煩悩を破せばすなわち三身が顕われるといい、四住を破せば報身《ほうじん》が顕われ、塵沙を破せば応身が顕われ、無明を破せば法身《ほっしん》が顕われるとするものである。九は能念と所念、能称と所称というのは幻化《げんけ》のようなものであり、皆《みな》不可得であり即空仮中である。三諦は一心であり、一切のものは心性でないものはないとするものである。十は阿弥陀仏の名は広く一切の事を摂《おさ》めとり、天台大師の『新修西方行業儀式』に阿弥陀の三字に法報応の三身、空仮中の三諦、あるいは三世十方尽虚空法界《じっぽうじんこくうほうかい》の一切の仏法僧の三宝などが具《そな》わるというものである。このように『妙行心要集』には種々の阿弥陀仏の四字に関する配当位置づけがみられる。また『妙行心要集』にはこの十義を示したあと、割註として阿弥陀の三字に四十二字を配当することものべられている。

次に『正修観記《しょうじゅかんき》』も源信作と伝えられるが、阿弥陀の三字の体用《たいゆう》を観ぜよといい、阿は無であるから諸法空寂《くうじゃく》であり、弥は量であるから万像森然《まんぞうしんねん》であり、陀は寿であるから中道実相であり、三諦中に一切の法を摂するので仏は三諦からはなれるものではない。また阿弥陀の三字は二千三百九十五巻の大乗《だいじょう》経典、六百八十巻の小乗《しょうじょう》経典、五千五巻の大乗律、四百四十一巻の小乗律、五百十五巻の大乗論、六百九十五巻の小乗論、五百九十三巻の賢聖《げんじょう》集法門を備え、さらに金剛《こんごう》界の一千四百五尊、胎蔵《たいぞう》界の五百三尊、蘇悉地《そしつじ》（妙成就の意）の七十三尊を具えるといい、そして阿弥陀の三字を唱えれば、一万三百二十四巻の一切聖教《しょうぎょう》、一千九百八十一体の一切聖衆を唱えることとなるという。また阿字を念ずれば四十二品《ほん》無明同体の見思の煩悩を滅《めっ》して報身の仏を成《じょう》じ、弥字を念ずれば四十二種塵《じんろう》労煩悩三土悪業《あくごう》を滅して応身の仏を成じ、陀字を念ずれば四十二位根本の無明煩悩二死の苦果を滅して法身の仏を成ずるのであって、『阿弥陀経』中に名号《みょうごう》を執持《しゅうじ》するということを大乗善根《ぜんごん》とする意味はここにあると述べている。

この『正修観記』の記述は舜昌《しゅんじょう》の『述懐鈔《じゅっかいしょう》』に源信の作という『念仏略記』の仏の因行果徳《いんぎょうかとく》の自利利他、内証外用《ないしょうげゆう》の依報正報《えほうしょうほう》、恒沙塵数《ごうじゃじんしゅ》の無辺法門、十方三世の諸仏功徳《くどく》など一切の功徳が六字の名号の中に摂《おさ》めとられているので、この名号を称えればその功徳は無尽であることを述べたあと引用され、名号の功徳性が強調されている。

南都浄土教の流れ　南都東大寺の凝然《ぎょうねん》（一二四一―一三二一）は『浄土法門源流章《じょうどほうもんげんるしょう》』において、中古期の南都浄土教者で注目される人として三論の永観と珍海、中の川の実範、光明山寺の重誉をあげている。

永観《えいかん》（一〇五一―一一三二）は『往生拾因《じゅういん》』において、往生を得る十因の第一称名広大善根の段に、阿弥陀仏の名号の功徳性に触れている。すなわち名号には阿弥陀仏の初発心《しょほっしん》から仏果に至るまでの万《まん》行万徳《ぎょうまんどく》（一切の修行、仏のあらゆる美徳）を具足《ぐそく》しているという。それは阿弥陀一仏の功徳に限らず一切の諸仏の功徳も摂せられており、しかも阿字を離れないとされる。名号は文字は少ないが、衆徳《しゅとく》を具足しているので、ひとたび南無阿弥陀仏と称せば広大無尽の善根を成ずることになるというのである。永観はまた往生の十因の第四光明《こうみょう》摂取による往生を説くところに、源信の強調した白毫《びゃくごう》相と名号の関係について述べている。『観無量寿経《かんむりょうじゅきょう》』第九観の念仏者の光明による摂取を述べたあと、『観無量寿経』や『観仏三昧海経《かんぶつざんまいかいきょう》』の白毫相の功徳に関する文を引いて白毫相から発せられる光明は最尊第一であるとして白毫相による光明摂取が強調されている。すなわち心を白毫相にかけて専《もっぱ》ら阿弥陀仏の名号を称すれば光明摂取にあずかり往生を得ることができるという。永観は、往生を成就《じょうじゅ》するためには「一心」を得ることが必要であり、これによる「三昧発得《さんまいほっとく》」に入らなければならないという。永観は合掌《がっしょう》した手を額にあてて励声《れいせい》に念仏することによって一心を得たと告白している。

中の川の実範《じっぱん》（？―一一四四）は大和《やまと》中の川に成身院《じょうしんいん》を建立《こんりゅう》して法相《ほっそう》、真言にあわせて律をよくした人である。法然も南都を訪問したとき遇ったともいわれるが、法然が二十四歳で南都を訪れたとすれば実範はすでに寂《じゃく》していて遇うことはできない。法然が実範の生前に教えを受けるためには遅くとも法然が十一、二歳の時でなければならないので、ともに無理がある。実範は晩年になって南都浄土教者の集まるところといわれた光明山寺に移っている。光明山寺は平安時代に寛朝によって建立された東大寺の別所といわれるところで、現在の京都府山城町にあったが、今は廃寺になっている。実範の著作のうち浄土教に関する文献は『観無量寿経科文《かんむりょうじゅきょうかもん》』『往生論五念門行式《おうじょうろんごねんもんぎょうしき》』『眉間白毫集《みけんびゃくごうしゅう》』『病中修行記』『臨終要文《りんじゅうようもん》』などがあるが、『病中修行記』以外はすべて散佚《さんいつ》してしまっている。ただ近年になって見つかった『念仏式』という文献が『往生論五念門行式』であることが推定され、二つの浄土教に関する文献のあることが知られる。『病中修行記』には、阿弥陀仏の四種法身《ししゅほっしん》の依正二報《えしょうにほう》

（依報と正報。ともに前世の行為に対応した結果であるから、二果二報ともいう）を念ずべきことが説かれている。『観無量寿経』所説により阿弥陀仏は八万四千の相・随好《ずいこう》・光明などを有することが示され、その阿弥陀仏の一身に、自性身《じしょうしん》、受用身《じゅゆうしん》、変化身《へんげしん》、等流身《とうるしん》の四種の身が所化《しょけ》のちがいによって差のあることが説かれ、この四種の身を念ずべきことが示されている。続いてその四種の身の四種曼荼羅《まんだら》の相を念ずべきであるという。そこには四種の身が一体となって眉間に𑖮𑖳𑖽字となってあらわれ、それが変じて白毫相になるという。その白毫相の光明は特別であり念仏の衆生《しゅじょう》を摂取《せっしゅ》することを『観無量寿経』や源信の『阿弥陀仏白毫観《びゃくごうかん》』を引いて述べている。そしてその摂取について三義をあげている。一は善導の『観経疏《かんぎょうしょ》』「定善義《じょうぜんぎ》」の第九真身観の註釈にとかれる三縁《さんねん》釈を引き、彼此《ひし》の三業《さんごう》あい捨離《しゃり》せずを親縁といい、もし仏を見ようと願えばその念に応じて現ずるのを近縁といい、諸《もろもろ》の邪《じゃ》業《ごう》の繫縛《けばく》の礙《さわ》りのないのを増上縁というとするものである。二には仏の白毫相に四曼荼羅《まんだら》が具足するというものである。白毫相の色が鮮白なのは大曼荼羅であり、利益《りやく》を表示するのが三昧耶《さまや》曼荼羅であり、軌範となって解を生ずるのが法曼荼羅であり、首をそばだてて衆生を摂取するのを羯摩《かつま》曼荼羅というものである。三には光明を放って仏を見るというもので、白毫の光は臨終を迎えているものに覚悟を生じさせ必ず仏を見るという。実範は密教の立場から源信や善導、南都浄土教者など多くの浄土教の影響を受けていることがわかる。白毫相を𑖮𑖳𑖽字としたり四曼荼羅で解釈したりするのは空海の『吽《うん》字義』の影響を受けたものと思われる。𑖮𑖳𑖽（吽）の一字に「賀」「阿」「汚」「麼」の四字の義があるといい、「吽」字はすべての功徳を集約するものとされる。

実範は『病中修行記』において「阿弥陀」の三字のことについて言及している。阿弥陀の三字の義を解釈して「阿」は本体であり、「弥」「陀」は転釈とし、「阿」は不生の義でありこれは中道を表わすといい、「弥」は吾我の義および自在の義であり、「陀」は如如《にょにょ》の義および解脱《げだつ》の義としている。源信が無量寿三諦としたことと同一ではないが、阿弥陀の三字の一つ一つに義理を配する点は同じである。この実範と同時期に活躍したのが覚鑁《かくばん》である。次に覚鑁の阿弥陀三字についてみてみよう。

覚鑁（一〇九五―一一四三）には、『五輪九字明秘釈《ごりんくじみょうひしゃく》』があり、密教の立場から浄土信仰との融和がはかられている。同書には弥陀・大日は同体異名であり、安養《あんにょう》浄土（阿弥陀仏の国土、極楽浄土）も密厳《みつごん》浄土（大日如来の国土）も同所であると位置づけている。覚鑁にはまた『阿弥陀秘釈』があり、ここに実範と同様の阿弥陀三字に対する解釈がみられる。阿字は一心平等、不生《ふしょう》の義であり、弥字は一心平等、無我大我の義であり、陀字は一心諸法、如如寂静《にょにょじゃくじょう》の義とし、ほとんど実範と同様の解釈がなされている。実範と覚鑁とは同じ密教の立場からの同様の解釈がみられるが、どちらがどちらに影響を与えたのかは不明である。どちらにしても阿弥陀の三字に対する名号の功徳性が強調されている点に、源信以来、高まってきている特色が受け継がれている。

次に珍海《ちんがい》は三論を研鑽《けんさん》し兼ねて浄土信仰をもっており、『決定往生集《けつじょうおうじょうしゅう》』などを著わしている。『決定往生集』は往生を決定する要因として①教文、②道理、③信心の三決定をあげ、この三決定について、また十決定があるという。そのうち往生を決定する実践について菩提《ぼだい》心を有することを述べている。そして色相観《しきそう》による観仏が説かれるが、源信らのようにとくに白毫相に対して特別視するところはない。そして下品《げぼん》のものまで往生を決定できる方法として善導《ぜんどう》の『往生礼讃《おうじようらいさん》』を引き、阿弥陀仏の本弘誓願《ほんぐぜいがん》は名号を称すること下十声《しもじつしよう》に至るまで往生を得ることができるとし、法然の説くところとほとんど変らない方法が説かれている。

4 法然の浄土教

源信の『往生要集』によって浄土の法門に入ったという法然（一一三三―一二一二）は、日本仏教の歴史において主に貴族階級など特別な人びとに行なわれていた仏教を、民衆一人ひとりのものとして解放した最初の人として、真の意味で日本仏教を開いた宗教改革者である。しかもその教えは阿弥陀仏の本願の聖意《しようい》を汲みとり、善人のみが救済される宗教一般のありかたをも転回させる教えとして、悪人をも救済する教えとして示された。法然自身、三学非器《さんがくひき》の自覚に立ってひとえに阿弥陀仏の救済にまかせたのである。戒定慧《かいじようえ》の三学をおさめることは仏道修行の当然のありかたであり、これがおさめられないとすれば、仏道修行は成立しないことになる。法然は周囲からは「智慧第一」「ひろふか」の法然房と称讃されていたにもかかわらず厳しい自己凝視《ぎようし》により、善導の示した本願念仏によって覚め、阿弥陀仏自身が選択《せんちやく》して凡夫《ぼんぶ》のために与えられた称名念仏による救済の道を唱導した。多くの優れたさとりへの道があるにもかかわらず称名念仏一行《いちぎょう》だけで救済されていくのか。このことについて法然は主著『選択本願念仏集《せんちゃくほんがんねんぶつしゅう》』にとりあげるが「聖意難測《しょういはかりがたし》」としてその説明を避けようとしている。法然にはこのような仏の側に関することを自らが語ることをしないことが多い。ある人から浄土とはどういうところかという説明を求められた時にも、行ってみるべしとして直接の解答をしていない。ただここでは今試みの私案として勝劣難易《しょうれつなんい》の二義があるのではないかとして自らの意見を述べている。それは経典に説かれる仏意や各祖師の著作により述べるところである。阿弥陀仏が称名念仏を選ばれた理由の一つに、念仏は勝れているが念仏以外の諸行は劣っているという勝劣の義がある。念仏が勝れているのは阿弥陀仏の有するすべての徳が摂在《しょうざい》する万徳《まんどく》所帰の名号を称えるからであるという。この万徳所帰の名号とはどういうものであるのだろうか。法然以前の諸師の示した教えをふまえながらも阿弥陀仏の聖意を開顕《かいけん》した法然の所説を検討してみよう。

法然の教えをみるとき、求める対象となる往生浄土（所求）、信仰の対象である阿弥陀仏（所帰）、そして実践である念仏（去行《こぎょう》）の三つに分けられる。この三つはすべて前に示した機根《きこん》観が根底にある。したがって求める浄土も信仰する阿弥陀仏も自己をはなれた二元的な立場で説かれる。これは天台の自からのめざめを可能とする「可発の義」の機根観による己心《こしん》の弥陀、唯心浄土の一元的立場と異なり、罪悪深重《じんじゅう》で生死《しょうじ》に流転《るてん》する凡夫《ぼんぶ》の立場で示される。したがって行としては凡夫の実践できるものとして阿弥陀仏自身が選びとった称名念仏が示される。

法然は十三歳（または十五歳）で比叡山《ひえいざん》に登り、十八歳のとき黒谷《くろだに》に隠棲《いんせい》し、叡空《えいくう》より『往生要集』を学んだ。以後、自らの能力、万人のための教えを求め続け、四十三歳のとき、善導の『観経疏《かんぎょうしょ》』によって阿弥陀仏の本願念仏の教えに出会った。以後、余行を捨て本願念仏に帰した。そしてその教えを人びとに説き示したが、法然自身にもその表現にあたっては深まりがみられる。善導の示すところによって本願念仏に帰したことはいささかもゆらぎはないが、漢語関係の著作の表現には進展がみられる。それは四十三歳ごろ『往生要集』関係の著作が成立し、ついで五十八歳の東大寺における浄土三部経の各註釈、ついで外記《げき》入道中原師秀《もろひで》のための『逆修説法《ぎゃくしゅせっぽう》』そして六十六歳のときに成立した『選択本願念仏集《せんちゃくほんがんねんぶつしゅう》』（以下『選択集』）という順序である。『往生要集』関係の諸釈については『選択集』以後とする説、あるいは段階的に成立したとみる説などがある。

『往生要集』の諸釈書にも念仏と諸行とのことについて取りあげられており、法然はこれについて㈠難行易行対、㈡少分多分対、㈢因明不因明対、㈣自説不自説対、㈤摂取不摂取対、㈥随機理尽対、の六番の相対《そうたい》をあげている。㈠諸行は難行であるが、念仏は易行《いぎょう》であり、㈡諸行は勧める文が少ないが念仏は進める文が多い行であり、㈢諸行は往生のために説き尽くさない行であるが、念仏は直ちに往生のために説き尽くす行であり、㈣諸行は仏の不自説の行であるが、念仏は仏自説の行であり、㈤諸行では仏は摂取しないが、念仏は仏に摂取される行であり、㈥諸行は仏が衆生のために機に随って説いたものであるが、念仏は四依《しえ》の菩薩《ぼさつ》が勧める行である、というものである。これら念仏と諸行に対して六番の相対を示し、諸行を廃捨し念仏に依るべきことを説いている。これに対して『無量寿経釈』『逆修説法』や『選択集』には、㈠親疎対《しんそたい》、㈡近遠対《ごんのん》、㈢有間無間対《うけんむけん》、㈣回向不回向対《えこうふえこう》、㈤純雑《じゅんぞう》対の五番の相対が示されている。㈠諸行は阿弥陀仏の三業《さんごう》と疎《うと》い関係にあるが、念仏は仏凡《ぶつぼん》の三業が捨離《しゃり》しない行であり、㈡諸行は仏を見ようと思っても現われない遠い存在であるが、念仏は仏を見ようとする願いに応じて現われる近しい行であり、㈢諸行は阿弥陀仏を憶念《おくねん》しても常に間断しているが、念仏は間断のない行であり、㈣諸行は回向しなければ往生の行とならないが、念仏は回向を必要とせず、そのまま往生を得る行となり、㈤諸行は純《もっ》ぱら往生極楽の行ではないが、念仏は純ぱら往生の行となる、というものである。『無量寿経』『逆修説法』『選択集』がすべてこの五番相対によって念仏と諸行の関係について述べており、『往生要集』の諸釈書にみられた六番相対よりさらに阿弥陀仏との関係の密接性をとりあげているので、六番相対から五番相対への展開がみられる。ということは『往生要集』の一連の著作は『無量寿経釈』よりも前にできたものでなければならないことになるとともに、『往生要集』の諸釈書が『無量寿経釈』から『選択集』に至る間に段階的に成立したとするのにも無理がおきることになる。『往生要集』の諸釈書は善導に帰して以後、東大寺における三部経の講説までに著わされたものと位置づけられる。このことを裏づけるものとして法然の『往生要集』の諸釈書など、『選択集』に至るまでの著作には著作の順序を示す一つの事項も確認できる。すなわち善導と諸師について『往生要集』の諸釈書には多少の表現の異なりはあっても「恵心《えしん》を用うるの輩は必ず善導に帰すべし」とあり、恵心僧都《そうず》源信から善導への方向性が示されている。次に浄土三部経の諸釈書には、これも多少の表現の異なりはあっても「正しく善導に依り傍らに諸師に依る」という表現があって、正面に善導をすえ、傍らに諸師を補充している。ところが『選択集』になると「偏《ひと》えに善導一師に依る」として諸師はまったく取りあげない立場を示している。四十三歳以後、善導の本願念仏の強調に導かれながらも法然自身の阿弥陀仏信仰の深まりとともに、善導に対する関係もいっそう親密になっていっていることが知られる。他に諸事の検討ができると思うが、以上によっても『往生要集』の諸釈書以下、三段階による著作の順が定められる。この間に各種の和語類がある。

『逆修説法』にも念仏と諸行について述べられるが、本書はその根拠として仏身や名号の功徳性を説くことに力が注がれている。『逆修説法』の第四七日《ししちにち》の説法に仏の功徳について述べ、総別の二功徳のあることを示している。総徳にまた二つあり、一つは四智三身《しちさんじん》など仏の内なる証《さと》りの内容である内証の功徳、二つに仏の外への救済のはたらきである外用《げゆう》の徳である。そしてこのうち三身の功徳を形のごとく説くといい、法身《ほっしん》とは無相甚深《むそうじんじん》の理であり、報身とは一切諸法畢竟空寂《いっさいしょほうひっきょうくうじゃく》の無相の理を解《げ》知《ち》する智慧であり、応身とは衆生《しゅじょう》を救済するために無際限の中に際限を示し、無《む》功用《くゆう》の中に功用《くゆう》を現わす仏であるといっている。

ついで阿弥陀仏の別徳について述べ、仏の八万四千の相のうち白毫の一相は最勝であることを『観無量寿経』の所説によって示している。善導の『観念法門』所説の順逆の観相を十六遍《ぺん》くりかえした後、心を白毫に注いで心の雑乱《ぞうらん》を防ぐことによる三昧成就《さんまいじょうじゅ》のための方法を証とし、白毫の功徳について強調している。そして源信の『阿弥陀仏白毫観』を引き、㈠白毫の業因《ごういん》、㈡白毫の相貌、㈢白毫の作用、㈣白毫の体性《たいしょう》、㈤白毫の利益《りやく》の五種の法をあげている。前述の『阿弥陀仏白毫観』の内容をほぼ踏襲しているが、注意してみると、源信の場合は「観業因」となっているが法然は「白毫業因」として「観」の字を使用していない。以下も同じであり、法然は源信に依っても白毫を観念の対象とはしないことを表明したものと受けとめられる。また白毫の体性の部分も、白毫は因縁《いんねん》所生の畢竟空寂《ひっきょうくうじゃく》の法であり、空仮中三諦の妙理を具備し、凡聖《ぼんしょう》互いに備え、迷悟《めいご》ともに具《そな》えているとし、しかもこれは天台宗の意なりとして明確に区別している。『逆修説法』にはこのほかにも随所に仏および名号の功徳を説いており、また光明や寿命についても詳述している。法然は、阿弥陀仏の内証外用の功徳は無量であるけれども、要をとっていえば名号の功徳に及ぶものはないといっている。

次に主著『選択集』における仏の功徳についてみると、『逆修説法』の所説をうけて、念仏が勝れているのは万徳《まんどく》が帰するところの名号であるからとして、名号の功徳に集約されてきている。『選択集』第三章のなぜ阿弥陀仏は諸行を本願としないで念仏を往生の本願とするのかの一段において、前に述べたように「聖意測りがたし」としながらも勝劣難易の二義をあげて私に説明を加えている。とくに念仏は諸行に比して勝れている点をあげて万徳所帰の名号であることを示している。すなわち阿弥陀仏が有する四智・三身・十力《じゅうりき》・四無畏《しむい》など一切の証りの功徳である内証の功徳と、相好・光明・説法・利生《りしょう》など一切の救済のはたらきである外用の功徳とがすべて阿弥陀仏の名号に摂在《しょうざい》するのであり、しかもこの名号の功徳がもっとも勝れているというものである。しかもこの勝れた名号を称することはまことに易く、万人に通じる実践であるから平等往生できるというのである。源信以来、とくに高まってきた仏身の功徳から名号の功徳の強調はここに極まったといってよい。

ところで『逆修説法』においては仏の功徳に総徳と別徳の二功徳があって、総徳は内証外用の二功徳で『選択集』と同じであるが、別徳である白毫相の功徳については『選択集』にはとりあげられていない。別徳の功徳は『逆修説法』以前の三部経の釈にもとりあげられていないので、『逆修説法』のみにみられる功徳である。どうして『逆修説法』でとりあげられた功徳が『選択集』で消えてしまうのであろうか。『選択集』にはそのことについては一切とりあげられていないので、理由はまったく不明である。『逆修説法』においては紙数を費して白毫相の功徳が強調されてきた。これは源信以来の諸師たちにみられたように、その影響を受けてか法然も阿弥陀仏の救済を示す根拠としてとりあげたのであろう。しかし法然自身もその説明の中でかなり慎重になっているように、白毫相はやはり観念の対象とみられがちになるので、無観称名を説く法然の教学にはそぐわないこととなる。法然が白毫相をとりあげたのは、白毫相から発せられる光明は最勝最尊であるから、念仏の衆生を摂取するという『観無量寿経』の所説にもとづき、光明摂取のはたらきを強調するためのものであったであろう。しかしそのことも万徳所帰の名号として内具するものであり、外用の功徳にも光明の功徳が入っているので、別して説く必要がなくなったからであろうと思われる。

このような例は他にもある。仏身の功徳、名号の功徳に関説する問題として女人《にょにん》往生があげられる。仏身の功徳として陰馬蔵相《おんめぞうそう》があるが、この相をもつ以上、仏は男性と受けとめられ、インドの女性蔑《べっ》視《し》の考えかたが結びつき、女性は三従五障《さんじゅうごしょう》の礙《さわ》りがあるとして往生や成仏ができないとされた。しかも『無量寿経』に示される阿弥陀仏の四十八願《がん》の第三十五願は、女性が女性であることをよく思っていないのに、生まれかわってもまた女性となるのであれば正覚《しょうがく》をとらないという内容を受けて、世親は浄土に女性はいないといい、善導ですら『観念法門』に「転女《てんにょ》成男」において往生することを示した。法然には多くの女性に対する法語が残されている。史実からみたとき問題の史料もあるが、確実な史料とみられるのは『無量寿経釈』である。ここには別して女人のために示すとしてとりあげている。すなわち第十八願において男女を区別せず念仏によって平等に往生できるといわれるのに、どうして別に第三十五願において女人のために誓われるのかという質問が設けられて論じられている。そこには女人は差別を受けて苦しめられてきた歴史があり、女人の苦を救うために設けられたという考えが示された。しかしこの部分は『選択集』においてはとりあげられず削られている。法然は女人の往生を特別にはとりあげなくなった。このことは女人の往生を無視するというより、女人の往生を特別にとりあげること、そのことがもはや差別以外の何ものでもないという立場から、念仏による平等往生を説くことにおいて女人を解放したのである。和語を中心に智者も愚者も、持戒も破戒も、老《ろう》若男女《にゃくなんにょ》を問わずただ生まれつきのままの念仏において救済するという阿弥陀仏の本願の聖意《しょうい》を示したのであった。四十八願の一つ一つに第十八願があるという立場から、女人の苦を抜くために誓われたという。

5　万人救済の道

以上のように、日本の浄土教の夜明けを告げたといわれる源信の『往生要集』によって浄土の法門に入った法然は、『往生要集』を検討することによって善導へと導かれ、善導の示す本願念仏へと開眼されていくのである。その間、日本浄土教の展開は観念を主体としていた実践のありかたから、仏身や名号の功徳性の強調によって次第に称名念仏へと移行することとなる。法然は諸師の示す仏身や名号の功徳性の強調を万徳《まんどく》所帰の名号として結実させた。この名号を称えることは阿弥陀仏自身が選んだ選択本願の念仏であり、阿弥陀仏の本願にもっとも随うことであって、万人に救済の道を開くこととなったのである。

三　法然における宗教体験
――往生浄土と三昧発得――

藤本浄彦

1　宗教体験と〝ことば〟

何らかの宗教教義にもとづいて実践されるところに生じる主体的経験を、宗教体験と呼称することにする。当面の課題において、それは〝阿弥陀仏《あみだぶつ》と凡夫《ぼんぶ》〟の間柄を〝南無《なむ》阿弥陀仏と口称《くしょう》すること〟をとおして特色づけられる。〝南無阿弥陀仏と口称すること〟によってもたらされる主体的経験は、日本宗教史および日本文化において極めて注目すべきことである。そこには、主体的経験において醸造《じょうぞう》される世界が存し、歴史と文化の基底的な奥行きが物語られていると言っても過言ではない(それは人間の基本的行為としての〝身・口・意〟にもとづく営みであるからである。また、信仰の対象〈所帰〉を明確に設置する信仰動態であるからである)。

ところで、歴史や文化の理解が〝語られ・記述されたもの〟のレベルであるとすれば、ここで課題とするレベルは主体的経験の重視である。宗教が宗教としてその特異性を発揮するのは、その具体的宗教が淵源《えんげん》とする、教義を主体的に実践するというレベルを保持しているからである。それゆえに、〝語られ・記述されたもの〟は常に〝教義の主体的経験〟の後に出現することになる。

日常的または歴史や文化の理解のための〝ことば〟とはレベルを異にして、宗教的〝ことば〟が孕《はら》む特質に注目しなければならない。それは、「その具体的宗教が淵源とする教義を主体的に実践するというレベル」、または、教義の主体的実践としての〝生き方〟において発せられる〝ことば〟であるからである。そこでは、教義の受領が、極めて主体的な人格性にもとづく体験、すなわち信仰実践世界の開き示しを意味しているとも言える。それゆえに特に、宗教体験と〝ことば〟という観点を話題にしなければならない（単なる伝達手段としての〝言葉〟ではなく、経験世界の表出としての〝ことば〟であることに注目する必要がある。それゆえに、その〝ことば〟は人間存在の内在的経験の範囲だけでなく、脱自的にして超越的な事象表現を有している）。

本章における課題は、法然（一一三三―一二一二）という宗教的人格において捉えられた浄土《じょうど》の教義の主体的な実践の現場と言ってもよかろうか。それは、右に指摘したように、〝阿弥陀仏と凡夫〟の間柄が〝南無阿弥陀仏と口称すること〟をとおして主体的経験において醸造される世界の〝ことば化〟である。その一点を我われは見落とすことなく持続しなければならないことになろう。加えて、より一層重要なことは、そのような極めて主体的な実践現場から語りだされる〝ことば〟こそが、宗教的真実の普遍性を発揮しているということである（主体的な実践経験の現場を顕現《けんげん》しようとして発せられる〝ことば〟こそ、宗教的に真実なる意味での普遍性を発揮する。例えば、西田幾多郎《にしだきたろう》の主張する「純粋経験」の理解などは参考となる）。

2 法然の求道――法然の求めたもの――

一般的に、伝記によって特定の人物の生涯が捉えられるが、そこには伝記作者の意図が地下水のごとく流れている。それゆえに伝記類の多さは、後世の読者に対してその主人公の生涯像を複雑にしてしまうことがある。法然の場合、周知のように伝記類が多く存する。したがって、法然の生涯の実像を把握するために、伝記諸本を並列対照して〝記述されていること〟を抽出比較したり、最古の資料を基準として選別したりする方法が定着している。それは、どこまでも〝記述されていること〟のレベルである（「記述されていること」への注目は、どこまでも直接的な現場から離れており、いわば〝ことば〟の淵源から離脱している。その点で、どこまで経験的現場に直参《じきさん》できるかということは、大きな問題であり課題である。本論では、この問題と課題とを無視することはできない）。

実は、〝記述されていること〟の前段には常に法然という宗教的人格における主体的〝生き方〟の現場が横たわっているのである。その現場は〝法然の求めたもの〟を動態としており、それへの直参の態度を我われは不可欠とする。それゆえに、〝法然の求めたもの〟という視座において法然の宗教体験を追跡していかなければならない。
諸伝記から〝法然の求めたもの〟に関して、次のような結節点を法然の生涯に看取《かんしゅ》することができる。①比叡山《ひえいざん》での天台僧としての修行と黒谷《くろだに》移住から立教開宗、②善導《ぜんどう》への依憑《えひょう》としての二祖対面の出来事、③教義書『選択本願念仏集《せんちゃくほんがんねんぶつしゅう》』（以下『選択集』と略記）と④三昧発得《さんまいほっとく》の体験、である。①と②は、③④へと深展するプロセスと言えよう（法然の生涯の結節を、このように捉え具体的に考察する必要があると思われる）。したがって、本節では①比叡山での天台僧としての修行と、黒谷移住から立教開宗と、②善導への依憑としての夢中二祖対面の出来事について話題とする。

立教開宗　法然は、ある時、弟子聖光（一一六二―一二三八）に「出離の心ざし至りて深かりしあいだ、諸の教法を信じて、諸の行業《ぎょうごう》を修す、およそ仏教多しといえども、詮ずるところ戒定慧《かいじょうえ》の三学をば過ぎず、いわゆる小乗の戒定慧、大乗の戒定慧、顕教《けんぎょう》の戒定慧、密教の戒定慧なり」（『昭和新修法然上人全集』平楽寺書店、一九五五年〈以下『昭法全』と略記〉）と語っている。若き法然の比叡山における修行は「戒定慧（仏道修行者の必ず修学実践すべき根本の事がら。非を防ぎ、悪を止めるのを戒、思慮分別する意識を静めるのを定、惑いを破り、真実を証するのを慧という）の三学」を修することであった。
「幼稚のむかしより成人の今に至るまで、父の遺言わすれがたくしてとこしなえに隠遁《いんとん》の心ふかきよし」ゆえに、法然は名利《みょうり》の学業を厭《いと》い「久安《きゅうあん》六年九月《ながつき》十二日、生年十八歳にして、西塔《さいとう》黒谷の慈眼房叡空《えいくう》の廬にいたりぬ」と『法然上人行状絵図』巻三は語っている（大橋俊雄校注『法然上人絵伝㊤』

岩波文庫、二〇〇二年〈以下『行状絵図』と略記〉）。黒谷における法然は、例えば、「法華修行之時、普賢《ふげん》菩薩を眼前に拝し奉る」とあり、また「真言の教門に入りて、道場観をこらし給《たま》うに、忽《たちま》ちに五相成身の観行《かんぎょう》を成就《じょうじゅ》し給う」などの修行体験を得ている（『源空《げんくう》聖人私日記』、『法然上人伝記（九巻伝）』）。

そして、次のように法然の求道《ぐどう》の転換点が窺われる。つまり、「上人黒谷に蟄居《ちっきょ》ののちは、ひとえに名利をすて、一行に出要《しゅつよう》を求むるこころ切なり。これによりていづれの道よりか、このたびたしかに、生死《しょうじ》をはなるべきということをあきらめむために、一切経を披閲《ひえつ》すること数遍におよび、自他宗の章疏まなこにあてずということなし」（『行状絵図』巻四）という状況であった。〝法然の求めるもの〟の先鋭化《せんえいか》が、出家から十数年を経て次第に濃度を増してくる。その機軸を形成するのが「父の遺言わすれがたくして」「このたびたしかに、生死をはなるべきということをあきらめむため」の求道であったことは明白である。

先に引用した聖光に語った言葉は次のように続く。「しかるにわがこの身は、戒行《かいぎょう》において一戒をもたもたず、禅定《ぜんじょう》において一もこれをえず、智慧において断惑証果《だんわくしょうか》の正智《しょうち》をえず」という自己を凝視する。この自己凝視は、三学実修の仏教の規範を〝わが身に〟真剣に取り組むほどに深くなる。とくに法然にとっては「これによりて戒行の人師釈していわく尸羅清浄《しらしょうじょう》（戒をたもつ行が清浄であること）ならざれば、三昧現前《さんまいげんぜん》せずといえり」なのであり、三昧不可能という事態である。このことは、仏教の規範たる三学実修に絶望した法然の姿を物語っている。それは、「凡夫のこころは物にしたがいてうつりやすし、たとふるにさるのごとし、ま事に散乱してうごきやすく、一心しつまりがたし」自己にあててみるほどに、「かなしきかな、かなしきかな、いかがせん、いかがせん。ここにわがごときは、すでに戒定慧の三学のうつわ物にあらず」（『昭法全』）という自己否定的な事態以外のなにものでもない。

しかし、この「戒定慧の三学のうつわ物にあらず」という自己否定的な事態に腰を据えて、法然はさらに「この三学のほかにわが心に相応する法門ありや、わが身にたえたる修行やある」と諸々の智者学者に問い求めるが、教え示す人師に出会いえなかった。この時期における〝法然の求めたもの〟は、三学のうつわ物でありえない自己凝視ゆえに、「わが心に相応する法門・わが身にたえたる修行」なのであった。

「しかるあいだ、なげきなげき経蔵《きょうぞう》にいり、かなしみかなしみ聖教《しょうぎょう》にむかいて、てづから身づからひらきて見しに」と法然の求道は続くが、「善導和尚の観経《かんぎょう》の疏《しょ》にいわく、一心専念弥陀名号、行住坐臥不問時節久近、念念不捨者、是名正定之業、順彼仏願故という文を見えてのち、われらがごとくの無智の身は、ひとえにこの文をあおぎ、もはらこのことわりをたのみて、念念不捨の称名を修して、決定往生《けつじょうおうじょう》の業因《ごういん》にそなうべし」（『昭法全』）と言いえるほどに「わが心に相応する法門・わが身にたえたる修行」を確信した。その出来事は、求道の法然にとって「念念不捨の称名を修して、決定往生の業因にそなう」ことの確証でもあった。

法然が「ただ善導の遺教を信ずるのみにあらず、又あつく弥陀の弘願《ぐがん》に順ぜり。順彼仏願故の文ふかくたましいにそみ、心にとどめたる也」と述懐するほどに〝ふかくたましいにそみ、心にとどめたる〟出来事は、さらに善導の釈を三度返して味読《みどく》して「乱想の凡夫、称名の行に依《より》て往生す可《べ》きの道理を得たり」(醍醐本『法然上人伝記』)と確信されるゆえに、それは立教開宗の刻印を意味している。

『行状絵図』第六巻では「ついに『一心専念弥陀名号、行住坐臥不問時節久近、念念不捨者、是名正定之業、順彼仏願故』の文にいたりて、末世の凡夫弥陀の名号を称せば、かの仏の願に乗じて、たしかに往生をうべかりけりということわりをおもいさだめ給ぬ。これによりて承安五年の春、生年四十三、たちどころに余行をすてて、一向に念仏に帰し給いにけり」とあり、『源空聖人私日記』では「安元《あんげん》元年乙未聖人齢自四十三始入浄土門、閑観浄土給」と記されている(『法然上人伝全集』二四)。

夢中二祖対面　法然の著作のなかで初期のものとされる『往生要集《おうじょうようしゅう》』関係註書では、「慧心の御《ぎょ》意《い》、専《もっぱ》ら念仏を以て往生の要と為す」(『往生要集詮要』)と受領しながら「必ず善導に帰すべし」とか、「善導の観経の疏を見るべし」と結んでいる。『往生要集』を善導の御意に沿って味読していくという態度である。それは、すでに指摘したように、善導の釈文《しゃくもん》「一心専念云々」が、〝深く魂に染み、心に留めたる〟ほどに法然の求めているものへの応答となりえたということである。後に「偏依《へんね》善導《ぜんどう》」と言わせしめるほどに、法然の意識体験において善導への依憑が濃度を増していく。

法然のその切実な思いに呼応するかのように、法然は西山広谷に居住する高声《こうしょう》念仏の行者である

図5　二祖対面の図（『法然上人行状絵図』巻七第五，知恩院所蔵）

遊蓮房円照《えんしょう》（?―一一七七）との出会いを得る。「浄土の法門と、遊蓮房とにあへるこそ、人界の生を受けたる思い出にては侍《はべ》れ」（『行状絵図』巻四四）と深く述懐されている。それは法然にとって、善導の教えのままに修する称名念仏が遊蓮房という人のうえに現に生き証しされているという、事実の確認でもあったと言える。

善導への依憑の濃度が増すなかで、法然は二度ほど夢中で善導に対面している。伝記の描写するところは次のようである。

『行状絵図』巻七に、「上人、ある夜夢見らく」と書き出され、紫雲《しうん》たなびく無量の光の中に百宝色の鳥が飛び交う情景のもとで「雲の中より一人の僧出で、上人の所にきたり住す。そのさま腰よりしもは金色《こんじき》にして、こしよりかみは墨染《すみぞめ》なり。上人合掌低頭《ていず》して申給わく、『これ誰人《たれびと》にましますぞや』と。僧答え給《たま》わく、『我は是《これ》善導なり』と。『なにのために来給ぞや』と申給に、『汝《なんじ》専修《せんじゅ》念仏をひろむること、貴きがゆえに来れるなり』との給とみて夢さめぬ」（『行状絵図』巻七）と、いわゆる半金色の善導との対面である。

「汝専修念仏をひろむること、貴きがゆえに来れるなり」と語りかけられているゆえに、この出来事は四十三歳の法然の浄土帰入《きにゅう》すなわち立教開宗にあたって、善導への依憑が濃度を増し絶対的に高められていったことを物語る。その意識は、半金色という〝人・仏〟を象徴的に表象している善導像として結実される。

しかし、法然の意識のなかでは別の課題が横たわっていた。それは、四十三歳での立教開宗の礎石となる半金色の善導との夢中対面とは全く異なるレベルであるが、五十八歳の東大寺での『阿弥陀経釈』の正徳《しょうとく》版には「是以て相承血脈《そうじょうけちみゃく》の法に疎く、面授口訣《めんじゅくけつ》の義に乏し」（『昭法全』）と語られている点である。法然自身、伝統的に宗派独立宣言の定規である「相承血脈の法・面授口訣の義教」に疎く乏しいという現実凝視である。

それらの課題は、『選択集』で論じられ明白にクリアーしていくのであるが、その意味で次のような夢中対面には注目する必要がある。此の書（『選択集』）を「選進せられてのち、同年五月《さつき》一日上人の夢の中に、善導和尚来応して、『汝《いまし》、専修念仏を弘通《ぐずう》するゆえに、ことさらにきたれるなり』としめしたまう」（『行状絵図』巻十一）とある。『選択集』には、六十六歳の法然の宗教意識が醸しだす〝ことば化〟の真実があると言える。

そもそも、仏教で「夢」とは一般的に「睡眠中に於いて心心所が所縁の境に転じ種種の事を見るをいう」と言われ、『大毘婆沙論《だいびばしゃろん》』第三十七には「応に五縁によって所夢の事を見ると説くべし。一に他の引による、謂《いわ》く若しは諸天諸仙神鬼《しょてんしょせんしんき》、呪術薬草、親勝の所念、及び諸《もろもろ》の聖賢に引かるるがゆえに夢む。二に曾更に由る、謂く先に是の事を見聞覚知し、或は曾《かつ》て種々の事業を串習《せんじゅう》し、今便《すなわ》ち夢に見る。三に当有に由る、謂く若し将《まさ》に吉不吉の事あらんとせば、法爾《ほうに》として夢中に先づ其の相を見る。四に分別《ふんべつ》に由る、謂く若し思惟《しゆい》し希求し疑慮せば即便ち夢に見る。五に諸病による、謂く若し諸大調適《じょうじゃく》ならざる時、即ち所増に随《したが》って夢に彼の類を見るなり」(『大正蔵経』二十七巻)と説明してある。

夢とは「心が何か(対象・経験)を縁じて生起する事」を見ることとされる。心の深層における出来事であり、宗教的には重要な意味を持つとされる。法然の〝夢中二祖対面〟の出来事は、右の『大毘婆沙論』によると、第三の当有すなわち「法爾として夢中に先づ其の相を見る」ことであり、第四の分別すなわち「思惟し希求し疑慮せば即便ち夢に見る」と指摘される。まさに〝法然の求めたもの〟の体験的生成が捉えられるのである。

3　往生浄土の教行——往生之業念仏為先——

浄土三部経典によると「この人(下輩《げはい》の者)、ないし一念に、かの仏を念じて、至誠心をもって、その国に生れんと願わば、この人、いのち終わるときに臨んで、夢のごとくにかの仏を見たてまつりて、また往生を得」、「(五逆・十悪にして不善・愚人の衆生《しゅじょう》、善知識《ぜんちしき》の告げていうごとく)至心《ししん》に、声をして絶えざらしめ、十念を具足《ぐそく》して、南無阿弥陀仏と称《とな》えしむ。仏の名を称うるがゆえに……、命終る時、金蓮華の、なお日輪のごとくにして、その人の前に住するを見ん。一念の頃ほどに、すなわち極楽世界に往生することを得」、「阿弥陀仏を説くを聞いて、名号を執持《しゅうじ》すること、もしは一日、……もしは七日、一心不乱なれば、その人命終の時に臨んで、阿弥陀仏、諸の聖衆《しょうじゅ》とともに、その前に現在したまう。この人終わる時、心顚倒《てんとう》せずして、すなわち阿弥陀仏の極楽浄土に往生することを得」とあるように（『無量寿経』下・「観経」・「阿弥陀経」）、往生浄土は、〝命終りてのち〟の出来事なのである。

往生浄土の教行　資料的に検証していくと、法然六十六歳撰述の『選択集』と、五十八歳講釈の『無量寿経釈《むりょうじゅきょうしゃく》』とは重複するところが多い。『選択集』撰述の契機が九条兼実《かねざね》の所望であるとしても、実は、その内容は四十三歳立教開宗以後の法然が、善導の「一心専念云々」の文にもとづく念仏体験によって得た自内証の〝ことば化〟であると言っても過言ではなかろう。それを象徴するのが劈《へき》頭《とう》の自筆「往生之業　念仏為先」の八文字であり、『選択集』の眼目である（『選択集』劈頭の十四文字）。

法然は「我、浄土宗を立つる意趣は、凡夫往生を示さんがためなりけり。……故に善導の釈義に依りて浄土宗を興《おこ》す時、即ち凡夫の報土《ほうど》に生るということ顕《あきら》かなり」（『醍醐本』）と言う。言うところの「凡夫」とは、「三学非器」なる人間、すなわち法然自身、換言すれば〝法然の実存〟を意味している。法然の『選択集』は、まさに「凡夫往生を示す」ために自らの念仏体験の自内証を〝ことば化〟したものであり、それゆえに「往生の業には念仏を先となす」に貫かれている。そこに法然の教義体系の基本が提示されていることを見落すべきでない。

三学（戒定慧）非器ということは、その要である〝禅定〟を修することが不可能なる器（機根）ということである。そのような三学非器なる機根《きこん》が修することのできる仏教を、法然は善導を通して『選択集』で往生浄土の教行としてうち立てるのである。その場合、阿弥陀仏が衆生を漏れなく救い取る（往生せしめる）ために、〝南無阿弥陀仏と口に称える〟（称名念仏）の一行を選び取り差し向けられたという、阿弥陀仏の本願の意に込められた選択本願念仏が中軸となる。つまり、第十八願の念仏往生の願力《がんりき》にすべて任せきる教行が強調される（法然の教行はこの一点に凝縮し帰結すると言っても過言ではない。その道筋は、『選択集』劈頭で「南無阿弥陀仏　往生之業念仏為先」と断言しておいて、第一章を「教判論《きょうはんろん》」、第二章を「正行論」、そして第三章を「本願論」というように展開する点に明白に読み取ることができる）。

称名念仏選択　その第十八願とは「もし我れ仏《ぶつ》を得たらんに、十方の衆生、至心に信楽《しんぎょう》して、我が国に生ぜんと欲して、乃至《ないし》十念せんに、もし生ぜずんば正覚《しょうがく》を取らじ。唯だ五逆と正法《しょうぼう》を誹謗《ひぼう》するを除く」である。その願文《がんもん》を法然は『選択集』第三章で次のように了解する。「第十八願の念仏往生の願とは、彼の諸仏の土の中において、あるいは布施《ふせ》を似て往生の行とするの土有り。あるいは持戒を以て往生の行とするの土有り。……あるいは禅定を以て往生の行とするの土有り。あるいは般若《はんにゃ》を以て往生の義とするの土有り。……」と指摘して、諸仏の浄土には持戒や禅定（三昧）や般若（智慧）が往生浄土の行となる場合があることなどを縷々《るる》述べる。しかし肝心なことは、それに続く「すなわち今は前の布施持戒乃至孝養父母等の諸行を選捨して専称仏号を選取す」(『選択集』第三章)と断言する法然の確信である。

そのように言える着眼点は、「もしそれ造像起塔を以て、本願としたまわば、貧窮困乏《びんぐうこんぼう》の類は定んで往生の望みを絶たん。しかるに富貴《ふき》の者は少なく、貧賤の者ははなはだ多し。もし智慧《ちえ》高才を以て、本願としたまわば、愚鈍《ぐち》下智の者は定んで往生の望みを絶たん。しかるに智慧ある者は少なく、愚痴なる者ははなはだ多し。……もし持戒持律《じりつ》を以て、本願としたまわば、破戒無戒の者は定んで往生の望みを絶たん。しかるに持戒の者は少なく、破戒の者ははなはだ多し」という点にある。それゆえに「阿《あ》弥陀如来《みだにょらい》、法蔵比丘《ほうぞうびく》の昔、平等の慈悲に催され、普《あまね》く一切《いっさい》を摂せんがために、造像起塔等の諸行を以て、往生の本願としたまわず、ただ称名念仏の一行を以て、その本願としたまえるなり」(『選択集』第三章)と深く味解する。

本願の働きが「一切衆生をして平等に往生せしむる」という一点にこそあるゆえに、散心の者は散心のままで、定心の者は定心のままで修することができる称名念仏なのである。浄土往生は、何をさておいても、このように阿弥陀仏が衆生凡夫のために選択された称名念仏を口に称えることを通して実現するのである。

4　浄土の感見——念仏三昧発得——

若き法然の比叡山での求道のなかで、法華三昧《ほっけざんまい》などの三昧体験がみられることは自明である。それほどに法然は、三学実修に励んだが、乱想の凡夫である我が身には選択本願の念仏による往生浄土しかあり得ないという境涯がある。その境涯が醸しだす自内証の奥底に、法然自身の念仏体験があったことは言うまでもなく、諸伝記も伝えるところである。建久九年（一一九八）春に「往生之業　念仏為先」の教行を体系づけた法然は、その年正月付けで「恒例毎月七日念仏行を始む」と書き出された記録があるように、念仏三昧行に勤しんでいたことがわかる。しかも「恒例」とあるので、それまでにも定期的に修していたと思われる（『三昧発得記』・醍醐本『法然上人伝記』・正徳版『拾遺漢語灯録』巻上）。

端的に言えば、『選択集』の撰述と念仏三昧経験とは不可分離であり、その〝ことば化〟として教義レベルを理解することができるのではなかろうか。さらに法然の詠歌《えいか》とされているものに例えば、「阿弥陀仏と申すばかりをつとめにて、浄土の荘厳《しょうごん》見るぞうれしき」、「あみだ仏にそむる心のいろにいては、あきのこすゑのたくいならまし」そして「あみだ仏と心はにしにうつせみの、もぬけはてたるこゑそすすしき」（『昭法全』）と詠まれている心境がある。これらの心境の発露（ことば化）は、先に述べたように、法然の宗教的体験を源泉とする。つまり、法然の〝ことば〟の生まれ故郷を、我われは法然の主体的な体験としての念仏三昧発得において考察することができることになる（道詠は宗教的情調を豊かに語り出すものとして注目される。経験が直接的に吐露されるにあたっては、論理的言語ではなくして、むしろ情調的表出が重視される必要がある）。

三昧発得　法然の三昧発得は、例えば『源空聖人私日記』では「高倉院《たかくらいん》御宇安元《あんげん》元年乙未、聖人の齢四十三の始め浄土門に入りてより閑に浄土を観じ給う。初夜に宝樹《ほうじゅ》現れ、次の夜に瑠璃《るり》地を示し、後夜には宮殿を拝し、阿弥陀三尊常に来たり至る也」（『伝全集』）とあり、この記事では四十三歳以後に浄土観見すなわち三昧境地がみられる。そして、醍醐本及び正徳版《しょうとく》『拾遺漢語灯録《しゅういかんごとうろく》』巻上の『三《さん》昧発得記《まいほっとくき》』では「上人、在世の時に口称《くしょう》三昧を発得し常に浄土の依正《えしょう》を見。以て自ら之を筆し、勢至（観）房之を伝う」と前置きされて建久九年（一一九八）正月一日から元久《げんきゅう》三年（一二〇六）正月四日に至るあいだの三昧定中における体験（感見）が記録され、文末には「此の三昧発得之記、年来之間、勢観房秘蔵して披露せず。没後に図らずも之を伝え得て書き畢《おわ》ぬ」（『昭法全』・『浄土宗典籍研究（資料篇）』・親鸞書写高田本『西方指南抄《さいほうしなんしょう》』巻中本では「聖人みづからの御記文なり」とある）と記録されているように、法然は特に『選択集』撰述前後には口称念仏三昧の境地を充分に経験していたことは間違いない。

その辺の法然の様子を『行状絵図』巻七は「上人専修正行としかさね、一心専念こうつもり給しかば、つゐに口称三昧を発《おこ》し給き」と語り出して、生年六十六歳、建久九年の三昧体験を話題としてい

の図（『法然上人行状絵図』巻七第六知恩院所蔵）

る。この体験は、善導の「一心専念弥陀名号云々」を誠実に全身全霊を込めて実修することによって求めずして得られた貴重な体験であると言えよう。それゆえに、法然の口称念仏三昧を地下水流として『選択集』が教義的著書として存在するという観点が生じる。

偏依善導一師　『選択集』をどのように読み理解するかについて、我われは種々な観点を持ちうる。少なくとも、「南無阿弥陀仏　往生之業には念仏を先となす」という劈頭の十四文字をこの書の基本的な精神として重視するときに、第一章以後の展開は単なる教義思想のレベルではなくて、むしろ「往生浄土」を念仏実修のレベルで実践する必然性を示している。その凝縮点を、我われは最終の第十六章の私釈に指摘することができ、法然の遺文のなかで善導への依憑が最も深く述べられている（第十六章の

図6　三昧発得し種々の勝相を見る

私釈に注目するときに、『選択集』撰述は、法然の「往生之業念仏為先」の真実が、善導への絶対的経験的依憑のなかで口称念仏三昧の体験として吐露され顕現されていることがわかる)。

すでに指摘したように、法然をして口称念仏一行に導き浄土開宗へと確信せしめた態度は「偏依善導一師」であり、その理由を「善導和尚は是れ三昧発得の人なり。道に於いて既に其の証有り。故に且く之を用いる」とする。さらに「善導和尚は行、三昧を発して力、師位に堪えたり。解行《げぎょう》、凡に非ざること、まさにこれ暁けし」と善導の宗教体験としての三昧発得を重視し、善導の『観経疏』述作をもたらした深意を開陳し「三昧正受《しょうじゅ》の語、往生に疑いなし。本迹《ほんじゃく》異なりといえども、化導《けどう》これ一なり」(第十六章私釈段)と言っている。法然が、善導をして「弥陀の化身《けしん》」とし『観経疏』を「弥陀の直説」と捉え、往生浄土について「百即百生」として疑う余地を与えなかったのは、実は「善導和尚は是れ三昧発得の人なり」という事実的確信を得たからであろう。そのように深い宗教的依憑が濃度を増していくに累乗して、法然自身の宗教体験も「善導への学（まね）び・善導に倣う」という主体的深みの方途を醸し出すと言える。つまり、善導への深い宗教的依憑は、法然自身の三昧の体験へと脈絡することになる。

法然の宗教体験　サマーディー（samādhi・三昧）という仏教語がある。三昧経典類と呼称される大乗仏教の経典群、例えば『般舟三昧経《はんじゅ》』のように、三昧を説く経典がある。

念仏によって散り乱れている心が安らかで静かな状態（三昧）に達したときに、正しい智慧が生じ真理を悟ることを得て、仏聖衆らの聖境を目の当たりに感見することを三昧発得と言う。〝感見〟という表現がなされるように、極めて濃厚に視覚的・聴覚的な活動として表現されるが、それは器官としての働きによるものではなく「聖なるものから脱自的に現れ出てくる体験」と言えよう（サマーディー〈三昧〉体験は、仏道修行において常に中心的な課題であるが、その境地が口称念仏の体験にとって積極的に話題となることは重要である）。法然においては口称念仏の相続において〝求めずして自然に任運に〟得られる体験である。

法然の宗教体験ということができる念仏三昧体験は、醍醐本『法然上人伝記』・正徳版『拾遺漢語灯録』巻上・高田本『西方指南抄《さいほうしなんしょう》』中本・大徳寺本《だいとくじ》『拾遺漢語灯録』に所収の記事で確認できる。

このいわゆる『三昧発得記』の資料的信憑性《しんぴょうせい》は、旧来の研究では懐疑的であったが、ここ十数年の書誌・歴史・文献学的研究の成果によると、資料的価値が評価されるようになった。その成果は例えば、中野正明『法然遺文の基礎的研究』（法蔵館、一九九四年）Ⅱの第一章で極めて明確に論証されており、最近の諸種の研究成果も同様である。この資料を法然の体験として理解することができる。言うところの「三昧発得」の記事の所掲については、中野著においては右記の諸本に加えて『二尊院縁《にそんいんえん》起《ぎ》』所載本とともに対照表を付して書誌・文献的検討がなされている。そこでは「はじめに『指南抄』本系で原型に遡れる記述を想定することがもっとも納得いくことである」（中野正明『法然遺文の基礎的研究』）と結論づけられている。

以下で親鸞書写高田本『西方指南抄』中本「三昧発得記」を素材として法然の宗教体験を解明したい。この資料の劈頭には「聖人御在世の時に之を註記」とあり末尾に「聖人みづからの御記文なり」とある。その記事は建久九年（一一九八〈六十六歳〉）の正月から元久三年（一二〇六〈七十四歳〉）の間の念仏体験の記録である。

建久九年（一一九八〈六十六歳〉）には「恒例正月七日念仏始行せしめたまう、自然《じねん》あきらかなりと云々、二日水想観《すいそうかん》自然にこれを成就したまふ云々、惣じて念仏七箇日の内に地想《ちそう》観の中に瑠璃《るり》の相少分これをみたてたまふと、二月四日朝、瑠璃地分明《ぶんみょう》に現したまふと云、六日後夜に瑠璃宮殿の相これを現すと云、七日朝にまたかさねてこれを現す、……始め正月一日より二月七日にいたるまて、三十七箇日のあひた、毎日七万念仏不退にこれをつとめたまふ、これによりてこれらの相を現すとのたまへり、始め二月廿五日より、あかきところにして目をひらく、眼根《げんこん》より赤袋《あかぶくろ》瑠璃の壺出生す、これをみる、そのまへにして、目を閉じてこれをみる、目を開けばすなわち失すとい云へり、二月廿八日病によて念仏これを退す、……八月一日、本のことく六万返これをはしむ、九月廿二日の朝に地想分明に現す、周囲七八段はかり、そののち廿三日の後夜ならひに朝にまた分明にこれを現すと云々」(『定本親鸞聖人全集』第五巻、法蔵館、一九七三年〈以下『定本親鸞全集』と略記〉)とある。

「三十七箇日のあひた、毎日七万念仏不退にこれをつとめたまふ、これによりてこれらの相を現す」と記されているように、念仏相続のなか自然に浄土の荘厳相《しょうごんそう》が現れると言うのである。しかも「目を閉じてこれをみる、目を開けばすなわち失す」と言われるように、それは肉眼による〝見る〟ではなく〝現れる〟のである。

また、正治二年(一二〇〇)には「二月のころ、地想等の五の観、行住坐臥《ぎょうじゅうざが》こころにしたかふて、任運にこれを現すと云々」と記され、建仁元年(一二〇一)には「二月八日の後夜に鳥のこえをきく、またことのおとをきく、ふえのおとらをきく、そののち日にたしかふて、自在にこれをきく、しやうのおとらこれをきく、さまさまのおと、正月五日三度勢至菩薩の御うしろに、丈六はかりの勢至の御面像現せり、……同六日はしめて座処より四方一段はかり青琉璃の地なりと云々、今においては経釈によて往生うたかいなし、地観の文にこころうるにうたかひなしといへるかゆへにといへり、これをおもふべし」、さらに翌年（建仁二年）には「十二月廿八日、……阿弥陀仏をみまいらせてのち、……」（『定本親鸞全集』第五巻）とある。

『観経』説示の浄土観想の体験が「行住坐臥こころにしたかふて、任運にこれを現す」のであり、浄土の鳥や器楽の音声も「自在にこれをきく」、さらに勢至菩薩像が現じる。その体験は、「今においては経釈によて往生うたかいなし、地観の文にこころうるにうたかひなし」ことであり「阿弥陀仏をみまいらせ」る出来事なのである。

そして元久三年（一二〇六〈法然七十四歳〉）の体験では「正月四日、念仏のあひた三尊大身を現したまふ、また五日、三尊大身を現したまふ」（『定本親鸞全集』第五巻）とある。「念仏のあひた三尊大身を現したまふ」との法然の体験は、教義的に言えば、善導が『観経』の「光明遍照《こうみょうへんじょう》十方世界 念仏衆生《しゅじょう》 摂取不捨」の文を解釈するにあたって「親縁」釈で体験的に説示する世界を彷彿《ほうふつ》とさせている。それは、まさに「阿弥陀仏と申すばかりを勤めにて、浄土の荘厳見るぞうれしき」と詠う法然の深い心境と言える（『昭法全』）。

5 「すでに得たる心地」の念仏体験

法然は『選択集』で選択本願念仏の体系を立てるにあたり三仏・四経を根拠として八種選択を提示する。四経とは、往生浄土を説く浄土三部経と三昧を説く『般舟三昧経』とであるが、後者については経名のみで触れるところがない。つまり、『選択集』では口称念仏による往生浄土を積極的教説とするが、実は、法然の宗教体験には三昧体験が顕著であることがわかる。我われは法然における往生浄土の教説と三昧体験という二つのレベルをどのように理解すべきであろうか。

『選択集』では、念仏三昧について第七と第十一章の引用文部分で、第十一と第十二そして十五章では私釈段部分で所説を窺うことができる。その所説の中で特に第十二章私釈段で法然は「仏の本願に望むるに（望仏本願）、意、衆生をして一向に専ら弥陀の名を称せしむる（一向専称）に在り」（括弧内筆者註記）と指摘しておいて、「念仏三昧は是れ仏の本願なり。故に以て是れを付属す。望仏本願というは双巻経の四十八願の中の第十八願を指す。一向専称というは同経の三輩の中の一向専念を指す」（第十二章私釈段）と続ける。ここでは、選択本願の念仏をもって念仏三昧とみなしている。端的に言えば、法然の宗教体験としての念仏三昧において選択本願の教説が表白されているといえよう。

「ある人問ていはく、色相観《しきそう》は観経の説也。たとひ称名の行人《ぎょうにん》なりといふとも、これを観ずべく候か、いかん。上人答ての給はく、源空もはじめはさるいたずら事をしたりき。いまはしからず、但信の称名也と」（「諸人伝説の詞」）とあるところから判断すれば、法然にとって観想は「さるいたずら事」であったと言われる。この問答の真意をどのように理解すべきか。「さるいたずら事」と言わしめたのは、観想を目的とする念仏の否定である。まさに「但信の称名」によって求めずして得られる世界が含蓄されている。

「平生の念仏、臨終の念仏とて、なんのかはりめかあらん。平生の念仏の、死ぬれば臨終の念仏となり、臨終の念仏の、のぶれば平生の念仏となるなり」（『念仏往生要義抄』）と言うように、平生と臨終の変わり目を否定する論点がある。この論点をどのように理解すべきか。法然は平生の念仏相続における体験（念仏三昧）と往生浄土念仏との境目を設定していないという理解が可能である。つまり、念仏相続がもたらす心境を興味深く語っているということである。

「人の手より物をえんずるに、すでに得たらんと、いまだ得ざるといづれか勝べき」と問われて、「源空はすでに得たる心地にて念仏は申なり」（「つねに仰せられける御詞」）と答えている。「すでに得たる心地」をどのように理解すべきか。論理的に理解しようとすれば、〝命終りてのち〟の出来事としての往生浄土は念仏申すことの中で成就することはありえない。しかしこのように「すでに得たる心地にて念仏申す」と言えるのは、三昧発得という法然の念仏体験を無視しては理解できない。つまり、善導の三昧発得体験に絶対的依憑するところに生じる、法然自身の念仏体験世界が込められているのである。

そのような意味で、特に六十六歳頃から以後にかけての法然の〝ことば〟は、念仏三昧体験に裏打ちされた内実、すなわち、往生浄土の教説の実践をとおして不求自得（求めずして自ずから得られる）の体験の表白である。それは、本章の「1　宗教体験と〝ことば〟」において指摘したように、まさに「〝阿弥陀仏と凡夫〟の間柄が〝南無阿弥陀仏と口称すること〟をとおして主体的経験において醸造される世界の〝ことば化〟である」のである（本章は、宗教体験と〝ことば〟という観点から、とくに法然の宗教体験への注目のもとで、往生浄土の教行における「口称念仏と三昧発得」について考察した。法然にとっては、往生浄土の教行において〝三昧発得〟の経験が意味を発揮するのであるということが重要なことである。したがって、その体験世界の解明は、往生浄土という「所求」・阿弥陀仏という「所帰」・念仏申すという「去行」とから構築されることを付記しておきたい）。

四　法然の『選択本願念仏集』撰述とその背景

末木文美士

1　法然の思想展開

法然の扱いにくさ　法然は筆不精《ふでぶしょう》な人間で、自ら著わした著作はきわめて少ない。まとまったものとしては、主著の『選択本願念仏集《せんちゃくほんがんねんぶつしゅう》』（以下、『選択集』と略す）しかないといってよい。その『選択集』にしても、法然自らが筆を下したのは冒頭だけであり、本文は門人たちに筆録させている。それでも『選択集』は法然自身で責任をもって思想を述べたものと理解してよいが、その他の多くのものは法然自身のものかどうか必ずしも確定しない。しかも、法語や筆録の類を含めると、法然の著作は決して少なくない。法然の著作の集成として現在のところもっとも信頼できる石井教道編『昭和新修法然上人全集』（一九五五年）は、偽書類まで含めて一二一七頁という大冊である。

そうした著作の扱いを困難にしている理由はいくつか考えられる。第一に、門人の筆録したものをどこまで法然自身の説を直接反映したと見るかは、常に微妙な問題が付きまとう。法然門下がさまざまな異説に分かれていることを考えると、門人の筆録を扱う際には、よほど注意が必要である。とりわけ法然の法語類はしばしば重用されるが、それを安易に用いることは危険である。法語はそれが語られた文脈を無視して、短い語句のみが一人歩きするために、恣意的《しいてき》な解釈に陥りやすいからである。

門流の異説以前に、そもそも法然の言動自体が、一見すると矛盾しているように見られるところがある。専修《せんじゅ》念仏を主張し、念仏以外の行業《ぎょうごう》を一切不要とみなしながら、自らは戒律堅固《かいりつけんご》で聞え、九条兼実《かねざね》はじめ貴族との交流も、なによりも戒師としての資格によっている。実際黒谷《くろだに》の戒脈は法然を通して伝えられるのであり、日本の戒律史上においても法然の果たした役割はきわめて大きなものがある。「内《ない》専修、外《げ》天台」などとも言われるように、一筋縄ではいかない多重的な面を持つ思想家である。

それゆえ、『選択集』を基準に、その他でも比較的信頼できる文献を中心に、思想展開を考えてゆくことになるが、一見『選択集』自体と合わないように見えても、必ずしも簡単に否定できないようなものもある。例えば、『三昧発得記《さんまいほっとくき》』のようなものは、専修の立場からすると矛盾するように見えるが、法然は三昧発得を往生《おうじょう》の要因とはしていないものの、念仏の結果、三昧に達することは否定していない。上記の戒律堅固の問題にしても、それを往生の要因とするわけではないが、戒律堅固だからといって、往生できないわけではない。要は念仏するかどうかであり、戒律を護る必要はないが、護ることがいけないわけでもないのである。

思想展開の観点から　こうして多数の著作を整理して、その思想をうかがうことになるが、その際、法然の思想が終始一貫して変わらないものではなく、そこに思想展開があることを前提とし、時期区分を試みることが必要となる。それを試みたのが、石井教道氏、大橋俊雄《しゅんのう》氏であり、すでに『昭和新修法然上人全集』が、一部であるがそのような仮説のもとに配列されている。すなわち、そこでは三期の展開を立てている（同書序参照）。

第一、浅劣《せんれつ》念仏期。要集浄土教時代。『往生要集《おうじょうようしゅう》』の四種の末疏《まつしょ》。

第二、本願念仏期。善導《ぜんどう》念仏時代。『三部経大意』。

第三、選択《せんちゃく》念仏期。『三部経釈《しゃく》』（東大寺講説）、『逆修説法《ぎゃくしゅせっぽう》』『選択集』。

第一から第二の時期への転換が、承安《じょうあん》五年（一一七五）の回心《えしん》で、いわゆる立教開宗とされるのである。石井・大橋説は、その後さらに大橋氏によって展開されるが、基本的な枠組みは変わらない。

このような石井・大橋説は画期的なものであり、思想展開を考えずに法然の思想を論ずることはできない。ただ、もちろんさまざまな修正を必要とすることも事実である。もっとも大きな問題点は、法然の思想は『選択集』をもって終わるわけではなく、その後の展開を考えなければならないということである。『選択集』は秘書とされ、一部の門弟にしか閲覧《えつらん》書写は許されなかったが、その教団の拡張は当時の既成仏教教団を脅かす存在となり、やがて元久《げんきゅう》二年（一二〇五）から建永《けんえい》二年（一二〇七）へかけて、門人の死罪、法然自身の流罪《るざい》を含む法難《ほうなん》を招くことになる。その間にあって、法然は他宗誹謗《ひぼう》を誡《いまし》めるなど、門人の引き締めに苦労することになる（拙稿「源空浄土教とその批判」『日本仏教思想史論考』大蔵出版、一九九三年）。その段階で、基本となる思想は変わるわけではないが、少なくともその重点の置き方は異なり、『選択集』とただちに一括できないものを持つようになる。それ故、『選択集』以後はそれ自体独立した時期とみる必要がある。

初期の思想形成段階に関しても修正を要するところがあるが、いまは深入りしない（拙著『鎌倉仏教形成論』法蔵館、一九九八年、Ⅱ・第一章参照）。いずれにしても、法然は『往生要集』などの天台浄土教から出発し、善導に触れて回心ともいえる大転換を遂げ、その上で独自の選択本願念仏説を確立するに至るという点は間違いない。

では、こうして確立した選択本願念仏説とはいかなるものであろうか。それには『選択集』をじっくりと読み込む必要がある。

2 『選択本願念仏集』の体系

『選択集』解釈をめぐる論争 主著の『選択集』は決して難解なものではない。むしろきわめて理《り》路整然《ろせいぜん》としていると言ってよい。にもかかわらず、その解釈に関してはさまざまな異説が多く、必ずしも解釈は一定しない。最近も、筆者自身が関わる、『選択集』をめぐる論争があった。それは平雅《まさ》行《ゆき》氏と筆者との間で交わされた論争で、もともとは平氏の著書『日本中世の社会と仏教』（塙書房、一九九二年）に対する筆者の書評をきっかけに応酬されたものであり、法然の問題だけではなく、氏が黒田俊雄氏を承けて展開した顕密《けんみつ》体制論全般に関わるものであるが、特に法然の『選択集』解釈はその中の重要なポイントとなるものである。その論争に関わる論著は以下のようなものである。

末木文美士「書評・平雅行『日本中世の社会と仏教』」（『史学雑誌』一〇三―二、一九九四年）

「顕密体制論の再検討」（『古代から中世への転換期における仏教の総合的研究』平成七年度科学研究費補助金研究成果報告書、代表・速水侑、一九九六年）

この二つの論文は、前掲『鎌倉仏教形成論』に収録した。同書では、Ⅱ・第三章において、『選択集』の構造と思想を論じた。

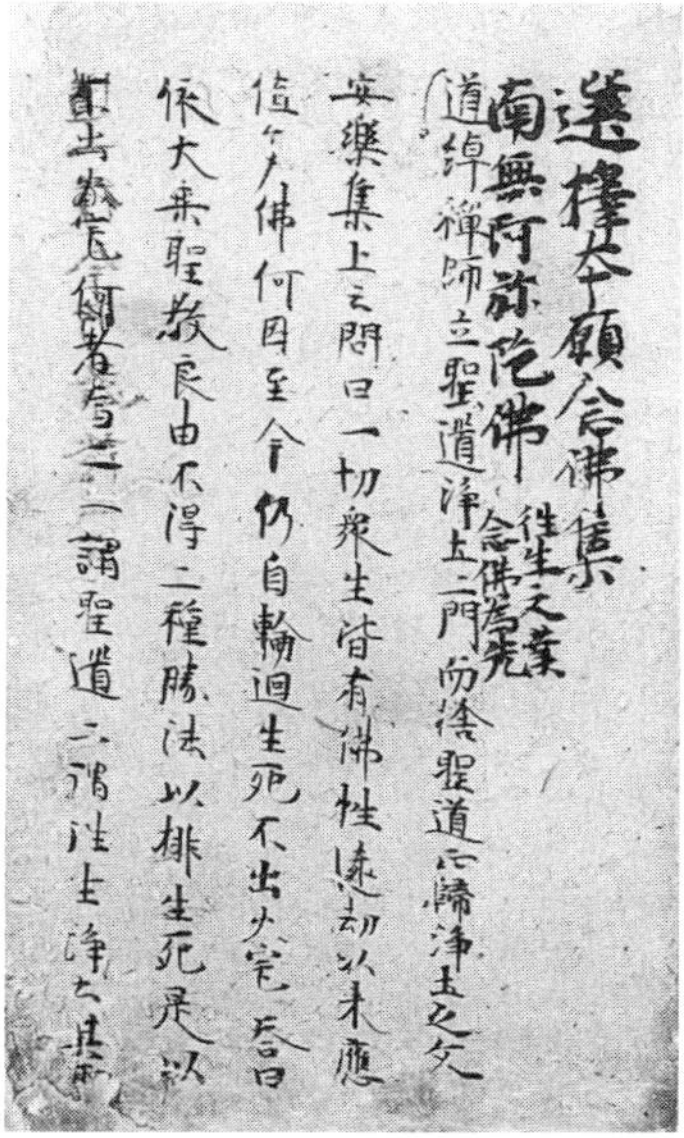

図7　『選択本願念仏集』草稿本
（京都市廬山寺所蔵）

平雅行「仏教思想史研究と顕密体制論――末木文美士氏の批判に応える」（『日本史研究』四二三、一九九七年）上記二つの論文に対する反論。

末木文美士「鎌倉仏教研究をめ

ぐって――平雅行氏に再度答える」（平井俊栄博士古稀記念論文集『三論教学と仏教諸思想』春秋社、二〇〇〇年）それに対する再反論。

なお、松本史朗氏もまた平氏の『選択集』解釈を批判している（松本史朗『法然親鸞思想論』大蔵出版、二〇〇一年）が、それは私の解釈とも異なり、注目されるところがある。これらの論争については、善裕昭《ぜんひろあき》「選択本願念仏集」（日本仏教研究会編『日本の仏教』第Ⅱ期三〈日本仏教の文献ガイド〉法蔵館、二〇〇一年）に整理して論評されている。

ごく大雑把《おおざつぱ》に言えば、平氏の説は、『選択集』で法然は聖道門《しょうどうもん》は否定していないが、諸行往生《しょぎょうおうじょう》は否定していると見るところに特徴がある。それに対して私見は、聖道門を含めて、諸教・諸行を否定していると見る。さらに松本氏は、諸行往生は否定されていないと見ている。松本説は、平説のみならず、私の説に対する批判にもなっている。

確かに、法然が聖道門はもとより、諸行往生を絶対に否定したかというと、絶対とは言えないかもしれない。ただ、法然にとって、弥陀《みだ》の本願である称名《しょうみょう》念仏こそが絶対に頼るべきものであり、それ以外の諸教・諸行は、それによって得道《とくどう》や往生が可能であったとしても、きわめて困難であり、問題にするに値しなかった。そのために諸教・諸行の位置づけに理論的な曖昧《あいまい》さが残るのであり、その理論化は門弟たちの課題となるのである。

いずれにせよ、松本氏が次のように言っているのは、今後の法然解釈の基礎となる重要なポイントである。

私が力説したいのは、法然は法然であって、親鸞ではなく、また〝他力《たりき》〟を強調した隆寛《りゅうかん》でさえないということである。しかるに、多くの研究者は、隆寛・親鸞という所謂《いわゆる》「他力義系」の方向を、法然思想の徹底と見なし、それに対して法然を〝まだ親鸞にまで徹底していない思想家〟と評価しているように見える。あるいはまた、親鸞の方が法然より〝深い〟とか、あるいは〝反権力的〟であるというような予断を自明なものとして、法然の思想を扱おうとしているように見受けられるが、これは大きな問題であろう。（松本、前掲書、五〇頁）

『選択集』の構成　以上の論争を踏まえ、『選択集』をどのように体系的に理解したらよいのか、以下に提示してみよう。それに先立って、まず『選択集』の全貌を概観しておきたい。

本書は『観無量寿経《かんむりょうじゅきょう》』の十六観にちなむと言われる十六章からなり、各章は根拠となる経や祖師の著作の一節を引用した後、法然による私釈（コメント）を付している。その私釈に法然独自の解釈が示されるのである。以下にその十六章の項目を挙げる。括弧内はその典拠として挙げられる経典あるいは著作である。なお、以下、『選択集』の引用にあたっては、岩波文庫本（大橋俊雄校注、一九九七年）の書き下しに基づき、現代仮名遣いに直すなど、多少の修正を行なうこととする。

第一章　道綽禅師《どうしゃくぜんじ》、聖道・浄土の二門を立てて、しかも聖道を捨てて正《まさ》しく浄土に帰するの文《もん》
（道綽『安楽集』）

第二章　善導和尚《ぜんどうかしょう》、正雑《しょうぞう》二行を立てて、雑行を捨てて正行に帰するの文（善導『観無量寿経疏《かんむりょうじゅきょうしょ》』）

第三章　弥陀如来《みだにょらい》、余行をもって往生の本願としたまわず。ただ念仏をもって往生の本願としたまえるの文（『無量寿経』・善導『観念法門』）

第四章　三輩《さんぱい》念仏往生の文（『無量寿経』）

第五章　念仏利益《りやく》の文（『無量寿経』・善導『往生礼賛《らいさん》』）

第六章　末法《まっぽう》万年の後に、余行ことごとく滅《めつ》し、特《ひと》り念仏を留《とど》むるの文（『無量寿経』）

第七章　弥陀の光明、余行の者を照らしたまわず、ただ念仏行者を摂取《せっしゅ》するの文（『観無量寿経』・善導『観経疏《かんぎょうしょ》』）

第八章　念仏行者は必ず三心《さんじん》を具足《ぐそく》すべきの文（『観無量寿経』・善導『観経疏』）

第九章　念仏の行者は四修《ししゅ》の法を行用《ぎょうゆう》すべきの文（善導『往生礼賛』・基《き》『西方要決《さいほうようけつ》』）

第十章　弥陀化仏来迎《けぶつらいごう》して、聞経《もんぎょう》の善を讃歎《さんだん》したまわず、ただ念仏の行を讃歎したまうの文（『観無量寿経』・善導『観無量寿経疏』）

第十一章　雑善《ぞうぜん》に約対《やくたい》して念仏を讃歎するの文（『観無量寿経』・善導『観経疏』）

第十二章　釈尊《しゃくそん》、定散《じょうさん》の諸行を付属したまわず、ただ念仏をもって阿難《あなん》に付属したまうの文（『観無量寿経』・善導『観経疏』）

第十三章　念仏をもって多善根《たぜんこん》とし、雑善《ぞうぜん》をもって少善根としたまうの文（『阿弥陀経』・善導『法事

第十四章　六方恒沙《ろっぽうごうじゃ》の諸仏、余行を証誠《しょうじょう》したまわず、ただ念仏を証誠したまうの文（善導『観念法門』・『往生礼賛』）

第十五章　六方の諸仏、念仏の行者を護念したまうの文（善導『観念法門』・『往生礼賛』）

第十六章　釈迦如来、弥陀の名号《みょうごう》をもって慇懃《おんごん》に舎利弗《しゃりほつ》等に付属したまうの文（『阿弥陀経』）

教判論としての『選択集』　松本史朗氏が言うように、「『選択集』は、緊密な論理によって構成された確固たる一個の明確な知的体系」（『法然親鸞思想論』五〇頁）である。私はそれを教判論《きょうはん》の体系と考える。教判論というのは、さまざまな仏説を比較し、自ら信ずる立場がもっとも優越していることを論証するものであり、通常、『選択集』第一章の聖道・浄土二門判が法然の教判とされる。確かにそのように言ってもよいが、『選択集』全体が、諸教・諸行と念仏を比較し、念仏の優位を証明しようという意図によって貫かれており、その意味では本書全体が教判論とも解されるのである（以下、拙著『鎌倉仏教形成論』Ⅱ・第三章参照）。

そこで、全十六章の構造を見ると、以下のようになっている。

第一、二章――衆生《しゅじょう》による選択（浄土門への帰入《きにゅう》→称名一行への徹底）

第三章　　　――弥陀による称名一行の選択

第四章以下――その助顕（第八、九章を除く）

第八、九章――衆生による念仏受用のあり方（三心・四修）

第一章ではまず、道綽の『安楽集』によって聖道門（自らの能力をたよりに修行して、この世においてさとりを得ようとする実践）・浄土門（阿弥陀仏の本願を信じ、それにすがって極楽浄土に生まれ、さとりを得ようとする教えと実践）を分けて、つづいて第二章では、善導『観経疏』によって、浄土門の行を正行と雑行に分け、さらに正行のうちで称名念仏こそ正定業《しょうじょうごう》であるとする。ここまでは道綽・善導という人師の説によっているのであり、その限りでは衆生の側からさまざまな行のうち、称名一行を選び取ってゆく過程を示す。ところが、第三章でそこから転換して、その称名念仏がじつは『無量寿経』に説く第十八願によって阿弥陀仏によって選択されていたものであることが示される。こうして選択の主体は衆生から阿弥陀仏に転ぜられる。この第三章こそ『選択集』のもっとも中心となる章であるが、それについては後ほど考察することにしたい。

第四章以下は、中心となる第三章を補強するもので、主として浄土三部経により、阿弥陀仏はもちろん、釈迦仏も六方諸仏もみな阿弥陀仏の選択を認め、称名念仏を選択し、賞賛することを述べている。ただし、第八、九章は衆生の行業を述べており、やや性質が異なる。ちなみに、第十四、十五章は善導の『観念法門』に拠っているが、その内容は『阿弥陀経』に基づいており、したがって、第三章以下は、第九章を除くとすべて経典（浄土三部経）に根拠が求められている。このことはきわめて重要である。経典が仏説であると信じられた時代には、経典に言われていることは人師の説とはレベルが相違し、経典こそが最終的な正しさの根拠とされるものだからである。

釈迦の選択と聖道門の位置付け　さらに、第三章以下を選択の主体によって分けると、次のようになる。

弥陀の選択――第三、七、十章

釈迦の選択――第四、五、十一、十二、十三、十六章

諸仏の選択――第十四、十五章

これらのうち、教判という面からもっとも重要なのは釈迦の選択である。なぜならば、弥陀が選択したというだけならば、弥陀を信ずる人には絶対であるかもしれないが、仏教全体の中で優越性を主張することはできない。しかし、釈迦が弥陀の選択を認め、念仏を選択したのならば、釈迦が他の諸教・諸行に対する念仏の優越性を認めたことになり、仏教全体の見直しを要求することになるからである。

例えば、第十二章では、念仏以外のすべての行を定・散諸行としてまとめ、釈迦はそれらを阿難に付属せずに、念仏のみを付属したことをもって、念仏の優越を証明しようとしている。もっとも、この箇所はあくまで往生行に関してのみ言われており、聖道門まで含めた全仏教を論じたものではないという見方も成り立つ（善、前掲論文）。

しかし、第六章を見ると、単に往生行という枠の中だけでなく、全仏教の中での念仏の優越という

ことが明らかにいわれている。すなわち、ここでは、「当来《とうらい》の世に経《きょう》道滅尽《どうめつじん》せむに、我、慈悲をもって哀愍《あいみん》して、特《こと》にこの経を留めて、止住《しじゅう》すること百歳ならしめむ」という『無量寿経』の文にもとづき、念仏以外のすべての諸教・諸行は末法万年の後に滅尽するが、『無量寿経』に説く念仏のみは、その後も百年間だけこの世に留まり、衆生を利益《りやく》するというのである。そこでは、「聖道・浄土二教の住滅の前後」を挙げ、「聖道門の諸経は先に滅す、故に経道滅尽と云う。浄土門のこの経は特《ひと》り留まる」と、聖道門が先に滅尽することを明確に述べている。

もっとも、末法万年後のことなど、現在の状況と無関係であり、そのときに百年残存するかどうかなど、大した違いでないと言えるかもしれない。ところが、第六章の終わりで、法然はこの末法の終わりという話を遥か先の現実離れしたことと見る常識的な見方をひっくり返す。

問うて曰《いわ》く、百歳の間、念仏を留むべきこと、その理しかるべし。この念仏の行は、ただかの時機に被《こうぶ》らしむとせむ、はた正《しょう》・像《ぞう》・末《まつ》の機に通ずとせむ。答えて曰く、広く正・像・末法に通ずべし。後を挙げて今を勧む。その義まさに知るべし。

即ち、末法万年の後という現実離れした話を持ち出したのは、実はそれによって現在における有効性を判断するためなのであり、聖道門に対する浄土門の経典、そしてそこで説かれる念仏は今日においても優越性を持つことになるのである。確かに平氏が言うように、『選択集』では聖道門での得道が絶対にありえないと否定されているわけではない。しかし、聖道門と浄土門の優劣関係ははっきりしており、両者は平等な並列関係にあるわけではない。

ただ、確かに本書には聖道門諸宗に対する慎重な配慮が十分にうかがえ、それが法然の記述を曖昧《あいまい》にしている。跋文《ばつぶん》の略選択と呼ばれる箇所でも、「二種の勝法の中に、しばらく聖道門を閣《さしお》いて、浄土門に選入すべし」と、聖道門に関しては、ニュアンスの弱い「閣」を用いている。しかし、そうした配慮をしながらも、弥陀の選択だけに留めず、釈迦の選択を加えることによって、否応《いやおう》なく浄土門の枠に留まりえず、全仏教を相手にしなければならない地平まで進み出てしまっているのである。

ところで、松本氏の言うように、余行の往生が明確に認められているかというと、それに対する反証も挙げられる。第二章で、善導『往生礼賛』の「もし専《せん》を捨てて雑業《ぞうごう》を修せむと欲する者は、百の時に希《まれ》に一二を得、千の時に希に五三を得《う》」を私釈で「千中無一の雑修雑行」と言い換えているのを見るとき、曖昧さを残しつつも、雑修雑行の往生の可能性を否定している箇所もあることは事実である。

松本氏の言うように、他力義系の『選択集』解釈が不適当で、鎮西《ちんぜい》義の解釈が適当であるとは簡単に結論づけられない。むしろそのいずれとも取りうる曖昧さを残しているからこそ、門下による多様な解釈の可能性があり、また必然性があったといえよう。

3　称名念仏選択をめぐって

『選択集』第三章の構成　『選択集』解釈に当って、第二章を中心と見る説と、第三章を中心と見る説があるが、上記のような本書の性質からして、第三章の弥陀の第十八願による念仏選択こそ中心と見るのが適当であろうと思われる。そこで、第三章の構造をもう少し考えてみよう。

第三章は、弥陀の第十八願を基礎に置く。これはよく知られているように、「たとい我仏《われぶつ》を得たらむに、十方《じっぽう》の衆生《しゅじょう》、心を至し信楽《しんぎょう》して、我が国に生ぜむと欲して、ないし十念せむに、もし生ぜずといわば正覚《しょうがく》を取らじ」という願文である。

ところが、ここでは「十念」とは言われているものの、それが称名の念仏であることは言われていない。それが称名念仏であると解釈したのが善導であった。『選択集』では、願文《がんもん》の引用に引き続いて、善導の『観念法門』と『往生礼賛』を引く。『観念法門』では、願文は、「もし我成仏《じょうぶつ》せむに、十方の衆生、我が国に生ぜむと願じて、我が名号を称すること下十声《しもじっしょう》に至らむに、我が願力に乗って、もし生ぜずば、正覚を取らじ」と言い換えられている。即ち、「我が名号を称すること下十声」と、称名念仏であることが明白にされている。

善導の二つの文の引用の後、私釈に入るが、本章の私釈は第十二章と並んで長いものである。そこではまず、諸仏の願に惣別二種があることを述べ、四十八願は弥陀の別願であることを明らかにした上で、五つの問答形式で法然自身の説を展開する。

選択と摂取　第一問答は、「弥陀如来、いづれの時、いづれの仏の所においてか、この願を発したまえるや」という問に対して、弥陀が菩薩《ぼさつ》として修行中、世自在王仏《せじざいおう》のもとで願を発した由来を『無量寿経』、ならびに異訳の『大阿弥陀経』を引いて説くが、ここでの眼目は、実はこのよく知られた因縁譚《いんねんたん》を説くことではない。その由来の説明にことよせて、『大阿弥陀経』に出る「選択」という語を引き出すのが目的である。

すなわち、『無量寿経』では、弥陀が「二百一十億の諸仏の妙土の清浄《しょうじょう》の行《ぎょう》を摂取《せっしゅ》しき」と言われるように、さまざまな仏国土のすばらしいところを摂取して、最高の仏国土を作ろうとして願を発したと言われている。ところが、『大阿弥陀経』ではその箇所が、「二百一十億の諸仏の仏国土の諸天人民《にんみん》の善悪、国土の好醜《こうしゅ》を選択し、心中の所欲の願を選択せむがためなり」と、『無量寿経』で「摂取」とあった箇所が「選択」と言い換えられているのである。

こうして包容的な「摂取」に対して、二者択一的性格を強く持つ「選択」という語が取り出される。「選択」は、法然自身以下の説明の中で言うように、「選取」(選び取る)と同時に「選捨」(選び捨てる)という面が入ってくる。あえて異訳まで用いて「選択」という語を発見し、それを書名にまで用いたところに法然のこの語にかける執念がうかがわれる。そして、それは願文一般の問題ではなく、なかんずく第十八願に関する問題なのである。

つづく説明で、法然は四十八願のうちの四つについて、弥陀の選択の例を挙げた上で、眼目である第十八願の選択へと話を進める。それによると、諸仏の国土には、布施《ふせ》・持戒《じかい》・忍辱《にんにく》・精進《しょうじん》・禅《ぜん》定《じょう》・般若《はんにゃ》・菩提心《ぼだいしん》・孝養父母《きょうようぶも》等々をもって往生の行とするものがあるが、弥陀は「今は前の布施・持戒ないし孝養父母等の諸行を選捨して、専称仏号を選取す」と言われるように、諸行を捨てて、専称仏名を選択したとするのである。

だが、この論法はきわめて強引であり、冷静に読むならば、到底納得できるものではない。例えば、第一願で、麁悪《そあく》な国土を選捨して、善妙な無三悪趣（地獄・畜生《ちくしょう》・餓鬼《がき》の三悪趣がない）の国土を選取したというのとはわけが違い、往生の方法については明白な優劣判断が下しにくい。しかも、往生の行に関して言えば、ひとつに限る必要はなく、諸行も念仏も選び取ることができるはずである。そもそも四十八願のうち、第十九願、第二十願まで見れば、明らかに諸行の往生が誓われているのであり、第十八願だけが往生の行を述べた願文ではない。しかし、法然はそのような可能性にすべて目を瞑《つぶ》り、第十八願だけを往生の行を述べた願として認め、そこで専称仏名が選取されたと見るのである。第十九、二十願の扱いは門下の大きな課題として残されることになる。

称名念仏一行選択　いずれにしても、こうしてきわめて強引に法然は念仏一行を往生の願と認める。そして、本章の第二問答では、このような強引な解釈に対して生ずる疑念に対して、法然としての答が示される。すなわち、そこではまず、「普《あまね》く諸願に約して、麁悪を選捨し善妙を選取すること、その理何が故《ゆえ》ぞ、第十八の願に、一切《いっさい》の諸行を選捨して、ただ偏《ひとえ》に念仏一行を選取して、往生の本願とするや」という問が発せられる。それに対する法然の答はまず、「聖意《しょうい》測り難《がた》し、たやすく解《げ》することあたわず」と、いささか肩透かしを食らわせるような文句で始まる。しかし、この「聖意測り難し」の一句にこそ、ある意味では本書のもっとも中心となる意図が籠《こ》められている。人智によっては測り難い聖意を人智によって解明するところに本書の課題があるのである。

では、測り難い聖意をどのように解明するのであろうか。法然はここで、勝劣・難易の二義を挙げる。このうち、後で説かれる難易の方が一応は分りやすい。「念仏は修し易し、諸行は修し難し」と言われるとおりである。そして、具体的にさまざまな行をこの観点から比較する。まず造像起塔《ぞうぞうきとう》の場合、「もしそれ造像起塔をもって本願とせば、貧窮困乏《ひんぐうこんぼう》の類は定んで往生の望みを絶たむ。しかも富《ふ》貴《き》の者は少なく、貧賤の者は甚《はなは》だ多し」などとする。つづいて、智慧《ちえ》高才と愚癡《ぐち》下智、多聞多見《たもんたけん》と少聞少見《しょうもんしょうけん》、持戒持律《じかいじりつ》と破戒無戒とに関しても同様に比較され、これらの「諸行をもって本願とせば、往生を得《う》る者は少なく、往生せざる者は多からん」と結論される。それゆえ、「弥陀如来《みだにょらい》、法蔵《ほうぞう》比丘《びく》の昔、平等の慈悲に催されて、普く一切を摂《しょう》せむがために、造像起塔等の諸行をもって、往生の本願としたまわず。ただ称名念仏の一行をもって、その本願としたまえるなり」と、称名念仏が本願として選ばれなければならなかった必然性が言われることになるのである。

だが、この理由は必ずしも納得のいくものではない。先に触れたように、往生行をひとつに絞らなければならない必然性はないはずである。それをひとつに絞り、弥陀がそのような行業を選んだことは、やはり測り難い聖意と言わなければならない。

ただ、それを法然自身の問題意識という観点から見るならば、はなはだ注目されるところがある。このような選択は、富貴・智慧高才・多聞多見・持戒持律ではなく、貧窮困乏・愚癡下智・少聞少見・破戒無戒の方に基本の立場を置いているといわなければならない。それがやがて法然の教団が一種の社会運動的な広がりをもった理由であり、秩序紊乱《びんらん》として体制側の弾圧を招くに至った理由ともなるのである。しかし、興味深いことに、法然自身は、富貴でこそないものの、智慧高才・多聞多見・持戒持律として知られた人であった。そのギャップが法然の分かりにくさの一つの理由であり、法然自身と法然教団の間のギャップともなったのである。安易な比較は慎むべきであろうが、近代の社会主義・共産主義運動の先導者の多くが、実は第一級の知識人エリートであったことが、いささか思い合わせられる。

名号勝行説　では、ひるがえって勝行《しょうぎょう》のほうはどうか。称名が勝行であり、余行が劣行である理由を、法然は次のように説明する。

名号は万徳《まんとく》の帰する所なり。しかれば則《すなわち》、弥陀一仏の所有の四智・三身《さんじん》・十力・四無畏《しむい》等の一切の内証《ないしょう》の功徳《くどく》、相好《そうごう》・光明・説法・利生《りしょう》等の一切の外用《げゆう》の功徳、皆ことごとく阿弥陀の名号の中に摂在《しょうざい》せり。故に名号の功徳、最も勝とするなり。余行はしからず。おのおの一隅《いちぐう》を守る。

ここをもって劣とするなり。

阿弥陀仏の一切の功徳がすべて名号には籠められている。それゆえ、名号は優れており、その名号を称える称名が優れた行とされるのである。だが、この理由もまた、そのままただちに認められるものではない。何故ならば、弥陀が成仏し、願が実現してはじめて、弥陀所有の万徳が成り立つのであり、成仏以前の願の段階では、名号は少しも万徳摂在ではありえないのである。いわばこれは結論先取である。

とすれば、順序からすれば、易行《いぎょう》である名号を弥陀が測り難い聖意によって選択し、それによって名号に万徳が摂在するという勝行に転ずることになったと解することができる。すなわち、勝行と易行という選択の理由は必ずしも同等ではなく、易行である名号が聖意測り難い選択という弥陀の行為を通して実現することによって勝行に転ずるということができるのである。まさに測り難い聖意こそ弥陀の選択を成り立たせる根拠である。

そして、易行である称名念仏が勝行であるとされることにより、その思想は仏教の根幹にかかわるものとなった。易行である限り、それは聖道門諸宗と抵触することはない。あくまで方便して認められるものであり、聖道門諸教やあるいは従来優れていると考えられてきた諸行の方が優越するからである。だが、称名念仏が勝行として立てられるならば、否応なく諸宗・諸教と抵触することになるのである。

4　名号勝行説と阿弥陀三諦説

『観心略要集』と阿弥陀三諦説　易行の名号（称名）が測り難い弥陀の聖意の選択により勝行に転ずるという構造が、法然の念仏観の中心に位置すると考えられた。そこで、次にその思想史的位置付けを検討してみたい。名号勝行説の由来はさまざまに考えられるが、法然に直結するものとして、天台浄土教における阿弥陀三諦《さんだい》説の流れが指摘できる。阿弥陀三諦説というのは、私が勝手に命名したものであるが、阿・弥・陀の三字を、それぞれ空・仮・中という天台の中心真理を表わす三諦のそれぞれに当てはめ、阿弥陀の名号が三諦を表わすとするものである。この理論は院政期の天台浄土教で発展したもので、真言系の浄土教にも取り入れられて、広まることになった。

恐らく阿弥陀三諦説を最初に提唱したのは『観心略要集《かんじんりやくようしゆう》』であろう。『観心略要集』は源信作と伝えられるが、実際には源信のものとは考えられず、院政期に成立したものと考えられる（西村冏紹・末木文美士『観心略要集の新研究』百華苑、一九九二年）。全体は十門からなり、『往生要集』を意識していることは明らかである。しかし、その中で『往生要集』よりはるかに天台教理と結びついた形で浄土教を展開している。その十門は以下のような構成になっている。

1　娑婆界《しやばかい》の過失を挙ぐ　　2　念仏に寄せて観心を明す

3　極楽《ごくらく》の依正《えしよう》の徳を歎ず　　4　空仮中を弁じ執を蕩ず

5　凡聖《ぼんしょう》、一心に備わるを釈す　　6　生死《しょうじ》に流転《るてん》する源を知る
7　生死を出離《しゅつり》する観を教う　　8　空観《くうがん》を修し懺悔《さんげ》を行ず
9　真正《しんしょう》の菩提《ぼだい》心を発す　　10　問答料簡《りょうけん》して疑いを釈す

ここで最も注目されるのは第二章である。ここでは念仏を通して観心へ深まることが主張されている。その媒介が阿弥陀仏の名号である。そして、名号を観心に結び付ける理論が阿弥陀三諦説である。それは、本書では、「仏名を念ずるとは、其の意如何《いかん》。謂《いわ》く、阿弥陀の三字において空仮中の三諦を観ずべし。彼の「阿」は即ち空なり。「弥」は即ち仮なり。「陀」は即ち中なり」と表現されている。

このように阿弥陀三諦説は「阿弥陀」の三字に空仮中を割り当てるもので、理論といえるほどの理論的な根拠もないが、ともあれこれで名号を通して一心三観の観心へと深まることが可能になった。

このような阿弥陀三諦説の源泉となるものは、源信の確実な著作と見なしうるものの中に見いだしうる。ひとつは『阿弥陀仏白毫観《あみだぶつびゃくごうかん》』であり、阿弥陀仏の白毫に空仮中の三諦を観ずべきことを説いている。『阿弥陀仏白毫観』は短編であるが、『往生要集』にも引用された源信の重要な著作である。自らの心を観ずるのが一心三観（心に三諦を観ずる）であるが、心と言ってもさまざまに動いてなかなかそれを観想の対象とはなしがたい。そこで、具体的な形体を持つ白毫を観ずることがその手掛かりとされるのである。

もうひとつ源信の著作で阿弥陀三諦説の源泉となるのが『阿弥陀経略記』である。本書は『阿弥陀

経』の註釈であるが、そこでは、「無量寿仏」の「無」に空、「量」に仮、「寿」に中を割り当て、かつ衆生が無始以来心に阿弥陀仏を具えているとしている。阿弥陀三諦説まであと一歩であるが、「無量寿」の三字に空仮中を割り当てるのは、いささかこじつけ的だとしても、一応それぞれの漢字の意味を生かしていると言うことができる。これに対して、阿弥陀三諦説においては、単に文字を配当したというだけで、全く根拠が考えられない。それゆえ、『阿弥陀経略記』の無量寿三諦説と『観心略要集』の阿弥陀三諦説の間には一線が引かれる。

こうして阿弥陀三諦説では、「阿弥陀」の名号は観心への緒とされることになった。白毫ではいまだ有相的な面を残していたが、名号では全くその要素を払拭《ふっしょく》して無相的となったと言うこともできるが、もう一方では白毫観よりさらに簡略化されたということもできる。ここで注目されるのは、こうして名号が三諦に対応付けられると、名号を手がかりに一心三観へと深まるという側面とともに、もうひとつ逆の方向の側面を持つことになることである。すなわち、名号は阿弥陀仏を意味する記号的な名前というだけではなく、その中に天台の根本真理である三諦を含みこむという新たな意味づけを与えられることになる。

そうなると、今度は称名にも新たな意味が認められることになる。称名は言うまでもなく名号を称えることであるから、「阿弥陀」という名に天台の根本をなす三諦の真理が含まれているのならば、その名を称えることもそれだけ大きな功徳《くどく》を持つことになろう。

実際、本書の第十・問答料簡では、「理観《りかん》を修せず名号を称する人は往生できるか」という問に対して、それを認め、さらにその理由として、「夫《そ》れ名号の功徳、莫大《ばくだい》なるを以《もっ》ての故に。故に空仮中の三諦、法報応の三身《さんじん》、仏法僧の三宝《さんぼう》、三徳、三般若《はんにゃ》、此《かく》の如《ごと》き等の一切《いっさい》の法門、悉《ことごと》く阿弥陀の三字に摂す」と、名号の功徳の広大さが称名の根拠として挙げられるに至っている。理観と称名とは一見対極の位置に立つものでありながら、ここに両者は同等の価値をもつものとして結び付けられることになったのである。

阿弥陀三諦説と法然

ところで、今引用した『観心略要集』の箇所は、まさに『選択集』第三章の名号勝行の箇所ときわめて近似していることが分かるであろう。『観心略要集』が直接『選択集』に影響を与えたかどうかは何とも言えないが、両者の表現の近似から、少なくとも前者に由来する阿弥陀三諦説が何らかの形で法然の名号勝行説に影響を与えたことは十分に考えられる。実際、『三部経大意』には、「此《この》三字ノ名号ヲハ、諸宗各我宗ニ釈シ入タリ。……天台テハ空仮中ノ三諦、性了縁ノ三ノ義、法報応ノ三身、如来ノ所有ノ功徳、是ノイテス、故ニ功徳甚深也ト云」と、天台の阿弥陀三諦説に触れている。

では、両者の相違はどこにあるのであろうか。阿弥陀三諦説においては、名号はそれ自体として三諦をはじめとするさまざまな真理を摂在《しょうざい》している。ところが、法然においては、名号が摂在するのは一般的な真理ではなく、弥陀所有の一切功徳である。しかも、先に述べたように、名号勝行が弥陀の選択によって成り立つとするならば、まさにその根拠は弥陀の「聖意測り難い」選択にあると言わなければならない。名号自体の価値から、弥陀の選択へ——天台の念仏勝行説から法然の念仏勝行説への転換はまさにこの点にもっとも大きなポイントがあると考えられるのである。

5 『選択集』に対する批判

法然批判の諸相 法然は、このようにして称名念仏をそれのみが弥陀によって選択され、本願に誓われた往生の行であるとして、易行である称名念仏を勝行として確立した。そして、『選択集』においては、その弥陀の選択は、釈迦・諸仏によって承認されたものとして、仏教の中でのその位置を明確ならしめようとした。それは従来の仏教の常識を覆す過激なものであり、それゆえ、社会に大きなインパクトを与えるとともに、さまざまな曖昧な面を残し、門弟による多様な解釈がなされることになる。また、従来の仏教の常識への挑戦は、貞慶《じょうけい》・明恵《みょうえ》ら、当時の第一級の仏教者たちから厳しい批判を蒙《こうむ》ることとなった。日蓮もまた、そのような厳しい批判者であった。

こうした批判は、日本の範囲に止まらない。近代中国仏教の確立者として名高い楊文会《ようぶんかい》（一八三七—一九一一）は、日本の南条文雄《なんじょうぶんゆう》や小栗栖香頂《おぐるすこうちょう》らと親しく交わったが、日本の浄土教の思想に対しては厳しい批判の目を向けた（陳継東『清末仏教の研究』山喜房佛書林、二〇〇三年、第四章）。『選択集』に対しても、「評選択本願念仏集」を著わし、『選択集』から十三箇所の文を引いて、それが仏教の常識に悖《もと》ることを指摘した。それらの中には、『選択集』の核心に触れるところがある。

例えば、第一章の標題「道綽《どうしゃく》禅師、聖道・浄土の二門を立てて、しかも聖道を捨てて正しく浄土に帰する」を引き、「此の一の『捨』の字は、竜樹《りゅうじゅ》・道綽は皆説かなかったことであり、これを説くと誤りがある。聖道と浄土は一にして二、二にして一だからである」と批判する。

また、「選択」と「摂取」を同じとする説に対しては、「摂取は専《もっぱ》ら取であり、捨を言わないが、選択は取があり、捨があり、語意は同じでない。……法蔵比丘《ほうぞうびく》はその時、二百一十億の諸仏国土を説くのを聞いて、一度に心の対象に融入し、永劫《えいごう》の修行の後に至って、一度に実現したのである。世俗で物を作るのに、精美な物を選んでイメージを作り、それで成就《じょうじゅ》することができるのとは相違している」と批判している。

さらにまた、弥陀が布施・持戒などの諸行を選捨して、称名を選取したという説に対して、「選択取捨の心で弥陀の因地《いんじ》を推し量っている。弥陀の因地は、果してこのようなものであろうか。……菩提心は因果が交徹した心であり、諸仏の極果を阿耨多羅三藐三菩提《あのくたらさんみゃくさんぼだい》と名づける。この集に菩提心さえも捨てているのは、一体何を仏とするのであろうか」と批判している。

これらは通仏教的な立場から当然出されて然るべき批判である。日本の近代の仏教研究者は、法然を鎌倉新仏教の嚆矢《こうし》として高く評価し、その批判者を旧弊に泥《なず》む対抗勢力として否定的に見るのが常識となっていた。もちろん『選択集』のきわめて大胆な解釈による浄土教の展開は、日本の仏教史を一変させるだけの大きな意味を持つものである。しかし、それだけに仏教の常識から大きく逸脱することになった。それに対する批判は、同時代に留まらず、楊文会のような近代の国外の仏教者によってもなされているのである。こうした批判にも耳を傾ける必要がある。それによってはじめて、法然の思想を公正に思想史の中に位置付けることができると思われるのである。

五　法然の凡夫救済論

——悪人往生——

梶村　昇

1　法然の求めたもの

登叡　法然は十五歳で比叡山《ひえいざん》に登った。比叡山は当時、仏教研究の最高学府であり、天下の秀才の集まる場所であった。その中で法然は「知恵第一」といわれた俊才であった。その俊才が必死に仏教に取り組んだ結果、次のようなことを述べている。この一文は法然仏教誕生につながる経緯が述べられているので、少々長いが全文を引用したい。

或《ある》時上人《しょうにん》おほせられていはく、出離の志、ふかかりしあひだ、諸《もろもろ》の教法を信じて、諸の行業《ぎょうごう》を修す。おほよそ仏教おほしといへども、所詮《しょせん》、戒定慧《かいじょうえ》の三学をばすぎず。所謂《いわゆる》小乗の戒定慧、大乗の戒定慧、顕教《けんぎょう》の戒定慧、密教の戒定慧也。しかるにわがこの身は、戒行《かいぎょう》にをいて一戒をもたもたず、禅定《ぜんじょう》にをいて、一もこれをえず。人師釈して、尸羅《しら》清浄《しょうじょう》ならざれば、三昧現前《さんまいげんぜん》せずといへり。又凡夫《ぼんぶ》の心は、物にしたがひてうつりやすし。たとへば猿猴《えんこう》の枝につたふがごとし。まことに散乱して動じやすく、一心しづまりがたし。無漏《むろ》の正智《しょうち》、なにによりてかをこらんや。若《もし》無漏の智剣なくば、いかでか悪業煩悩《あくごうぼんのう》のきづなをたたんや。悪業煩悩のきづなをたたずば、なんぞ生死繋縛《しょうしけばく》の身を解脱《げだつ》することをえんや。かなしきかな、かなしきかな、いかがせん、いかがせむ。ここに我等ごときは、すでに戒定慧の三学の器にあらず。この三学のほかに、我心に相応する法門ありや。我身に堪《たえ》たる修行やある。

（『法然上人行状絵図』巻六）

というのである。

ここで第一に指摘したいことは、仏教とは「所詮、戒定慧の三学をばすぎず」と述べていることである。仏教には小乗・大乗・顕教・密教などいろいろな法門があるが、いずれも戒律を守り（戒）、心を定め（定）、学問をして（慧）悟りに到達せよという教えを出るものではない、と法然は仏教を受けとったというのである。

第二は、しかし自分はそれを守ることができない。守れずにどうして解脱《げだつ》することができようかと嘆いている。法然は自分を三学の器でないと捉らえたのである。

第三は、このような三学非器の者が救われるのに「相応する法門ありや。堪たる修行やある」と問うている。法然の求道《ぐどう》はここから始まったのである。

教学　それでは法然以前の人々は、みんな三学の器であったかといえば、そのようなことは考えられない。それならばなぜ、法然と同じような疑問を持つものがいなかったのであろうか。そういう人もいたであろうと思う。しかし仏教という壮大な組織を前にして、その疑問を貫き通すことはできなかったのであろう。奈良・平安仏教は、僧尼は増え、伽藍《がらん》は建ち、儀礼は整い、「咲く花の匂《にお》ふが如《ごと》く」盛大を極めていたからである。

しかしはっきり言って、それは仏教の形式が表に浮かんだのであって、仏教本来の役割は内に沈んでしまっていた。仏教と実人生とが乖離《かいり》していたのである。教学の研究も熱心に行なわれた。奈良六宗は教学研究のための学派であり、今日残されている文献には、それをうなずかせるものがある。平安仏教も比叡山の教学は、華厳《けごん》教学とともに大乗仏教最高の教学といわれ、一分《ぶ》の隙《すき》もなく精緻《せいち》に構築された天台教学は見事というほかない。しかしこれらには現実を遊離した観念論と言わざるを得ないものがあった。

なぜそうなったかは、教学というものの性格に原因がある。教学は整合性を重んずるために論理の展開を追う。ところが論理は現実を遊離しても成立するものである。そこで論理を追っていくうちに、徐々に現実遊離の観念論に陥っていくのである。

たとえば戒定慧三学の一つである戒について考えてみても、五戒すなわち

①不殺生《ふせっしょう》 ②不偸盗《ふちゅうとう》 ③不邪淫《ふじゃいん》 ④不妄語《ふもうご》 ⑤不飲酒《ふおんじゅ》

の一つである①の不殺生戒は、文字通り生き物を殺してはならないということである。慈悲を説く仏

教であるから、生き物を殺してならないというのは当然である。しかし実際に私たちは、他の動植物の生命を食べて生きている。たとえ穀物だけを食べるといっても、穀物にも生命があるのである。不殺生戒は現実には守れないのである。しかし慈悲を唱える以上、生き物を殺してよいという論理は成り立たない。そこで現実を遊離しても、不殺生戒は教学として成立する。

②以下についても同じことがいえる。盗みをしてもよい。邪淫をしてもよい。妄語を言ってもよい。飲酒をしてもよいという教学は成り立たない。そこで五戒は成立するが、厳密にいえば、誰も守れない観念論となってしまう。出家者ともなれば、二百戒あるいは二百五十戒を保てという。誰がそれを守れるというのであろうか。それでも教学は成立する。これが教学というものの性格である。その教学を夜も日もなく論じあっていては、実人生と乖離するのも当然であろう。法然が逢着《ほうちゃく》した仏教はこういう状況にあった。

二階建構造　もう一ついえることは、仏教は庶民の宗教生活と乖離していたということである。たしかに仏教は盛大を極め、日本中が熱心な仏教徒になってしまったのではないかと思わせるほどであった。しかしこれは前述のように、仏教の形式が表に浮かんだことからくる錯覚《さっかく》であって、庶民の信仰の中にまで、仏教信仰が浸透していったということではない。これはちょっと立ち止まって考えてみれば分かるように、あの難しい仏教の教えや修行が、庶民の隅隅《すみずみ》にまで浸透していったとは考えられないし、それまでの庶民の信仰が、たちまち仏教に変わったとは思えないからである。

それでは庶民の実際の宗教生活は、どのようなものであったかといえば、それは仏教が伝来する以前から、この国で信じられてきた宗教、いわば根っ子の宗教といえるものの延長線上にあったと考えられる。なぜかといえば「三つ子の魂百まで」という個人の人間形成に関わる諺《ことわざ》があるように、民族にも民族の三つ子の魂があり、それが消えることなく、民族の根底を流れていると考えられるからである（拙著『日本人の信仰』中公新書、一九八八年）。

中でも宗教感情というようなものは、三つ子の魂の根源的なものであって、いかに仏教が盛んになったからといって、直ちに取って替わられるようなものではない。それどころか逆に仏教を変容していく。具体的にいえば、日本の根っ子の宗教である祖先崇拝信仰が、仏教を祖先崇拝仏教に変容していったことは、今の日本仏教をみれば明らかである。

こうして考えてくると、当時の日本の宗教界の状況は、一方に華やかな仏教界があり、一方に昔ながらの宗教生活をしている人々があって、両者共存の構造であったといえる。それはちょうど二階建の家のようなもので、二階に仏教界が陣取って華々しく活躍し、一階に庶民が住んで昔ながらの宗教生活をしている。しかもこの家には一・二階をつなぐ階段がなく、二階は二階、一階は一階で、勝手に展開していたという構造である。

時には行基《ぎょうぎ》（六六八―七四九）や空也《くうや》（九〇三―九七二）のような偉大な僧が現れて、一・二階をつなぐ努力をしたが、いずれも一代限りの個人技に終わり、二階建構造そのものを変革することにはなら

図８　出家受戒（『法然上人絵伝』増上寺所蔵）

なかった。

ただこの間、一階の庶民は、長年の間に、階段はなくとも二階から下りてくる仏教説話、たとえば因果応報《いんがおうほう》、地獄、極楽《ごくらく》、三途《さんず》の川、賽《さい》の河原《かわら》等々の話を、根っ子の宗教に合うように巧みに裁断しなおし、それを仏教といって着用してきた。根っ子の宗教が仏教の衣装を羽織《はお》っただけのようなものである。

二階も仏教界とはいっても、僧侶は一階から上がっていったわけであるから、三つ子の魂が払拭《ふっしょく》されたわけではない。それが教学を学び、観念として仏教を論じていたのでは、実人生との乖離を思わざるをえない。その中で法然は現実に足を踏まえ、三学非器の者の救われる道を求めたのである。

求道　法然が若い日を回想して述べた言葉はほとんどない。ただ一つ、

或る時物語りて云《い》はく、幼少にして登山す。十七の年、六十巻を亘り、十八の年暇《いとま》を乞《こ》うて遁世す。これ偏《ひとえ》に名利《みょうり》の望みを絶ち、一向に仏法を学ばんがためなり。（『醍醐本』「一期《いちご》物語」）

という言葉を見いだすだけである。それも幼少で登叡《とうえい》し、十七歳までに六十巻を学んだというだけの

ことである。六十巻とは、天台宗の根本聖典である『法華玄義《ほっけげんぎ》』『法華文句《もんぐ》』『摩訶止観《まかしかん》』各十巻と、『法華文句記』『法華玄義《ほっけげんぎ》釈籤《しゃくせん》』『摩訶止観輔行伝弘決《まかしかんぶぎょうでんぐけつ》』各十巻である。父の死、母との別離の悲しみを語りたくなかったのであろう。

図9　清凉寺（『都名所図絵』）

この勉学を経た後に、法然は冒頭に記した言葉を残して、久安《きゅうあん》六年（一一五〇）十八歳で、師の源《げん》光《こう》や皇円《こうえん》に暇《いとま》を乞い、比叡山の西塔《さいとう》北谷の黒谷叡空《くろだにえいくう》の庵《いおり》に入っている。目指すところは、三学非器の者に「相応する法門ありや。我身に堪たる修行やある」ということであった。その勉学の凄まじさを『法然上人行状絵図』（以下『行状絵図』と略す）は、

一切経《いっさいきょう》を披閲《ひえつ》すること数遍に及び自他宗の章疏《しょうしょ》まなこにあてずといふことなし。（『行状絵図』巻四）

と述べている。

保元元年（一一五六）二十四歳の時、叡空の許しを得て、京都の嵯峨の清凉寺《せいりょうじ》に七日間参籠《さんろう》し、その足で南都を訪ねている。日本仏教を代表する南都北嶺《なんとほくれい》の一方の雄《ゆう》に学ぼうとしたのであろう。しかしそこでも凡夫の救われる道は得られなかった。

法然は再び黒谷に籠った。その頃の記録はほとんどない。わずかに『行状絵図』が、次のような短い言葉を伝えているだけである。

学問ははじめてみたつるは、きはめて大事なり、師の説を伝習するはやすきなり

（『行状絵図』巻五）

と、北に南に「師の説を伝習」してきた。それは易しいことであるが、それでは三学非器の者の救われる道を見いだせない。それは当然であろう。なぜなら、仏教は三学を守れという教えであるのに、その仏教に三学を守れない者の救われる道を求めようというのであるから、初めから無理というものである。とすればそれは「はじめてみたつる」（創見）以外に道はないのである。法然の苦闘のほどが偲ばれる言葉である。

凡夫救済　承安《じょうあん》五年（一一七五）の春、法然は四十三歳で、三学非器の凡夫の救われる道を得た。黒谷に籠ってから二十五年が経っていた。それは『無量寿経《むりょうじゅきょう》』が説く阿弥陀仏《あみだぶつ》の本願に邂逅《かいこう》したからである。『無量寿経』はこう述べている。

釈尊は阿難《あなん》にこう説いた。昔、それも遠い遠い昔、一人の国王が如来《にょらい》の説法を聞いて感激し、自分もあのような仏になりたいと願い、王位を棄てて沙門《しゃもん》となった。その沙門は長い修行を経た後、ついに菩薩《ぼさつ》となり法蔵《ほうぞう》菩薩といわれた。ついで法蔵菩薩は仏となろうと願い、四十八の誓いを立てた。その中の第十八番目の願には、

もし我れ仏《ぶつ》を得たらんに、十方《じっぽう》の衆生《しゅじょう》、至心に信楽《しんぎょう》して、我が国に生ぜんと欲して、乃至《ないし》十念せんに、もし生ぜずんば、正覚《しょうがく》を取らじ。ただ五逆と誹謗正法《ひぼうしょうぼう》とを除く。〈もし私が仏になることができるというなら、十方世界にいる人々が、心をこめ、深く信じて、わが浄土に往生したいと念願し、十遍でも念仏すれば、すべての人々を私の浄土に摂め取りたい。それでもなお往生できない者がいるというならば、私は仏にはならない。但し父母を殺したというような五逆罪を犯した者と仏の正法を謗った者とは除く〉

とあった。法蔵菩薩はこれらの誓いを立て、それを成就《じょうじゅ》させようとして、それから兆載永劫《ちょうさいようこう》という限りなく長い間、ありとあらゆる修行を重ね、ついに仏になった。その仏が阿弥陀仏である。

阿弥陀仏は現に西の方十万億土《まんおくど》のかなたに、極楽浄土を建立し、法を説いている。

と。経典は釈尊の言葉であり、仏教徒にとっては最高の典拠である。

法蔵菩薩は四十八の願を立て、これが成就しなければ仏にならないと誓い、長い修行をして仏となったのであるから、四十八の願はすべて成就したことになる。もちろん第十八願も成就されているわけであるから、法然は主著『選択本願念仏集《せんちゃくほんがんねんぶつしゅう》』に、

一心に専《もっぱ》ら弥陀の名号《みょうごう》を念じ、行住坐臥《ぎょうじゅうざが》に、時節の久近《くごん》を問はず、念々に捨てざるもの、これを正定《しょうじょう》の業《ごう》と名づく。かの仏の願に順ずるが故に。（第二章）

と述べた。一心に専ら阿弥陀仏の名を念じ、寝ても覚めても念仏を忘れない。それが極楽に往生する

ための正《まさ》しく定められた行である。なぜならば、それは阿弥陀仏が第十八願に誓われた本願に順じた行であるからというのである。戒も定も慧も要らない。三学の器でない者も、一心に阿弥陀仏の名を念ずれば、極楽へ往生できるというのである。

念声是一　さてここに一つ問題がある。それはここに「念ずる」とあるが、仏教の伝統的解釈では、「念」とは観念・憶念《おくねん》のことで、心を凝《こ》らして仏を観想《かんそう》することである。それは言ってみれば、戒定慧の三学の一つ「定《じょう》」が求められているようなものである。それでは三学非器の者の耐えられることではない。

法然はこれに対し、『観無量寿経』に、

仏告阿難《ぶつごうあなん》、汝好持是語《にょこうじぜご》、持是語者《じぜごしゃ》、即是持無量寿仏名《そくぜじむりょうじゅぶつみょう》

とあるのに着目し、念仏とは仏の名を称えることであると述べた。そして唐の三昧発得《さんまいほっとく》の人善導《ぜんどう》（六一三—六八二）が、この一節を釈しているのを援用した。それは、

仏阿難に告げたまはく、汝《なんじ》よくこの語を持《たも》てより已下《いげ》は、正しく弥陀の名号を付属して、遐代《かだい》に流通《るずう》することを明す。上来定散《じょうさん》両門の益を説くと雖《いえど》も、仏の本願に望むれば、意《い》衆生《しゅじょう》をして一向に専ら弥陀仏の名を称せしむるにあり。（『観無量寿経疏《かんむりょうじゅきょうしょ》』）

というものであった。直訳するとこうなる。

釈尊が阿難にお告げになった。「汝よくこの言葉を身に持《たも》ち伝えよ」とある以下のことは、阿弥

陀仏の名を授けて、遥《はる》か後の世まで伝えるように託されたことを明らかにしたのである。『観無量寿経』はこの箇所までは、心を静めて仏や浄土を観ずる善（定善《じょうぜん》）と、日常心のままで行なう善（散善）との二つの善を説き、それぞれの利益《りやく》を挙げてきたけれども、阿弥陀仏の本願の旨に立ち返ってみれば、釈尊の本意は、人々にひたすら名を称えさせることにあった。

と。阿弥陀仏の本願は「人々にひたすらみ名を称えさせること」にあったというのである。法然はこうして念と声とは一つであり、念ずるとは阿弥陀仏の名を称えることであるということを論証したのである。そして『選択本願念仏集』に、

『観無量寿経』に云《い》はく、仏阿難に告げたまはく、汝よくこの語を持《たも》て、この語を持てとは、即ちこれ無量寿仏の名を持てとなり。（第十二章「付属仏名篇《ふぞくぶつみようへん》」）

と述べ、阿弥陀仏の名をたもつこと、すなわち南無阿弥陀仏《なむあみだぶつ》と称える称名念仏こそ『観無量寿経』の説くところであると述べた。

法然は、先の「一心専念」の文と、この「汝好持是語《にょこうじぜこ》、持是語者《じぜごしゃ》」以下の文とを浄土宗開宗の文とした。正文・副文といってよいであろう。教学の成立が喧《かまびす》しく論じられた時代である。その中で法然は、『浄土三部経』という経典と、善導という三昧発得の人の論疏《ろんしょ》と、人間の機根《きこん》とを根拠に浄土教学を確立した。法然教団に反対した旧仏教界も、信者の道徳問題については誹謗《ひぼう》したが、教学には当時の碩学《せきがく》も一指も染めることができなかった。これによって三学非器の凡夫が救われる道が得られた。

しかもこれは「弥陀にも利生《りしょう》の本願、釈尊にも出世《しゅつせ》の本懐」（津戸三郎への消息）であって、釈尊はこの教えを説くためにこの世に出られたのである。これこそが仏教の真髄《しんずい》であると述べた。

法然の凡夫救済を象徴する言葉がある。「善人なをもて往生をとぐ、いはんや悪人をや」というのである。法然はこれを口伝として伝え、親鸞《しんらん》はこれを法然の言葉として弟子の唯円《ゆいえん》に述べ、唯円はこれを『歎異抄《たんにしょう》』に記した。それが誤って今、親鸞独創の言葉となっている。以下、その誤りに触れながら、悪人往生についてみていきたい。

2 悪人正機説

醍醐本《だいごぼん》『法然上人伝記《ほうねんしょうにんでんき》』 大正六年（一九一七）、京都山科《やましな》の醍醐の三宝《さんぼう》院の宝蔵から『法然上人伝記』という一帖《じょう》の薄い写本が発見された（以下『醍醐本』）。標題は『法然上人伝記』となっているが、内容は法然の法語と行実《ぎょうじつ》とを集録したものであった。

法語篇は、最初に法然の法語「二十話」があり、次に「禅勝房《ぜんしょうぼう》との十一問答」「三心料簡《さんじんりょうけん》事、以下二十七話」がつづいていた。漢文で一万一〇〇〇字、全体の約八〇％である。

筆録者は、冒頭に「見聞出勢観房《せいかんぼう》」（見聞出は見聞書の誤写）とあることによって、法然に十八年間随従した勢観房源智《げんち》（一一八三―一二三八）であったことが分かる。

源智は法然から見聞したことを記録し、後日編纂《へんさん》するつもりであったようであるが、法然没後、法然教団が弾圧され、志を果たすことなく亡くなった。それを弟子（知友か）が遺志を継ぎ、これらの法語に、法然の行実を加えて編纂した。それが本書の原本である。源智没後四年（仁治《にんじ》三年〈一二四二〉）、法然没後三〇年に編纂されている。〈法然の法語と行実とによる伝記〉という意味で『法然上人伝記』と名づけられたのであろう。

行実篇は、最初に「別の伝記に云はく」という短文がある（六七〇字）。これは編者が、法語を編集し終わった後に、伝記としては出生や登叡などの記録を欠いていることと、他宗派の碩学《せきがく》が法然を賞賛している言葉を加えたいという思いとで、それらを「別伝記」としてまとめたものと考えられる。編者の補記といえよう。

次に「御臨終日記《ごりんじゅうにっき》」（一〇〇〇字）がある。これは法然の臨終に侍《はべ》った源智の記録である。以上で出生から逝去までという伝記の形は整ったが、そこに「図らずも」源智が「秘蔵していた」法然自筆の「三昧発得記《さんまいほっとくき》」（七五〇字）が出てきたので、これを書写して加えた。行実篇は以上三点で、全体の二〇％である。

これは編纂後、識者《しきしゃ》の間で閲覧されていたようであるが、一般に広く流布《るふ》された形跡はない。それが三百六十年後の慶長十年（一六〇五）頃に、醍醐寺の座主義演《ざすぎえん》（一五五八―一六二六）の目にとまり、書写されて三宝院の宝蔵に収まった。それからまた三〇〇年を経て、大正六年に発見されたものである。数奇な運命を辿った写本であった。

この写本が発見された翌年、望月信亨《しんこう》博士は論文を発表し「法然上人遺教《ゆいぎょう》の第一結集《けつじゅう》と称すべきものである」（「醍醐本法然上人伝記に就《つ》いて」『浄土教之研究』再版本所収・金尾文淵堂、一九二二年、以下「望月論文」）と述べた。法然研究の第一級史料である。

なお、ちなみに第二結集は、法然没後四十五年に、親鸞（一一七三―一二六二）が書写・編纂した『西方指南抄《さいほうしなんしょう》』であり、第三結集は、法然没後六三年に、了恵《りょうえ》道光（一二四三―一三三〇）が編纂した『黒谷上人語灯録《くろだにしょうにんごとうろく》』である。『和語灯録《わご》』『漢語灯録《かんご》』それぞれの『拾遺《しゅうい》』からなる最大の法語集である。

悪人正機説　『醍醐本』を詳細に述べてきたのは、ここに、

善人尚以往生況悪人乎事口伝有之

（善人なを以《もち》て往生す況《いわ》んや悪人をやの事　口伝《くでん》これ有り）

という言葉が載っているからである。法語篇「三心料簡事」の最後の第二十七話にあって、続《つづ》けて次のような解説がついている。

私に云《い》はく、弥陀の本願は、自力《じりき》を以て生死《しょうじ》を離る可《べ》き方便《ほうべん》有る善人の為《ため》にをこし給《たま》はず、極《ごく》重悪人《じゅうあくにん》、他に方便無き輩《やから》を哀んでをこし給へり云々（以下略・原漢文）。

というのである。「私に」とは、源智自身のことであろう。

阿弥陀仏の本願は、自分の力で迷いから脱却できる手段のある善人のためにこされたのではない。

極重悪人で救われる方便を持たない輩を哀んでおこされたのである云々というのである。

「善人でも往生できる、まして悪人が往生できるのは当然である」というのであるから、戒定慧の三学を守ることを標榜《ひょうぼう》している当時の南都北嶺の仏教界に言わせれば、言語道断《ごんごどうだん》の教えと言うであろう。その中でこれを公然と説けば、小さな法然教団など、ひとたまりもなく潰《つぶ》されてしまう。となればいかに法然が剛毅《ごうき》であり、これが法然仏教の真髄ではあっても、公然とこれを説くわけにはいかない。そこで法然はこれを口伝とした。「口伝これ有り」というのがそれである。この口伝を載せたことが、この写本が数奇な運命を辿ったということであろう。

悪人と罪人　言葉というものは独り歩きするもので、悪人・善人という言葉が、昔も今も同じ意味に使われていたとはいえない。まして法然のいう悪人・善人は、仏教用語である。それを今日的、恣《し》意《い》的に理解することは法然の真意を見失う。

法然は善人・悪人を改まって定義してはいない。ただここに引用した源智の解説が、もっとも的確にその意味を捉らえているといえる。ここに、

「自力を以て生死を離る可き方便有る善人」とある。「善人」とは、自分の力で、迷いから離脱できる手段をもっている人ということである。

それに対して「極重悪人、他に方便無き輩」といっている。「悪人」とは、迷いから離脱できる手段を持っていない輩ということになろう。

法然は概念的理解をうんぬんしているのではない。仏教の教学に相対して、自分を「極重悪人、他に方便無き輩」と痛感したのである。そこに悪人が意識されたのである。現実には自分を含めたすべての者がそうなのである。

これに対し「自力を以て生死を離る可き方便有る善人」は、概念としては存在するが、現実にはめぐりあうことのない存在であったであろう。法然が善人という言葉を用いたときは、この世には存在しないような素晴らしい人、というような痛烈な皮肉を含んだ言葉のように感じられてならない。

法然はこの他に罪人という言葉を使っている。これについても取り立てて定義をしてはいないが、法語の中では、明らかに悪人と罪人とを区別して用いている。たとえば甘糟《あまかす》太郎忠綱という鎌倉武士に、

弥陀の本願は専ら罪人の為なれば、罪人は罪人ながら名号を唱《となえ》て往生す。是《これ》本願の不思議也《なり》。

（『九巻伝』巻五上）

と述べている。ここに罪人という言葉が用いられ、しかも「弥陀の本願は専ら罪人の為である」と述べている。悪人正機《しょうき》説そのものを述べた言葉といえる。この甘糟との対話は、法然七十一歳（一説に六十一歳）のときのことであるから、この頃すでに法然は、はっきりと悪人正機説を述べていたということである。熊谷直実《くまがいなおざね》に対しても、

無智の罪人の念仏申《もうし》て往生すること、本願の正意《しょうい》なり。

（「熊谷直実に示す御詞」）

と述べている。ここにも罪人という言葉が用いられ、しかもその罪人が「念仏申て往生すること」が本願の正意であると言っている。また室《むろ》の津の遊女にも、

弥陀如来汝のごとき罪人の為に、弘誓《ぐぜい》をたて給へる其《そ》の中に、女人《によにん》往生の願あり。然《しか》れば則《すなわ》ち女人はこれ本願の正機なり。（「室の津の遊女に示されける御詞」）

とある。室の津の遊女も罪人であり、「あなたのような罪人のために、阿弥陀仏は誓願を立てられた。罪人こそ本願の正機である」と言っている。

高砂《たかさご》の漁師については、罪人という言葉は使ってはいないが、「いろくづ（魚）の命をたちて」世を渡ることを嘆く漁師に対し「汝がごとくなるものも」念仏を称《とな》えれば浄土に往生できると諭している。

法然にとって、罪人とは、やむを得《え》ず悪を作らざるをえない人を指していたようである。阿弥陀仏は、こうした悪人や罪人を救おうと、本願を立てられたのであって、三学を守り自力で迷いを離脱できる善人のために立てられたのではないということである。悪人・罪人こそ阿弥陀仏の正機であり、善人も念仏を称えれば極楽往生できるが、それは弥陀の本願からすれば傍機《ぼうき》である。これが法然仏教の当然の帰結であったのである。

『歎異抄』をめぐって　『醍醐本』が発見されるまでは、悪人正機説は親鸞の独創と思われてきた。「善人なをもて往生をとぐ、いはんや悪人をや」という言葉が『歎異抄《たんにしょう》』の第三条に載っていて、そ

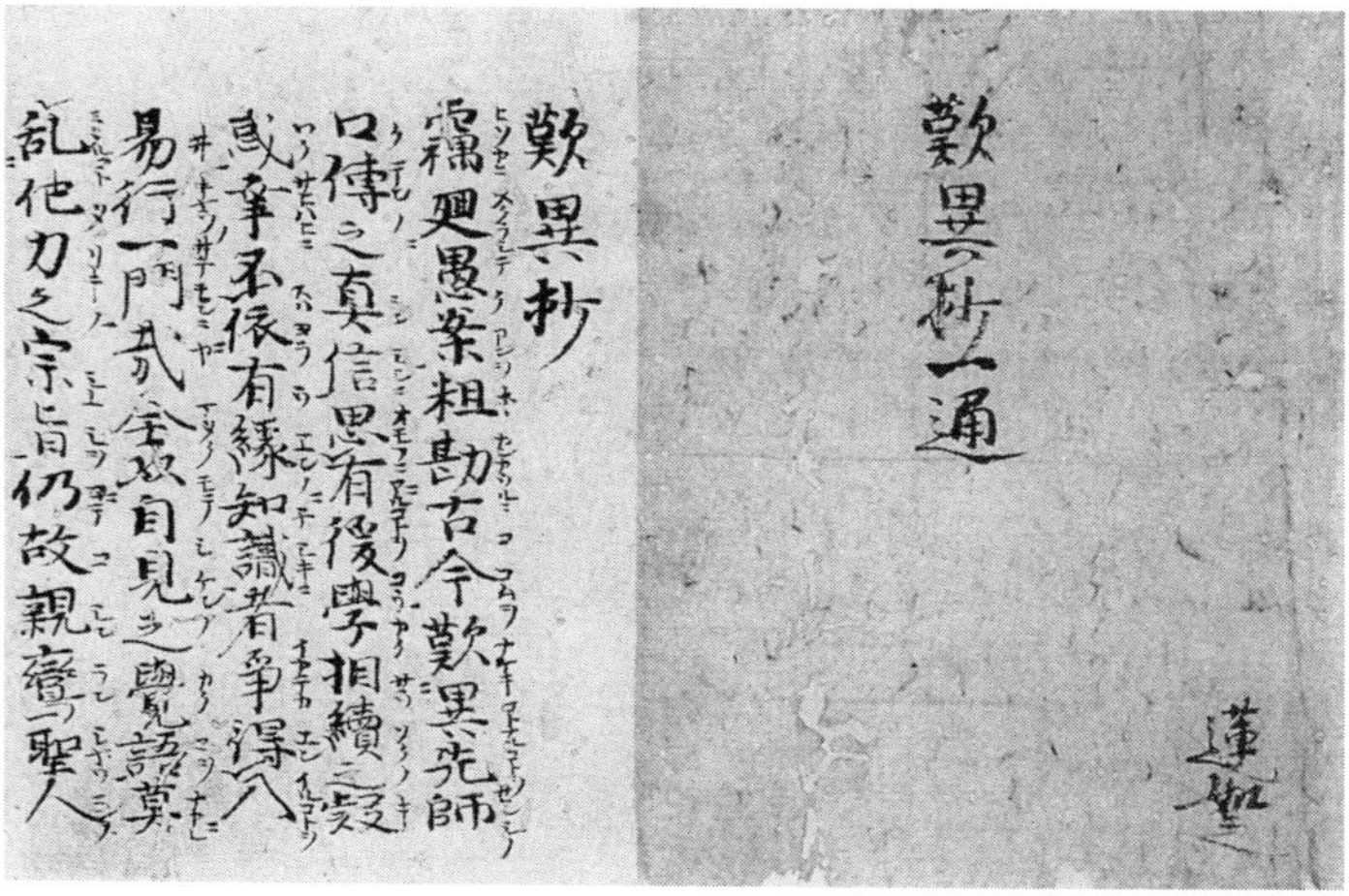

図 10 『歎異抄』古写本（蓮如筆，西本願寺所蔵）

れを誰もが親鸞の言葉と信じてきたからである。現行の高等学校の日本史や倫理の教科書は、未だにこの言葉を親鸞の悪人正機説を代表するものとして引用している。しかし事実は法然の言葉を親鸞が祖述したものなのである。

それが、いつ、どこで、親鸞の言葉と間違えられたのであろうか。周知の通り、幕末から明治にかけて、日本では廃仏毀釈《はいぶつきしゃく》が行なわれ、仏教界は手痛い打撃をこうむった。これに対して仏教界は、内外共に力を併せて復興に努力した。その一つとして、明治三十年（一八九七）以後、南条文《なんじょうぶん》雄《ゆう》・清沢満之《きよざわまんし》・近角常観《ちかずみじょうかん》らの諸師によって『歎異抄』が宣揚された。その結果「明治仏教は『歎異抄』によって復活した」（暁烏敏《あけがらすはや》『歎異抄講話』講談社学術文庫、一九八一年）といわれたほど、『歎異抄』は評価された。中でもこの「善人なをもて」の言葉は、深い宗教的思索に基《もと》づいた言葉として、人々の心を強くとらえた。この時点で、これは親鸞の言葉として受けとられたのである。

それでは『歎異抄』は、これを親鸞の言葉として述べていたのであろうか。全文を引用すればよいが、紙幅がないので関連部分だけにするが、これは第三条に、

善人なをもて往生をとぐ、いはんや悪人をや。しかるを世のひと……よて善人だにこそ往生すれ、まして悪人はと、おほせさふらひき。

とある。問題は最後の「おほせさふらひき」にある。

『歎異抄』は親鸞の話を十ヵ条に分けて記している。弟子の唯円が記録したもので、その中の八ヵ条は末尾が「……と云々」で終わり、第三条と第十条とだけが、「おほせさふらひき」で終わっている。これは親鸞が「……と、おほせさふらひき」と敬語を使って話したのであるから、法然の言葉を親鸞が伝えたとみるのが素直な読み方である。

事実第十条の「念仏には無義をもて義とす云々」という法語は、まさしく法然の言葉である。となれば第三条の「善人なをもて」もまた法然の言葉と考えるのが当然であろう。唯円ははっきり意識して使い分けていたのである。ところが親鸞の言葉と思い込んでいる人々は、これは親鸞が「仰《おお》せられた」と読むべきであるとした。これについて論争も行なわれたが、日本語の曖昧さもあって水掛け論的に終わってしまった。しかし次のことを誰も指摘しなかったのは奇妙というほかない。

それは真宗の聖典である『口伝鈔《くでんしょう》』（三巻）に、このことがはっきりと書かれているのである。『口伝鈔』は、親鸞の曾孫覚如《かくにょ》（一二七〇―一三五一）が、門弟乗専《じょうせん》の所望《しょもう》によって収録した親鸞口伝の言行録である。その第十九条に、

本願寺の聖人《しょうにん》（親鸞）、黒谷の先徳（法然）より御相承《ごそうじょう》とて、如信《にょしん》上人おほせられていはく、……善人なをもて往生す、いかにいはむや悪人をやといふべしとおほせごとありき。
（定本『親鸞聖人全集』第四巻）

と記されているのである。本願寺の聖人（親鸞）が、黒谷の先徳（法然）より、「善人なをもて云々」の言葉を承った、と覚如が父の如信上人から伺ったと述べているのである。親鸞説を唱える人は、この覚如の言葉を誤りというのであろうか。

『醍醐本』への批判　もう一つ奇妙なことがある。それは大正時代に『醍醐本』が発見されたとき、どうして親鸞説が訂正されなかったかということである。

それは『醍醐本』が発見された時、それに対していくつかの疑問が出された（「望月論文」）。それが十分に討議されることもなく、そのまま受けとられてしまったからである。

その「いくつかの疑問」の一つは、〈この法語は「三心料簡事」の最後の第二十七条にあるから編者の加筆ではないか〉という推察である。これはまったくの想像であって何の根拠もない。最後に記されているというのが根拠であるならば、「口伝」だから最後に記したと考える方が、より的を射て

いるであろう。

それに編者が加筆したというのも、何のために加筆したのか、それにこれほど稀有《けう》な信仰思想を誰が作ったのか等々、何の根拠もない想像であったのである。

二つには、〈この言葉が『和語灯録』等に載っていないから、法然のものとは思われない〉というのである。これもおかしな話で、載っていないから問題になったのであって、それで否定されるなら、新しいものはすべて用いられないことになる。

三番目の疑問は、家永三郎氏の「親鸞の宗教の成立に関する思想史的考察」（『中世仏教思想史研究』法蔵館、一九四七年）の中で出されたもので、〈法然の確実な遺文《いぶん》は、善を正とし、悪を傍とするものであるのに、突然「いはんや悪人をや」のような悪を正とし、善を傍とするような言葉が出てくるのは不可解な極みだ〉というのである。

「法然の確実な遺文は、善を正とし、悪を傍とするものである」と決めつけてしまうことはできない。先に引用したように、甘糟や熊谷や遊女に示された法語は、みんな悪人、罪人が弥陀の本願の正機であると述べている。しかもこれらは『和語灯録』などに載っている言葉であり、確実な法然の遺文といえるものである。『醍醐本』も「口伝」のほかに、

此の宗は悪人を手本と為《な》し、善人まで摂《しょう》す　（「三心料簡事」第七話）

無智を本と為すこと　（同第十一話）

などという言葉を載せている。これは善人と比較はしていないが、「この宗」は「悪人を手本と為し」「無智を本と為す」とは、悪人を「正機」とし、善人を「傍機《ぼうき》」とするということであろう。「法然の確実な遺文は、善を正とし、悪を傍とするもの」というのは、法然の「黒田の聖人へつかはす御文」（「一紙小消息」）に、

罪は十悪五逆《じゆうあくごぎやく》の者も生まると信じて、少罪をも犯さじと思ふべし。罪人猶《なお》生まる、況《いわん》や善人をや。

とあるのを指してのことであろうが、繰り返し述べているように、法然の立場を考えてみなければならない。「口伝」としてではなく、消息として公になる場合には、いかに法然でも、「世の常」に従って「況や善人をや」と言わざるを得なかったのである。

それでも「罪は十悪五逆の者も生まる」と言っている。南都北嶺に聞かせれば、目を剝《む》かれるような言葉である。そして「少罪をも犯さじと思ふべし」と付け加えている。法然にしてみれば、それで少罪も犯さずに済むようならば、何で二十五年も苦労して道を求めたのかと言いたいところであろう。字面からみれば、「況や善人をや」と「況や悪人をや」では正反対にみえるが、法然の真意は、弥陀の本願は悪人を救うためのものであったのである。

四つ目は、〈この悪人正機説を含む一段は伝承されてこなかった〉（前掲家永論文）という。これは何度も述べたが、「口伝」であったのである。口伝を文書で伝えることは憚《はばか》られたという事情を考慮

しなければなるまい。

それでも『醍醐本』『歎異抄』『口伝鈔』に伝えられてきた。『行状絵図』にも「口伝なくして、浄土の法門をみるは、往生の得文を見うしなふなり」(巻二十一)とある。浄土宗西山深草《せいざんふかくさ》派にも「善人尚ほ生る、況んや悪人をや。六八の誓願は船筏の如《ごと》し」(堯恵《ぎょうえ》『輪円草』第四十三座)という言葉が伝えられている(拙著『法然の言葉だった「善人なをもて往生をとぐ、いはんや悪人をや」』大東出版社、一九九九年)。

悪人正機説は法然仏教の当然の帰結であった。法然仏教は万人の救われる道を説いた。二階建宗教構造からいえば、一階の庶民も、二階の僧侶も、阿弥陀仏の本願によって共に救われる道が開かれたのである。法然は初めて一・二階に階段をつけた。このときから日本仏教史は、はっきりと前後に二分されたのである。

六　法然の老病と臨終の絵解き

——東国布教と女性——

今堀太逸

1　浄土宗と関東

老病と死苦　人は必ず老い、やがて死ぬ。病気で長く苦しみ死にたくない、周囲に厄介《やっかい》をかけずに平穏にポックリ死にたいとの思いは、昔も今も変わりはない。しかし、医学が進み病気や死に対して宗教が説得力をもたなくなった現代と、死んだら仏の世界へいけるのだと思って信心や供養《くよう》をしていた時代とでは、死が間近にせまったときの対応は明らかにことなる。

本章では、鎌倉期東国社会において展開された浄土宗の布教活動を、「老病と死苦」に焦点をあてながら、女性の役割とその念仏信仰について考えてみたい。

第2節「老病と臨終の絵解《えと》き」では、法然の老病と弟子たちの看病、臨終行儀《りんじゅうぎょうぎ》と慈覚大師《じかくだいし》の袈裟《けさ》、『知恩講私記《ちおんこうしき》』の成立について検討する。「絵解き」とは、法を説く者がその所説をあらわした絵画を見せながら、それを解説し、耳と目とによって、これに導き入れようとする方式のことである。観衆は解説者の話を聞きながら、絵巻や掛幅《かけふく》仕立ての絵伝を眺め、その説明を耳で聞くのである。絵画を掲げてこれを説くことで、言葉によって口から耳に伝えるばかりでなく、絵画によって視覚にうったえるという視聴覚伝道になる。祖師の老病と臨終場面の絵解きをとおして、念仏者が死病を患い、臨終を迎えるにあたっての念仏信仰の範《はん》を示していること、そして、廟堂《びょうどう》に真影《しんえい》をかかげ祖師として法然を尊崇敬慕する知恩講が、親鸞《しんらん》門流の祖師講として成立したものであるか、否かを検討してみたい。

第3節「法然の夢告《むこく》と女性」では、法然の夢をみた尼・女房・少女の夢想を紹介したい。法然伝における老病と臨終の語りは、法然の往生の夢を見た仁和寺《にんなじ》の尼が驚き、その病床に駆けつけたことから始まる。また、別当入道《べっとうにゅうどう》の孫（女性）が上人《しょうにん》の葬送が清水寺《きよみずでら》の塔に入る夢をみたことより、八幡宮と法然、釈迦・弥陀《みだ》・法然が一体であることが説かれている。往生の告《つげ》をこうむった女性のなかに、関東出身の尼が二人いるが、走湯山《そうとうさん》（伊豆山・熱海《あたみ》市）を拠点とした関東における「浄土宗」の流布《るふ》についての考察を深めたい。

第4節「東国女性の念仏往生」では、嘉禄《かろく》元年（一二二五）六十九歳でその生涯を閉じた北条政子《ほうじょうまさこ》の『吾妻鏡《あずまかがみ》』にみられる老病と薨去《こうきょ》の記事、上野国山上《こうずけのくにやまがみ》（群馬県勢多郡）において行仙《ぎょうせん》が編した『念《ねん》仏往生伝《ぶつおうじょうでん》』にみられる東国女性の往生人を検討する。そして、浄土宗の念仏は仏事儀礼が生活のなかに定着していない東国社会においては、死後の世界、仏の世界である「浄土」への憧れよりも、病苦・死苦からの解放を願った信心として受け入れられたものであることを明らかにしたい。

祖師の生涯　法然の生涯を記載する文献において、法然の死亡した状況がいかに記載されているのか。法然が、何時《いつ》、何処《どこ》で、何が原因となり死亡したのか。また、その臨終儀礼はどのようなものであったのかについては、管見の限り、布教活動に使用された伝記史料でしか窺うことができない。伝来の伝記史料は宗祖、救済者としての生涯を描く。したがって、浄土宗の布教活動のなかで創作された生涯として理解する必要があるが、成立年代や評価は研究者により随分と見解が異なっている。簡単な紹介と引用にさいしての略称を次に示しておく。

（a）法然上人の生涯を絵解きするために制作された絵伝『伝法絵《でんぽうえ》』。

＊久留米善導寺《くるめぜんどうじ》所蔵『伝法絵流通《るずう》』（略称『善導寺本』）。嘉禎《かてい》三年（一二三七）に願主躭空《たんくう》が鎌倉八幡宮本社周辺において詞書《ことばがき》を執筆した旨の記載がある。もと二巻仕立てのものを、四巻仕立てにした室町後期の写本である。書名の「流通」には教えを伝えひろめるという意味がある。絵図中に詞書を説明文のように配置し、躭空は奥書《おくがき》に「この絵画を披見《ひけん》し、その詞《ことば》を説くものは阿弥陀三尊を礼拝《らいはい》し、『無量寿経《むりょうじゅきょう》』の文を読むべし」と記している。法然の尊称は「上人」。

＊『法然上人伝法絵　下』（『国華本《こっか》』）。鎌倉後期の写本で上下巻の下巻のみの残欠《ざんけつ》本。『善導寺本』の第三・四巻にあたり、同じく絵図中に詞書を説明文のように配置し、本文中に「……是也《これなり》」と

の絵を指示する詞が散見する。尊称は「聖人」。

＊津市高田専修寺《せんじゅじ》蔵『法然上人伝法絵　下巻』（『高田本』）。流布の「伝法絵」の詞書を永仁《えいにん》四年（一二九六）に筆録したもの。尊称は「上人」「聖人《しょうにん》」を混称。

（b）親鸞・聖光《しょうこう》門流の祖師絵巻。

＊『法然聖人絵』（『黒谷《くろだに》上人絵』『弘願《ぐがん》本』）。もと五巻以上の絵巻であるが、四巻が伝来する。詞書に『高田本』を採用していて誤字まで一致し、「釈弘願」の書き入れがあることより『弘願本』と通称される。尊称は「上人」「聖人」を混称。

＊『法然上人絵伝』（『琳阿《りんあ》本』）。東京芝妙定院《みょうじょういん》蔵。江戸時代中頃に転写された九巻本の絵巻の模本、題名はない。序文は『弘願本』の影響をうけ、弟子として聖光を強調する。巻末に、南北朝時代に活躍した「向福寺《こうふくじ》琳阿」の書き入れがある。尊称は「上人」。

＊『拾遺古徳伝《しゅういことくでん》』（『古徳伝』）。親鸞の孫覚恵《かくえ》の子で、親鸞の子孫を宗主《そうしゅ》とする本願寺派の基礎を築いた覚如《かくにょ》が正安《しょうあん》三年（一三〇一）に制作。絵は『琳阿本』を多く採用。流罪《るざい》記事は『教行信証《きょうぎょうしんしょう》』『親鸞伝絵《しんらんでんえ》』と一致。尊称は「聖人」。

＊『法然上人伝記』（『九巻伝』）。詞書を「語り物」（読物）に仕立てた近世の写本が伝来する。鎮西義《ちんぜいぎ》（聖光門流）の京都進出にあたり、親鸞門流の『古徳伝』を意識して編纂《へんさん》された。序文より法然滅後《めつご》百年を経過しての成立である。尊称は「上人」。先行の絵伝と『行状絵図』の間におくと、

『行状絵図』の絵と詞がよく理解できる。

＊『法然上人行状絵図』（『行状絵図』）。全編二三七段からなる法然伝の集大成ともいうべき浩瀚《こうかん》な規模を誇る。法然と浄土宗（鎮西義）と廟堂知恩院《ちおんいん》の結びつきを主張している。

（c）『法然聖人臨終行儀』（『臨終行儀』）・『聖人の御事諸人夢記』（『諸人夢記』）。『西方指南抄《さいほうしなんしょう》』本末の（六）（七）に収録。『西方指南抄』は、当時流布していた法然の法語・消息・行状などを三巻六冊に編纂したもの。親鸞が康元《こうげん》元年（一二五六）から翌正嘉《しょうか》元年に書写した自筆本が高田専修寺に伝来する。尊称は「聖人」。

（d）『源空聖人私日記《げんくうしょうにんしにっき》』（『私日記』）。『西方指南抄』中末（一〇）に収録。流布の法然伝を要約したもの。尊称は「聖人」。

（e）『御臨終日記』（『臨終日記』）。醍醐三宝院《さんぼういん》所蔵『法然上人伝記』に収録する近世初期の写本。末尾に義演《ぎえん》筆写の奥書がある。尊称は「上人」。

（f）東寺宝菩提院《ほうぼだいいん》所蔵『知恩講私記《ちおんこうしき》』。鎌倉期の古写本で安貞《あんてい》三年（一二二九）八月書写の記載がある。成立時期については本章で考える。尊称は「上人」。

※関連研究と翻刻掲載の史料集については、今堀『神祇信仰の展開と仏教』（吉川弘文館、一九九〇年）、同『本地垂迹信仰と念仏』（法蔵館、一九九九年）、及び同「法然の念仏と女性」（西口順子編『中世を考える　仏と女』吉川弘文館、一九九七年）参照。

2　老病と臨終の絵解き

正月二日　法然上人の「老病」については、『善導寺本』『臨終行儀』ともにほぼ同文の表現である。

①次年（建暦二年）正月二日より、老病と日来《ひごろ》の不食、いよいよ増気《ぞうき》。②凡《およ》そこの両三年、耳も聞えず、心も耄々《もうもう》として前後不覚にましまし〳〵けるが、さらに昔の如《ごと》く明々になりて、念仏つねよりも増盛なり。（『善導寺本』）

図11　絵巻にみる法然の老病
（鎌倉時代末制作の『琳阿本』巻第八に相当する残欠本．内題は「法然聖人伝絵巻第八」東京国立博物館所蔵）

この老病譚が、いつの頃より語り始められたのかは不明である。しかし『国華本』では切断のため①欠だが、②以下は同文である。また『高田本』、醍醐本『御臨終日記』も同じである。詞書として『古徳伝』『九巻伝』『行状絵図』にも忠実に継承されている。

異なるのは『私日記』で「同三年正月三日、

老病空に蒙昧《もうまい》の臻《いたる》を期す。待つ所、馮《たの》む所、寔《まこと》に悦《よろこば》しきかな、高声念仏不退《こうしょうねんぶつふたい》なり」とする。『琳阿本』が詞書に採用しているが、建暦二年としていて、三年は二年の誤記である。

ところで、建暦二年までの法然の行実は、承元元年（建永二、一二〇七）七十五歳の二月、住蓮《じゅうれん》・安楽《あんらく》処刑、院宣《いんぜん》により土佐配流《とさはいる》、八月に召還の院宣があったが、前年の建暦元年十一月まで摂津の勝《かつ》尾寺《おでら》に滞在したとする。そして流罪中は、各地で庶民に精力的に念仏の教えを説き、ことに勝尾寺では一切経《いっさいきょう》を施入し、その開題《かいだい》供養の導師《どうし》には聖覚《せいかく》が招かれ、法然の念仏を讃歎《さんだん》している。

建暦二年以前に法然の老いが語られることはなかったのに、『臨終行儀』では「おおかたこの二三年のほど、老いぼれてよろづ物忘れなどせられけるほどに、今年よりは耳も聞き、心も明らかにして……」と、七十歳を越えた老齢の法然には、老人特有の身体的症状が出ていたのに、にわかに昔を彷《ほう》彿《ふつ》とさせるような姿になられたと記している。

行実と矛盾するのは、この場面の絵解きの中心が、年ごろ習いおかれた法文《ほうもん》をときどき思い出しては弟子どもに談義《だんぎ》されたと語るように、臨終のせまった祖師最期の教化の場として、浄土宗の念仏信心を説くことにあるためである。

『臨終行儀』では、法然の老いと念仏生活を、「この十余年は、耳はおぼろとなり、囁《ささや》き事などは聞こえなくなっていたが、今年になって昔のように聞かれて例の人（通常の人）のようである。世間の事は忘れられたが、つねに往生の事を語られ念仏されて、高声に一時唱えられることもあった。夜間、眠られているのに舌・口が動き仏の御名を唱えられていて、その小声が聞こえた。舌・口は動いているのに声が聞こえない事はつねにあった」と披露して、念仏を耳に聞いた人たちはことごとく奇特の思いをなしたと語っている。

正月三日　『善導寺本』の第五十一図「病床御物語」には、莚畳《むしろだたみ》の上に法然、その背後に一人、外に三人の僧、それと向かいあう四名の僧と少し離れて尼を描き、絵画上方に次のような説明文がある。

　仁和寺に侍《はべ》りける尼、上人の往生の夢に驚きて参じ侍《はべ》りける。
　病床のむしろに、人々問いたてまつりける。御往生の実否は如何《いかん》と。答て云《いわ》く、我本《われもと》、天竺《てんじく》国に在しとき、衆僧に交りて頭陀《ずだ》を行じき。今日本にして天台宗に入てかゝる事にあえり。抑《そもそも》、今度の往生は一切衆生《いっさいしゅじょう》結縁《けちえん》のためなり。我本居《こ》せしところなれば、たゞ人を引接《いんじょう》せんと思う。

『臨終行儀』では三日戌《いぬ》の時のことだとし、弟子の「極楽へは往生したまふべしや」との問には、「我はもと極楽にありし身なれば、さこそはあらむずらめ」と答えたとする。

『私日記』にもみえ、諸伝は共通して、法然の今度の往生は一切衆生の結縁のためであること。法然は極楽の住人であり、また天竺の人であったが、人々を念仏往生により救済するために化現《けげん》したが、日本では天台宗に入り、往生を迎えることになったと説明する。権者《ごんしゃ》の化現であることは、『善導寺本』以下、諸伝において三井僧正公胤《みいそうじょうこういん》の夢に現れた法然の「源空の本地《ほんじ》は大勢至《だいせいし》菩薩である。衆生化度《けど》のためにこの界に度々《たびたび》来るなり」との夢告を載せている。したがって、天台宗の僧侶であっても、法然は権者であるので、帰依《きえ》者は天台教団には束縛されない浄土宗の開祖（宗祖）として崇敬できるのである。

天台僧として臨終を迎えたことが強調されなくなるのは、親鸞・聖光といった特定の人物を派祖と仰ぐ「浄土宗」が組織され、天台宗から一歩距離をおいた布教活動が展開する十三世紀後半からである。それ以後に制作された法然伝では、『古徳伝』の「今粟散《ぞくさん》片州の堺に生を受けて念仏宗を弘む。衆生化度《けど》のためにこの界にたびく来りき」、『九巻伝』の「日本にしては天台宗に入りて一代の教法を学し、又念仏門に入りて衆生を利す」、『行状絵図』になると「今度の往生は決定《けつじょう》歟《か》とたづね申に、われもと極楽にありし身なれば、さだめて帰りゆくべしとのたまふ」としている。

正月十一日　『善導寺本』によると、十一日には、上人が高声《こうしょう》念仏を人々にすすめて、阿弥陀仏を恭敬し名号を唱える人は一人もむなしからずと、その功徳を種々に讃歎するとともに、弟子たちには「阿弥陀仏は常に影向《ようごう》したまう、これを拝さざらんや」と語りかけたという。

『臨終行儀』では、辰《たつ》時に聖人が起きて合掌《がっしょう》し高声念仏された。聞く人はみな涙を流し、これは臨終の時かと怪しんだ（疑った）。また、弟子には、観音・勢至菩薩・聖衆《じょうじゅ》が前に現じられているが、汝《なんじ》らは拝まないのかと問われることもあったという。弟子らが「臨終の例」として三尺の阿弥陀仏像を据《す》え、「拝みまいらせたまふべし」と話かけると、聖人はこの阿弥陀仏のほかにも仏がおられると指をさしたという。

このような出来事について、事情を知らない人もいるのでその由緒《ゆいしょ》を記すとして、「およそこの十余年、念仏の功が積もり極楽のありさまを見られ、仏菩薩の姿をつねにご覧になっていた。しかし、生前中には人に語られることがなく、世の人はゆめ〳〵知ることがなかった。大方、真身の仏を見られるのはつねのことであった。また弟子らが、臨終の例として仏の御手に五色《ごしき》の糸をかけることをすすめると、聖人はこれは大様のことのいわれで、必ずしもすることではない」と述べられたことを紹介している。醍醐本『臨終日記』でも「大様の事なりと云いて、終に取らず」とあり、自身はそうしなかったが、通常の人の行儀としては否定していない。

正月二十日 『善導寺本』では、いよいよ法然の様態が悪化し、臨終を迎えられることを看病の人たちも覚悟するのが二十日頃からである。上人の念仏は高声にねんごろとなり、助音の人びとの声はおのずとほのかになり、上人の音声はますます虚空法界《こくうほっかい》にも響くものとなった。また、七、八年以前にある雲客《うんかく》（兼隆《かねたか》朝臣）は、上人より「往生のゆうべには光明遍照《こうみょうへんじょう》の四句の偈《げ》（『観無量寿経《かんむりょうじゅきょう》』第九真身観）を唱えるべし」との夢告を受けたことがあったが、二十四日より二十五日午《うま》の正中にいたるまで、念仏高声にして、夢告のように四句の文を誦された。そして、法然の臨終の様子を次のように伝えている。

天日光明をほどこす、観音の照臨《しょうりん》もとよりあらたなりといへども、紫雲虚《しうんそら》にそびえて勢至の迎《ごう》接《じょう》おりをえたり。爰《ここ》に音楽窓にひゞく。帰仏帰法の耳をそばたて、異香室にみてり。信男信女の袖をふるゝ間、慈覚《じかく》大師附属の法衣《ほうえ》を著して、頭北面西にして、念仏数遍唱えたまうの後、一息とゞまるといへど、両眼瞬《またたく》がごとし。手足冷《ひ》えたりといへども、唇舌うごかす事数遍なり。行年四十三より、毎日七万遍にて、退転なしと云々。

（第五十二図「御往生・来迎・紫雲」）

絵中の詞　光明遍照《こうみょうへんじょう》　十方世界《じっぽうせかい》　念仏衆生《ねんぶつしゅじょう》　摂取不捨《せっしゅふしゃ》　南無阿弥陀仏　々々々。

『臨終行儀』では、二十日の出来事を時をおって詳しく紹介している。巳《み》時、大谷の房に紫雲がたなびき、午時、四句の文を三返唱えられた。未《ひつじ》時になると、聖人はことに眼を開かれ、しばらく空を見上げて少しもまじろがず、西方へ見送られることが五、六度あった。看病の人たちは、ただ事ではない、これは証相《しょうそう》の現じて、聖衆が来られたのではないかと疑った。しかし世の人は何とも心得ずにいた。

聖人の死にむかってやつれていかれる様子を、「聖人は老病が日にかさなり、物を食べられなくなられて久しい。色、形も衰えて弱くなってきて、目を細められていて、ひろく見られることはなくなった。それがたゞ今、やゝ久しく仰がれて、あながちに開き見られたので怪しきこと（臨終かと）と思っていると、ほどなく顔の色もにわかに変じて死相がたちまちに現じてきた。御弟子どもはこれは臨終かと疑い、驚き騒いだので例のごとくなったのである。あやしくも、今日は紫雲の瑞相《ずいそう》があったうえに、このような出来事もあるよと御弟子たちは申していた」と紹介している。

聖人は念仏の勤めを怠られない上に、二十三日より二十五日にいたる三ヵ日の間は、ことに常よりもっよく高声の念仏を申された。或《あるい》は一時、或は半時ばかりされたのには、人はみな驚き騒いだことも二、三度あった。弟子たちは、番々《ばんばん》に交代して、一時に五、六人が声を助けた。

二十五日午時　『臨終行儀』には、聖人の臨終の様子が次のように記載している。すでに午時にいたり、念仏される声が少し低くなってきた。さりながら、時々、また高声の念仏がまじわって聞こえてくる。これを聞きつけ房の庭の前に集来した結縁《けちえん》の輩は数知らずとし、

聖人、ひごろ伝へ持ちたまひたりける慈覚大師《じかくだいし》の九条の御袈裟《けさ》をかけて、枕を北にし、面を西にして、ふしながら仏号をとなへて、眠るがごとくして、正月二十五日午時のなから(半)ばかりに往生したまひけり。そのゝちよろずの人々競《きそ》い集まりて拝み申すこと限りなし。

と記す。『私日記』にも「午時ばかりに行儀違《たが》はず、念仏の声ようやく弱し、見仏《けんぶつ》の眼眠《ねむ》が如し。紫雲空に聳《そ》びき、遠近の人々来り集る。異香室に薫《くん》じ、見聞の諸人仰て信ず。臨終すでに到りて、慈覚大師の九条袈裟、これを懸けて、西方に向て唱て云く、光明遍照……」。醍醐本『臨終日記』にも「正く臨終の時は、慈覚大師の九条袈裟を懸《か》け、頭北面西にして、光明遍照……と誦し、眠が如く命終る、その時午正中なり」とみえ、諸本においてほとんど差異がない。

参考までに、『善導寺本』における慈覚大師と法然の関係記事をあげると、慈覚大師が清和《せいわ》天皇に授けた戒を、法然が高倉《たかくら》天皇に授けた。聖覚は勝尾寺において、慈覚大師の念仏と法然の念仏を讃歎した。慈覚大師の念仏を守護した赤山明神《せきざんみょうじん》は、法然の念仏を守護する。作者躭空は、法然が慈覚大

図12　法然の臨終（『法然上人行状絵図』巻三七第三，知恩院所蔵）
『法然上人行状絵図』においては2日老病・11日弟子とともに高声念仏・同日に三尺の阿弥陀仏像を拝み仏の来現をみる以下，絵と詞書により老病と臨終までを詳しく展開する

師の遺風を相承《そうじょう》していることを讃歎している、というようなことが指摘できる。

法然は「天台宗」という組織の僧侶で黒谷《くろだにの》上人《しょうにん》（聖人）とも呼ばれた。『選《せん》択本願念仏集《ちゃくほんがんねんぶつしゅう》』を執筆し「浄土宗」を開宗し、その「教え」を確立した。天台宗の僧侶としてその生涯を終えたが、それは一切衆生結縁のための方便であったということができる。そして、法然の老病と臨終をとおして、念仏者が死病を患い、臨終を迎えるまでの念仏信仰の模範を示して、高声念仏による眠るがごとき安らかな死、往生が可能なことを説き示めしているのである。

『知恩講私記』と『高田本』

『知恩講私記』は先行研究においては、著者を隆寛《りゅうかん》と推定し、成立は法然上人滅後十年前後の頃としている。法然の廟堂で遺弟《ゆいてい》らが月忌《がっき》に知恩講を修したときの講式で、初段から五段にかけて法然の五徳、諸宗通達《つうだつ》・本願《ほんがん》興行・専修正行《せんじゅしょうぎょう》・決《けつ》定往生《じょうおうじょう》・滅後《めつご》利益《りやく》の徳が讃歎され、讃徳文《さんとくもん》の全段をとおして一種の法然伝になっている。法然伝の系譜からみれば『醍醐本』に近いが、当時の所伝によって独自の構想の下《もと》に作られたもので、『四巻伝』（『善導寺本』）『琳阿本』『古徳伝』『勅伝』（『行状絵図』）なども、入滅の記事ではこの講式を引用、または参照している。安貞《あんてい》二年（一二二八）八月信阿弥陀仏書写の奥書のある古写本が、東寺宝菩提《ほうぼだい》院《いん》に伝来する（『浄土宗大辞典』ほか）。

はたして、この解説は正しいだろうか。安貞二年の奥書は当時のものではないことより、筆者は親鸞門流においては「伝法絵」系統の法然の伝記が展開していること、『知恩講私記』と『善導寺本』の近い関係、また親鸞の『和讃』も「伝法絵」系統の法然の伝記を要約した可能性があるといったことより、『知恩講私記』は『伝法絵流通』における法然の生涯を讃歎したものであるとの見方を提示したことがある。

入滅の記事では諸法然伝がこの講式を引用しているというのは、第四段の記事のことである。

（ア）第四決定往生の徳を讃ずれは、広く旧伝を考えるに多く瑞相《ずいそう》を載せけり。しかるに先師上人種々の霊異《りょうい》、連々の奇瑞、人口実に備ふ。世皆知る所なり。（イ）いまだ墓所を点ぜざるに両三人の夢にみらく、彼の地に相当して、天童行道《ぎょうどう》し蓮華開敷《かいふ》す。（ウ）三四年来は耳目蒙昧《もうまい》なり。

しかして大漸《たいぜん》の期に近き、音聞き色を見ること、たちまちに以《もっ》て分明《ぶんみょう》なり。

とはじまる。人は口実に備うというが、『知恩講私記』は『北野天神縁起《えんぎ》』と『天神講式』、『聖徳太子伝記』と『太子講式』との関係からしても、すでに先行する法然の生涯を記載する祖師伝によって制作されたものであろう。諸法然伝がこの講式を引用しているのではなく、先行する法然伝によりこの講式が述作されたと考えるのが順当ではなかろうか。

（イ）の両三人の夢は『善導寺本』『国華本』には見えず、『西方指南抄』に収録する『諸人夢記』（後述）が初見であり、（ウ）も『善導寺本』や『臨終行儀』の要約であることからしても、はたして隆寛を著者とし滅後十年前後の成立とするなら、その頃に法然を権者《ごんじゃ》で念仏の祖師とする伝記諸本が成立していたと仮定することには無理がないだろうか。

というのは、『高田本』には、『善導寺本』を尊重しながらも『国華本』『臨終行儀』『諸人夢記』にもとづく記述がある。その影響を受けた記述を含めて『高田本』と『知恩講私記』は驚くほどに一致し、（ウ）に続く老病と臨終の記事は『高田本』を漢文に書き改めたものといってよいほどである。その一例を示しておく。

廿四日トリノ剋《こく》ヨリ以去、称名躰ヲセメテ、無間ナリ無余也。助音ノ人〳〵ハ窮崛《（ママ）》ニオヨフトイエトモ。暮齢病悩ノ身、勇猛ニシテコエヲタ、サル事、未曾有《みぞう》ノ事ナリ。……音声ト、マリテノチ、ナホ唇舌ヲウコカス事十余反ハカリナリ。面色コトニアサヤカニシテ、形容エメルニニタリ。

（『高田本』）

廿四日酉剋以□、称名迫躰、無間無余、助音人々雖及窮屈、暮齢病悩身、勇猛不絶声、未曾有事也。……音声止後、猶《なお》動唇舌十余遍許《ばかり》也、面色殊鮮、形容似咲。

（『知恩講私記』）

知恩講と報恩講 法然の真影《しんえい》を本尊として勤修《ごんしゅ》する知恩講は、本願寺において蓮如《れんにょ》の頃まで営まれていたことは、『本願寺作法之次第』（五三）に「蓮如上人の御代には、毎月二十五日（法然の命日）の勤めののちに知恩講式をあそはされ候き」と見えているし、室町期の古写本が真宗寺院に伝来する。

「知恩報恩《ちおんほうおん》」とは、三宝《さんぼう》・国王、両親・衆生などの恩徳を知って、これに報いるとの仏教語である。菅原道真《すがわらのみちざね》も願文《がんもん》において『法華経』は「知恩報恩において無量無辺の功徳がある」（『菅家文草《かんけぶんそう》』十二）と使っている。親鸞は『教行信証《きょうぎょうしんしょう》』において、「正信念仏偈《しょうしんねんぶつげ》」を作ったことを述べるのに、「知恩報徳《ほうとく》のために、宗師《しゅうし》の釈（曇鸞《どんらん》の『浄土論註《じょうどろんちゅう》』）をひらき見るに……恩を知りて徳を報ずる理をまず啓《もう》す」と記している。その「正信偈」において「本師源空は仏教に明らかにして、善悪の凡夫人を憐《れん》愍《みん》せしむ。真宗の教証を片州に興《おこ》し、選択本願を悪世にひろむ」と讃歎するとともに、他力の人のこうむる「現生十種益《げんしょうじゅっしゅのやく》」の一つに知恩報徳の益のあることを説いている。

覚如が『古徳伝』において「空聖人（法然）は浄土宗の元祖」だと述べ、法然入滅を流罪中に知った親鸞が「師訓《しのおしえ》をひろめ、滅後《めつご》の化義《けぎ》をたすけん」と決意して上洛《じょうらく》しなかった。しばらくして入洛すると、親鸞は勝地を占い五条西洞院《にしのとういん》の辺に住み、先師聖人没後の中陰《ちゅういん》の追善《ついぜん》にもれたことは恨み

図 13　親鸞帰洛後，先師報恩謝徳のため月々四日四夜の礼讃念仏を行なう（掛幅絵伝「法然上人絵伝」第三幅，広島県光照寺所蔵）

であると、その聖忌を迎えるごとに声明《しょうみょう》の宗匠を屈《くつ》して、緇徒《しと》の禅襟《ぜんきん》（衆僧）をととのえ、月々四日四夜の礼讃念仏《らいさんねんぶつ》を執り行なっていた。これはひとえに先師報恩謝徳のためだと説明している。

南北朝時代の親鸞門流においては、宗祖は「黒谷上人源空」、門流の祖が「本願寺聖人親鸞」であるとして両祖師を尊崇していた（傍点筆者）。そのことを象徴するのが、本願寺に出入りしていた絵解き僧である弘願や琳阿が「黒谷上人絵伝」と「本願寺聖人絵伝」の両方を所持していたことである。

法然の講を「知恩講」、親鸞の講を「報恩《ほうおん》講《こう》」と称するのは、宗祖法然と派祖親鸞との関係を物語っているのではないだろうか。そのように考えると、門流の祖師伝により祖師の講式を制作するのは当然のことである。簡単に結論の出る問題ではないので、さらに考察を深めたい。

3　法然の夢告と女性

『西方指南抄』収録『聖人の御事諸人夢記』には、『伝法絵流通《でんぽうえるずう》』の「兼日に往生の告をこうむる人々」に名前が列挙されている人たちへの法然の夢告だけではなく、『伝法絵流通』に登場しない夢告も含めて詳しく紹介されている。また、『諸人夢記』は、聖光門流の法然伝である『九巻伝』巻七下「諸人夢想事」に「上人往生の前後にあたりて、諸人霊夢を注し送る事、勝計すべからず、暫く略してこれをいはゞ……」として抄出紹介されていて、その「諸人夢想事」は『行状絵図』巻三十八の詞書に採用されている。

少女の夢　「三条小川に住む陪従《べいじゅう》信賢の後家尼のもとの少女」。二十四日の夜、ことに心を澄まし高声念仏しているのを乗願房という聖《ひじり》が宿り聞いた。夜が明けて少女は乗願房に「法然聖人は今日二十五日、かならず往生される」と申した。どうして知ったのかと尋ねると、今宵の夢に聖人のもとに参ると「我は明日往生する、もし今宵汝《なんじ》が来なかったら、我を見ることができなかった、よく来た」と述べられた。少女が「我が身に痛み思う事がある。我れいかにしてか往生し侍《はべ》り」と問うと、聖人は「まづ出家してながく世間の事を捨て、静かなところで一向に後世のつとめをいたすべし」と教えられた。今日午時に聖人が往生されたのは、夢にかなうことであると申した。

＊『善導寺本』「兼日に往生の告」以下の法然伝に列挙されている記載名と比較してみると【善】「陪従信

賢」、【国】「三條小川倍従《ママ》信賢」、【高】「倍従《ママ》信賢」、【古】「陪従信賢」である。人名だけだと伝記の読者は信賢の夢と理解してしまう。また、【九】【行】では三条小川の陪臣信賢の「後家の養女」としている。

女房の夢　「白河の准后《じゅごう》宮のそばに仕える三河という女房」。二十四日の夜、聖人のもとに参り拝むと、四壁に錦の帳をひき、色さまざまにあざやかなうえに、光があり煙がたち満ちていた。よくよく見ると、煙ではなく紫雲というものかと不思議に思い、聖人が往生されたのかと思ううちに夢からさめた。夜が明けて僧順西に語った。今日午時に聖人が往生されたことを聞いた。

＊　記載名は【善】「白川准后宮」、【国】「白河准后宮女房」、【高】「白河准后宮女房」、【古】「白河准后宮女房」としていて、【善】では准后宮の夢と理解される。【九】【行】では花園准后の女房の三河の局《つぼね》とする。

尼の夢　「鎌倉出身の尼来阿弥陀仏《らいあみだぶつ》」。信心深くして、仁和寺《にんなじ》に住む。二十四日の夜にみた夢に、世に貴い聖が来た。その形は絵像の善導《ぜんどう》の姿に似て、善導かと思ううちに、「法然聖人は明日往生したまうべし。はやく行きて拝み奉るべし」と告られた。東山大谷の房に参ると、その日午時往生された。この夢を説明して、来阿弥陀仏の夢は聖人の往生なさる先に聞及ぶ人々が多くいたので、さらに疑いないことである。返す返すこの事は不思議な事である。二十五日に聖人の往生を拝もうと参集した人は盛んなる市のようであった。その中のある人は、二十三日夜の夢に聖人が来て「我は二十五日の午時往生すべき」と告げられると思うと夢さめたと語り、そのことを確かめに参ったと語った。ほかにも、昨夜この夢告があったというものもいて、参集の人のなかには、このような夢を語る人が多くいたが詳記しないという。

＊　なお【善】【国】【高】【古】に「坂東《ばんどう》尼」の記載はあるが、来阿弥陀仏の名は見えない。また【九】では、仁和寺の尼西妙《さいみょう》（本は関東なり）の夢として記載し、【行】は比丘尼《びくに》西妙が往生の夢をみたと簡単に記載するだけで、夢の善導には言及しない。

「尼念阿弥陀仏《ねんあみだぶつ》」の二十五日《（ママ）》辰時の夢。夢うつつとなく、遥か艮《うしとら》の方を見ると、聖人が墨染《すみぞめ》の衣を着て空にいた。傍らに白装束《しょうぞく》の唐人のような人がいた。聖人と俗人とが南に向かわれるほどに、俗人が「この聖人は通事にておわす」と語ると思うと夢さめた。

「尼念阿弥陀仏」の二十三日卯時の夢。晴れた空の西方を見ると白い光があり、扇のように末が広く元が狭かったのが大きくなり虚空に満ちた。光の中に紫雲があり、光りある雲と同じく東山大谷の方にあった。大谷に参じた多くの人々がこれを拝んだ。これはいかなる光かと問うと、ある人が法然聖人の往生されたのだと申したので拝んだ。人々のなかには「世に香うばしきかな」と語る人もいると思ううちに夢からさめた。

＊　「二十五日」は誤記であろう。【善】「尼念阿弥陀仏」、【国】「鎌倉尼念阿弥陀仏」、【高】「尼念阿弥陀仏」、【古】「尼念阿弥陀仏」と記す。【九】には見えず、【行】に「弟子念阿弥陀仏は、同二十三日の夜、上人

往生の紫雲ならびに白き光虚空に満ち、異香をかぐと見る」として継承している。

なお、前述の『善導寺本』「別当入道の孫」の夢は、『諸人夢記』には「建暦二年二月十三日の夜、故惟方《これかた》の別当入道《べつとうにゆうどう》の孫、夢にみるやう」として掲載している。『善導寺本』以下の法然伝と『諸人夢記』の人名表記とを比べると、『国華本』と『諸人夢記』とのみ一致するものがあり、かなり親密な関係にあることが明らかとなる。このことからも、『臨終行儀』『諸人夢記』は、法然絵伝の「老病と臨終」の場面を絵解きするさいの指南書《しなんしょ》であったと指摘できる。

墓所の夢　「大谷房の近住の尼と女房」。聖人が往生された大谷の房の東、岸（崖）の上に平地があり、その地を建暦二（元）年十二月の頃に地主が聖人に寄進したので墓所と定めて葬送した。その北に人の房があり、宿っていた尼が先年の夢に、かの墓所の地を天童《てんどう》が行道《ぎようどう》するのを見た。また、同房主は去年十一月十五日夜に、この南地の墓所に青蓮華《しようれんげ》が生いて開敷し花が少しずつ房に散りかかる夢をみた。また、同房にいた女は去年十二月の頃、南地にいろいろな蓮華が咲き開く夢をみた。今年の正（二）月十日彼の地を墓所と定めて穴を掘っているのを房主が驚き、「日頃の夢の三度までありしが、ただ今思い合わすに合いたる」と語り不思議がった。

先に紹介した『知恩講私記』第四段（イ）はこの夢のことを語ったものである。『九巻伝』では十二月の夢を房の隣家の女人の夢とする。それに続き清水寺《きよみずでら》の二人の僧が十二月九日の夢に、夜叉《やしや》らが群衆して地を引き、礎《いしずえ》の下に地神がいてこの礎を頂戴するとみてさめた。また、穴を掘るのは二月十日のことだとする。『行状絵図』では、地主が自身の墓所としていたのを、上人が入洛されたので、券契《けんけい》などを寄進状に添え譲ったもので、廟堂を建て石の唐櫃《からびつ》に納めたとする。また、隣家の女人《にょにん》を「清信女」と改め、入洛されたのでとの説明を加えるのは、『行状絵図』においても入洛を十一月十七日としているためである。

七条袈裟の夢　「華山院《かざんいん》の前右大臣家の侍江内《こうない》と親しい女房」。三日連続して夢に見た。正月二十三日夜の夢には、西山より東山に五色の雲が一丁ほどながく棚引《たなび》いた。大谷の聖人の御房に参り拝むと、墨染《すみぞめ》の衣・袈裟《けさ》を着られていた。袈裟の緒《お》は結び垂れて、如法経《にょほうきょう》の袈裟の緒のようであった。請用《しょうよう》により出《い》で立ちたまうと見てさめた。二十四日夜の夢には、昨夜の五色の雲が少しも散らず、大《おお》筏《いかだ》のように大廻りに廻り、東頭の雲が西頭となり遠く棚引いた。聖人も昨日のようにしておられるとみてさめた。二十五日には、この雲は西へ赴き、聖人が七条の袈裟をかけ、臨終の作法のようにして、雲に乗って飛ぶように西へ行かれるとみてさめた。胸騒ぎし驚いたが、我が口も心も、あたりまでもまことに香ばしかった。世の常の香にもにず、めでたいものであった。

法然が慈覚大師の九条袈裟を懸けて往生したことは諸伝一致する。この七条袈裟を懸け臨終の作法のように雲にのり西へ行ったとの夢とは、矛盾する。よって、諸伝への継承が注目されるのだが『九巻伝』は採用していない。『行状絵図』は夢を見たのは女房ではなく、青侍《あおざむらい》江内自身であるとし、夢の内容は記載せずに、二十四日夜に往生の夢をみて翌日早旦に人々に語ったとする。

図14　法然の弟子となった和尚，仁和寺の尼往生の夢を見る（『法然上人行状絵図』巻一九第五，知恩院所蔵）

以上、女性がみた法然の夢を紹介した。女性の見た夢により、法然の意思が明らかにされているのである。彼女らは、神々の託宣《たくせん》を伝える巫女《みこ》と同様の役割を果たしている。

尼往生の夢　女性への夢告ではないが「丹後《たんご》国しらふの庄の別所《べっしょ》の一和尚」の夢に、法然に帰依し往生をとげた仁和寺の尼が登場する。昔、天台山の学徒であったが、遁世《とんせい》ののち（法然）聖人に帰依し弟子となり、京に登り五条坊門《ぼうもん》富小路《とみのこうじ》に住した。ある日の昼寝の夢に、空に紫雲そびえるなかに尼がうち笑みて「法然聖人の御教えにより極楽に往生し候ぬるを、仁和寺に候つる」と告げられた。

和尚は九条の聖人のもとに参じ、見た夢を申し上げたので、聖人はさる人もあろうかと仁和寺に人を遣わされると、昨日午時に往生されたとのことであった。聖人によると、『法華経』千部自読の願をおこし七百部ばかり読まれたが、残りをいかに果たすべきかと問われたことがあった。そのとき聖人は「年寄りたる御身にめでたく読ませたまひて候へども、残りをば一向念仏にならせたまへ」

と名号《みょうごう》の功徳を説き聞かされたという。聖人は、この尼公が経を置き、一向専称し、年月をへて往生極楽の素懐をとげられたものだと仰せられた。

この一和尚の夢の話だけが法然在世中に仁和寺の尼が帰依し往生をとげた話で、ほかの往生の夢告とは随分と異なっている。『九巻伝』には採用されず、『行状絵図』巻十九（第五段）に、和尚をもと志楽庄弥勒寺《みろくじ》の僧とし、話の前後を逆にして仁和寺の尼の往生譚として掲載している。

ところで、上記のように「尼」といえば「仁和寺の尼」というぐらい、しばしば登場している。仁和寺における念仏信仰を紹介しておきたい。

仁和寺僧の念仏往生については、『北野天神縁起』諸本や『一遍聖絵《いっぺんひじりえ》』に掲載されている。『北野天神縁起』（『建保本』）では、僧念西《ねんせい》は延久《えんきゅう》三年（一〇七一）にたいした重病でもなく、いささかの病悩により、端坐合掌《たんざがっしょう》、高声に念仏を数百度唱えて、眠るが如く順次往生《じゅんじのおうじょう》をとげたという。善導の『般舟讃《はんじゅさん》』は法然在世中は流布していなかったが、建保《けんぽ》五年（一二一七）に仁和寺法金剛院《ほうこんごういん》（待賢門院《たいけんもんいん》御願）の経蔵《きょうぞう》に伝来するのが発見され、開版《かいはん》されて証空《しょうくう》や親鸞門流に流布した。『善導寺本』では、仁和寺法親王《ほっしんのう》が法然に深く帰依《きえ》されたとし、法然の清水寺説戒《きよみずでらせっかい》の段では、法親王の夢想によると清水の滝は大日如来《だいにちにょらい》の鑁字《ばんじ》の智水《ちすい》であること、また、滝に詣でることにより現世安穏・後生極楽を得ることになるとの歌を詠まれたことを紹介している（第二十七図「清水寺説戒・滝」）。

法華経と念仏　法然の帰依者のなかに関東出身の尼来阿弥陀仏と念阿弥陀仏がいた。唯一の鎌倉時

図15　伊豆山権現

代の往生伝である『念仏往生伝《ねんぶつおうじょうでん》』（残欠本）には、法然に帰依し念仏往生をとげた伊豆山（走湯山《そうとうさん》）の尼妙真《みょうしん》を掲載している。編者行仙《ぎょうせん》は上野国《こうずけ》山上《やまがみ》（群馬県勢多郡）に住した念仏者で弘安《こうあん》元年（一二七八）の没である。

伊豆御山の尼、妙真房（没年・年齢記載無し）。勇猛精《しょう》進《じん》の比丘尼《びくに》なり。『法華経』を読誦《どくじゅ》、兼ねて秘密行を修す。後、法然上人に対し、たちまちに余行を捨て一向に念仏す。その功漸《よう》くいたり、常に化仏《けぶつ》を拝す。余人これを知らず。ただ同行《どうぎょう》一人に甚深を語る。ある時告て「我れ明日、申剋往生すべし」と云う。剋限にいたり、端坐合掌、念仏して気絶す。

伊豆山（走湯）権現《ごんげん》を「伊豆御山」と尊称しているのは、頼朝《よりとも》挙兵以来、幕府祈願所として崇敬が厚いことによる。

伊豆山権現が頼朝挙兵成就《じょうじゅ》をいかに加護したのかは、『吾妻鏡』の治承《じしょう》四年（一一八〇）の記事から読み取れる。七月五日、頼朝は挙兵に先立ち、走湯山の住侶文陽房覚淵《かくえん》を招き、「法華経一千部読誦ののち、その中丹《ちゅうたん》を祈願するつもりでいたが、事態が火急なこととなり、転読《てんどく》分八百部で仏陀に啓白《けいびゃく》しようと思う。いかがなものか」と問うた。覚淵は「冥慮《めいりょ》に背くことはない」と答え、仏前に香花を供え旨趣を啓白したという。以下、伊豆山の僧尼の法華経・念仏信仰について考察したい。

尼妙真は『法華経』を読誦し、秘密の行（密教）を修す勇猛精進の伊豆山の尼であったということより、思い浮かぶのが、頼朝の御台所《みだいどころ》（政子）の御経師《ごきょうじ》であった法音尼《ほうおんに》である。八月十八日条によると、頼朝は年ごろ浄不浄《じょうふじょう》を論ぜず、毎日勤行していた。しかし、自今《じこん》以後、戦場では心ならず怠慢になることを嘆いた。政子は、自分の御経師である伊豆山の一生不犯《ふぼん》の尼である法音に、日々の勤行を依頼することをすすめた。所作《しょさ》の目録を使わすと、尼は領状《りょうじょう》した。その目録によると『般若心《はんにゃしん》経《ぎょう》』十九巻（八幡・若宮・熱田等への各一巻、法楽《ほうらく》のため）。『観音経《かんのんきょう》』一巻・『寿命経《じゅみょうきょう》』一巻・『毘沙門《びしゃもん》経《きょう》』三巻・「薬師呪《やくしじゅ》」二十一反・「尊勝陀羅尼《そんしょうだらに》」七反・「毘沙門呪」一百八反（已上《いじょう》は所願成就と子孫繁盛のため）とともに、「阿弥陀仏名」千百反（一千反は父祖頓証菩提《とんしょうぼだい》のため、百反は藤原（鎌田）正清得道《とくど》のため）に依頼している。

伊豆山と浄土宗　専光房良暹《せんこうぼうりょうせん》は、頼朝の年来の師檀《しだん》といい、十月十二日に祖宗《そそう》を崇めるために小林郷北山に宮廟《きゅうびょう》を構え鶴岡《つるがおか》宮を遷したが、その別当職《べっとうしき》に任じられている。翌治承五年元旦の頼朝参詣のさいには『法華経』を供養し、頼朝の亡母忌月仏事にも請僧として出仕し、頼家《よりいえ》誕生のさいの出産の祈禱の験者《げんざ》をつとめた。文治《ぶんじ》元年（一一八五）義朝《よしとも》の首が鎌倉に到着した際には、南御堂《みなみみどう》（勝長寿院《しょうちょうじゅいん》）に安置供養する仏事の沙汰《さた》をしている。熊谷直実《くまがいなおざね》の突然の出家にさいしては、建久《けんきゅう》三年（一一九二）十二月十一日の条によると、すでに法体《ほったい》となり上洛を企てる直実に出家の功徳を説き、草庵に誘い浄土宗の法門を談じ、彼の鬱憤《うっぷん》をなだめて遁世逐電《ちくでん》することを諫めている。

浄蓮《じょうれん》房は、三代将軍実朝《さねとも》のために浄遍（静）僧都《そうず》とともに御所にて法華・浄土宗の旨趣を談義している。和田朝盛《とももり》は彼の草庵において出家した。また元仁《げんにん》元年（一二二四）執権北条義時《よしとき》の中陰《ちゅういん》中に三浦駿河前司義村の修した臨時仏事の導師《どうし》をつとめ「一日頓写《とんしゃ》法華経六部」を供養するとともに、その墳墓堂（新法華堂）供養の導師もつとめている。寛喜《かんぎ》元年（一二二九）秋彼岸の初日には、義村の要請により、竹の御所を招待して、三崎海上において「迎講《むかえこう》」を催している。この浄蓮房が浄土宗の史料に登場する源延《げんえん》だとすれば、『浄土宗略要文《じょうどしゅうりゃくようもん》』奥書（『漢語灯録《かんごとうろく》』）に「建仁四年（一二〇四）二月十七日、黒谷上人伊豆山源延のために集られる所の要文なり」とみえている（菊地勇次郎『源空とその門下』法蔵館、一九八五年）。

このように、伊豆山の僧や尼により法然の念仏、浄土宗の教えが展開していることがうかがえるのであるが、彼らは「浄土宗の教え」を説くが、自身は一向専修の念仏者ではなく、依頼されれば『法華経』を供養するし、様々な祈禱も勤修している。

妙真と熊谷直実　尼妙真の話にもどすと、法然の没年は建暦《けんりゃく》二年（一二一二）正月二十五日なので、妙真が法然に帰依し一向念仏者になったとすると、それ以前のことになる。また「対して」を面授《めんじゅ》と理解すれば、法然の行実からして京都における帰依となる。

往生した年月の記載がなく事実関係の確認ができないのであるが、本伝を継承する『九巻伝』巻四下「尼妙真往生事」では「専ら法花を読誦し、兼ては秘密を修行せり。事の縁によりて上洛せし時、法然上人に参りて、念仏往生の道を承りて後は、たちまちに余行を捨ててひとえに念仏を行ず。その功やゝたけて化仏《けぶつ》を拝する事常にあり……」とする。また『行状絵図』巻二十四（第六段）においても「法華の持者、真言の行人なりき。事のたよりありて上洛のとき、上人の教化にあつかりて後、なかく余行をすてゝ、ひとへに念仏を行す」とする。

図 16　尼妙真の往生
（『法然上人行状絵図』巻二四第六，知恩院所蔵）

先に紹介した『吾妻鏡』では、直実の浄土宗の信仰に大きな影響を与えたのは良暹であったが、『九巻伝』巻四下「熊谷入道往生事」では、走湯山に滞在した京下りの尼であったとして、

右大将家（頼朝）を恨み申事ありて、出家して、法名を蓮生《れんせい》とそ申けれハ、伊豆

国走湯山に参籠《さんろう》しけるか、上人の念仏弘通の次第を京都より下れる尼□の語り申けるを聞ゝて、やかて上洛して先ず澄憲《ちょうけん》法印のもとへ向ひて、見参《けんざん》に入べき由を申入て……。

と記載している。この記事は、走湯山の尼妙真が法然上人へ帰依したという伝承を意識して作成されたものであろう。ともあれ、浄土宗の東国布教において、尼の法然への帰依・念仏信仰が強調されていたことは興味深いことである。

4　東国女性の念仏往生

不例と陰陽師　『吾妻鏡』によると、北条政子が勝長寿院《しょうちょうじゅいん》の奥地に持仏堂《じぶつどう》（「廂《ひさし》の御堂」）のある新御所と、年来の素願であった大姫追善《ついぜん》のための弥勒像《みろくぞう》を本尊とする新御堂を造営したのは貞応《じょうおう》二年（一二二三）八月、六十七歳のときである。その持仏堂において亡くなるのは二年後の嘉禄《かろく》元年（一二二五）七月十一日である。

政子の病気により死亡にいたる経過は、嘉禄元年五月二十九日の「二位家御不例」の記事から始まる。「不例《ふれい》」とは病気のことで、気が増すこと「増気《ぞうき》」であった。増気は医師の薬、陰陽師の神祭、僧侶の祈禱により減じるものとされた。

六月二日には、北条泰時《やすとき》の沙汰として、六名の陰陽師《おんみょうじ》により天地災変《てんちさいへん》祭・呪詛《じゅそ》祭・属星《ぞくしょう》祭・鬼気《きけ》祭・三万六千神祭・熒惑《けいこく》祭・大土公《だいどくう》祭・泰山府君《だいざんぶくん》祭・天曹地府《てんそうちふ》祭などの神祭が行なわれた。翌三日に不例はいささか減じたが、再び様態が悪化したのか五日に重ねて御祈り等が行なわれている。そして八日子《ね》刻には信濃《しなの》僧都道禅《どうぜん》を導師《どうし》として「御逆修《ぎゃくしゅ》」の仏事が勤められた。七日からの増気により、十二日には泰時の沙汰として三万六千神祭があった。

陰陽道の神祭や僧侶による祈禱などによっても気は減じることがなく、悪化するばかりで、看病人たちは臨終を迎える場（「新御所」）への移動の日を相談した。十五日（甲辰）が渡御《とぎょ》の日とされたが、「甲辰日」は憚《はばか》るとの陰陽師の勘申《かんしん》により二十一日に延引された。十六日辰《たつ》剋には「絶入《ぜつじゅ》」（息が絶え入ること）となり諸人が群れをなすこともあったが、さいわいにも復本した。

渡御の日である二十一日（庚戌）の記事がなかなか興味深い。医師行蓮《ぎょうれん》が戌《いぬ》日は憚《はばか》りあると反対したのである。隠岐《おき》入道（二階堂行村）を奉行として、国道以下の陰陽師六人を召して行蓮の説の尋問がなされた。その結果、行蓮の説には根拠がないことが判明した。

その場では一笑にふされたのであるが、政子の様態は晩に及んでもなお絶入であった。時房《ときふさ》と泰時は「路次において定めて事あるかの由」を心配して、重ねて陰陽師六人に尋ねた。彼らは一同に二十六日（乙卯《きのとう》）を択んだ。泰時は「乙卯」は「四不出日《しふしゅつにち》」にあたると心配すると、「四不出日は出行を忌む、今は御移徙《いし》の儀なり、憚《はばか》りあるべからず」と説明したので治定した。しかし、「絶入」状態が続いたためか、二十六日の移徙はなかった。

臨終と葬礼　七月六日に医師交替の記事がある。これまでは九条道家《くじょうみちいえ》の子三寅《みとら》（二歳、四代将軍頼《より》経《つね》）の鎌倉下向に同行して下ってきた権侍医頼経が療治を加えていたが、「御不例の体、その憑《たの》みおわさざるの間、治術の及ぶ所に匪《あら》ざる由」と辞退したことにより、去夜より前権侍医和気定基《わけのさだもと》が療治にあたっているという。

新御所への渡御は、翌八日辰刻に「二品《にほん》東御所に渡御せしめたまう、これ御違例すでに危急の故なり」とみえ、日の吉凶に関係なく行なわれ、十一日丑《うし》刻に亡くなった。『吾妻鏡』に臨終行儀の記載がないのは、「絶入」が続き亡くなったためとも考えられるが、

丑の刻、二位家薨《こう》ず、御年六十九。これ前大将軍の後室、二代将軍の母儀なり。前漢の呂后《りょこう》に同じく天下を執り行はしめたまう。もしはまた神功皇后《じんぐうこうごう》再生せしめ、我が国の皇基《こうき》を擁護《ようご》せしめたまうかと云々。

との死亡記事からして、編者の判断により、政子を神格化するためにあえて記載しなかったとも推測できる（初出『六代勝事記』）。政子死亡の披露は翌十二日寅《とら》刻にあり、多くの男女が出家したが、最前に二階堂行盛が素懐をとげた。戌《いぬ》刻に御堂御所の地で火葬にされたが、葬礼の事は前陰陽助親職朝臣の沙汰によったが、自身は参らず門生有秀があたった。

義時と臨終の念仏　『吾妻鏡』によると、北条義時は、その前年である元仁《げんにん》元年（一二二四）六月十三日、六十二歳で亡くなった。その病気と出家・臨終の経過を記すと、六月十二日辰剋義時病悩、日頃は心神違乱することがあっても殊《こと》なる事はなかったが、今度はすでに危急におよんだ。陰陽師を

請《しょう》じ卜筮《ぼくぜい》をさせると、一同に「大事あるべからず、戌剋には減気に属される」と占った。しかし、減気のため、天地災変祭・三万六千神祭・属星祭・如法泰山府君祭を勤めさせた。祭具物などはことに如法に準備し、十二種の重宝、五種の身代《みがわ》り（馬牛・男女・装束など）などが整えられた。

しかし、その効果はなくいよいよ危急となった。十三日には病痾は獲麟《かくりん》（臨終）におよび、重時を使いとし将軍頼経に許しをえて寅《とら》剋に落飾《らくしょく》、ついにもって御卒去（御年六十二）されたと記している。それにつづき、臨終を迎えた義時が善知識《ぜんちしき》の助けにより念仏を唱えたことが「昨朝より相続して弥陀宝号を唱えられ、終焉《しゅうえん》の期におよぶまでさらに緩《おこた》りなし。丹後律師《りっし》（頼暁《らいぎょう》）、善知識としてこれを勧めたてまつる。外縛《げばく》の印を結び、念仏数十反の後寂滅す。誠にこれ順次往生《じゅんじのおうじょう》と謂うべきか」と記載されている。

この臨終の儀礼は、後白河法皇崩御《ほうぎょ》を伝える『吾妻鏡』建久三年（一一九二）三月十六日の「大原の本成房《ほんじょうぼう》上人を召し御善知識として、高声の御念仏七十反、御手に印契《いんけい》を結び、臨終正念《りんじゅうしょうねん》、居ながら睡《ねむる》がごとく遷化《せんげ》」との記事と一致する。墳墓は頼朝の法華堂の東の山上が択ばれ、葬礼の沙汰は陰陽師知輔朝臣《あそん》が行なった。

北条政子と義時の死亡記事を紹介したのであるが、『吾妻鏡』による限りにおいては、院政期貴族社会と同様に、増気は医師の薬や陰陽師の神祭、僧侶の祈禱により減じるものとされた。ただし、死相、凶相《きょうそう》が確認されると、彼らは祈禱や治療を中止し、陰陽師の卜筮により臨終の時期が占われ、病人は臨終行儀の施設へと移され「仏の世界」へ旅立つ儀礼が行なわれた。その移動中に亡くなり臨終行儀ができないことを怖れた看病人たちは、陰陽師にしばしば卜筮させた。看取《みと》る人は、その病の苦しみ、臨終の様子から、怨霊《おんりょう》となり祟《たた》ることをなによりも怖れ、病苦が短く、やすらかに死を迎えることに安堵《あんど》したのであった（山中裕・鈴木一雄編『平安時代の信仰と生活』〈国文学解釈と鑑賞別冊〉至文堂、一九九一年、至文堂、同『平安時代の儀礼と歳時』至文堂、一九九一年、水藤真『中世の葬送・墓制』吉川弘文館、一九九一年、勝田至『死者たちの中世』吉川弘文館、二〇〇三年）。

法然と北条政子　『西方指南抄』巻中末二（一二）に、法然が政子に宛てたとされる「鎌倉の二品比丘尼への御返事」が収録されている。内容は、「念仏の功徳」についての質問に対する返答であり、念仏が現当二世の祈りとなることを述べたものである。

関東における念仏批判については、「念仏を信ぜざる人々の申候なる事」「専修念仏を申とゞめむとつかまつる人は……」「念仏のものをみれば腹立ち……」と記載し、そして、彼ら誹謗《ひぼう》者への対応については「あながちに信ぜざらむ人をば、御すゝめ候べからず」「念仏の人にあひて論じ、あらぬ行の異計の人びとにむかひて執論すべからず」と説いている。また、専修念仏が現当の祈りとなることについては、「ただ念仏ばかりこそ、現当の祈禱」「六字をとなふるに、一切をおさめて候なり」「専修の念仏は、現当のいのりとなり候なり」とくり返し説いている。

法然のこの念仏の功徳についての返事が、「一切の聖教」を照らし合わせてのものであることが

「源空、この朝にわたりて候仏教をも、随分ひらきみ候えども」「随分に震旦《しんたん》・日本の聖教をとりあつめて」と、これもくり返し述べられている。

法然は建暦二年（一二一二）正月に亡くなったので、史実とすれば、それ以前の成立でなければならない。はたして、法然の生存中に関東において専修念仏が流布し、その教化活動が偏向したものであるとして幕府や在地領主、諸宗から非難されて、

人々が堂を建て、仏を造り、経を書き、僧を供養する事は「雑善根」であるが、批判しないで、むしろ心乱れず慈悲をおこして勤めるように勧めなさい。ただ、念仏の行は行《ぎょう》住《じゅう》坐《ざ》臥《が》、時《じ》処《しょ》諸《しょ》縁《えん》をえらばず、身口の不浄も嫌わない行であるので、「楽行往生《らくぎょうおうじょう》」と申し伝えています。

と語る必要がある状況にあっただろうか。先に示した走湯山の「浄土宗」の状況、『吾妻鏡』にみえる政子・義時の信心や供養、病と臨終の経過、さらに二人の中陰仏事や追善のための写経・造塔供養からしても、そのようなことは一向に考えられないのである。

法然の消息　法然と政子との交流は否定しなければならないのであるが、それではなぜこのような消息が『西方指南抄』に、法然の消息として収録されているかということである。

実はこの消息においては、『選択本願念仏集』における法然の解釈を、法然の語った言葉として執筆されているため、法然の消息と理解されてきたためである。

たとえば、念仏誹謗者は、法然は熊谷入道や津戸《つのと》三郎は無智であるので余行をさせず、念仏ばかり

を唱えることを勧めているのだと批判している。これにたいして法然は、念仏の行は有智・無智をえらばず、弥陀の昔誓われた大願はあまねく一切衆生のためである。阿弥陀仏が無智の人のために念仏を願とし、有智の人のために余行を願とされなかったのは、十方世界の衆生のための教えだからである。有智・無智、善人・悪人、持戒・破戒、貴・賤、男・女をへだてず、仏の在世の衆生、釈迦末法万年の後に三宝みなうせて後の衆生まで「ただ念仏ばかりが現当の祈禱とはなり候」と述べている。これは『選択本願念仏集』第三「念仏往生本願篇」を消息文に仕立てたものである。

また、弥陀の化身である善導和尚が、ことに一切聖教に鑑《かんが》みて専修念仏を勧められたのも、一切衆生のためだと語り、往生の道を尋ねる人には「有智・無智を論ぜず、ひとえに専修念仏をすすめ候なり」と答えている。そのような一切衆生のための教えである専修念仏を止めようとする人は、前世で念仏三昧の得道《とくどう》の法門を聴聞《ちょうもん》しなかったためであり、後世にはまたさだめて三悪道《さんあくどう》に堕ちることになる。このことは聖教に広く見えているとして、善導の『法事讃《ほうじさん》』下巻を引用しているが、これも第十六章「弥陀名号を以て舎利弗《しゃりほつ》に付属篇」を消息文としたものである。

そのほかの『西方指南抄』に収録する「法然の消息」も『選択本願念仏集』の教えを説くための「談義本」としての性格が指摘できるのである。それが法然伝の詞書として採用されると、宛人の往生伝となることがある。この政子宛返事も『行状絵図』巻二十五（第一段）では、鎌倉の二品禅尼《にほんぜんに》（金剛戒《こんごうかい》）の帰依はもっとも深いものであり、蓮上房尊覚《れんじょうぼうそんかく》を使いとして、念仏往生の事を尋ねられた

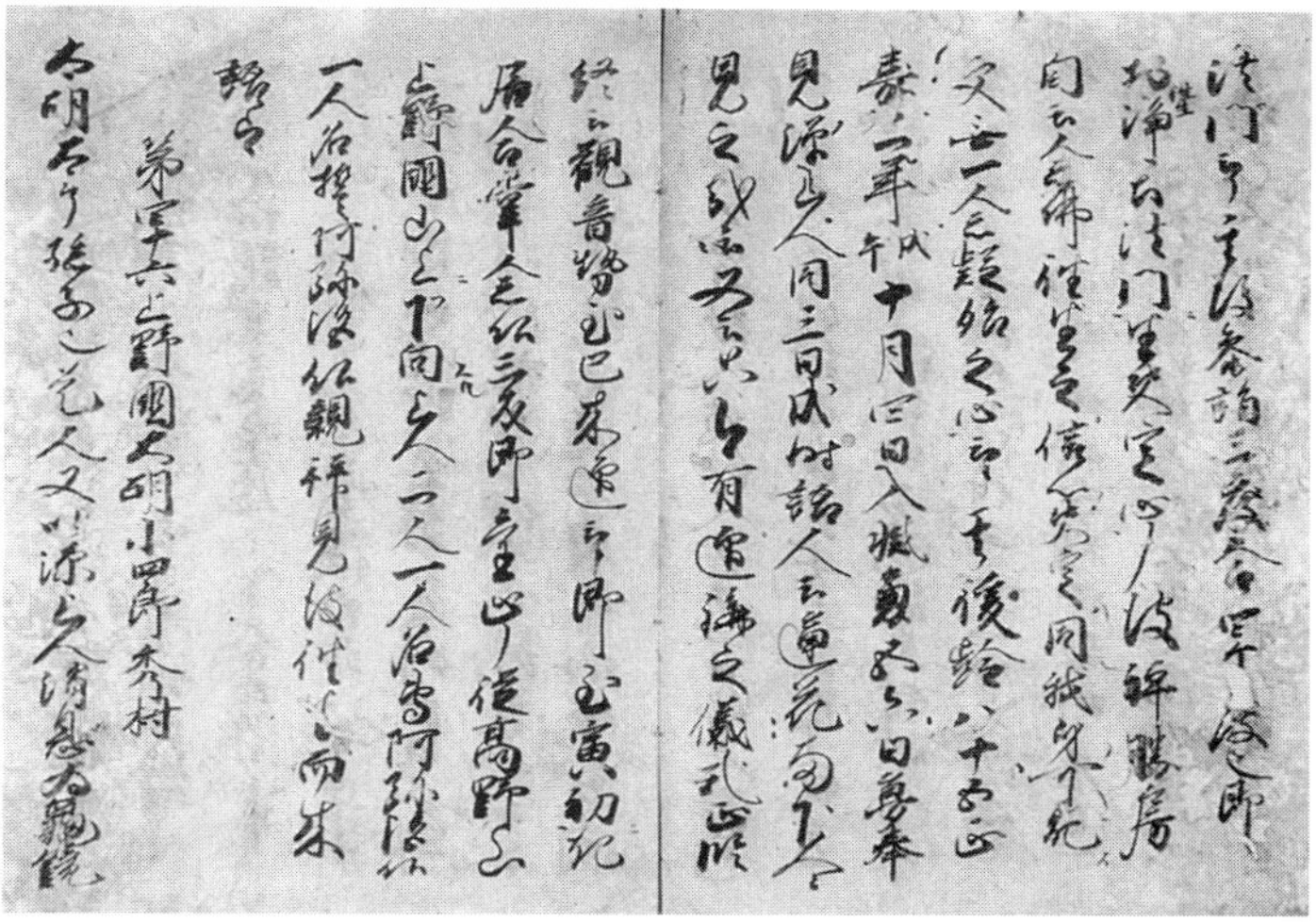

図 17　『念仏往生伝』（称名寺所蔵，神奈川県立金沢文庫保管）

ことに対する返事だとして掲載している。

信心と往生　『念仏往生伝』（残欠本）からは十七名の往生人の記録が読み取れる。そのうち女性の往生人は上記の尼妙真を含めて七名であるが、その信心と臨終の記載を紹介したい。

◇武蔵国吉田郷の尼。建長《けんちょう》五年（一二五三）十二月十日没。六十八歳。

《信心》生年四十七にて出家、念仏の功を積む。《臨終》生年六十八の建長五年十一月六日より持病おこる。同九日、子息の入道に「去る九月十一日暁、恒河《こうが》の聖衆囲繞《いにょう》す、夢の如し幻の如し。また昨日より常に青蓮華《しょうれんげ》合て眼前にあり」と語る。十二月十日「合眼の時、善導和尚が枕上に立ち、また青蓮華合を見る。この時心いよいよ清冷《せいれい》にして身ますます平安」と、戌《いぬ》刻には「臨終ただ今にあらず。卯時《う》、これその期なり。その故は、仏菩薩常の迎講の儀式の如く尚遠く立ち給うが故なり」と語る。子剋《ね》には「居し念仏して、臨終ようやく近し、仏すでに近し」と語り、そののち高声念仏不退にして、卯の始に音止みてのち、念□の口、なお二十余遍動き、気止る。在世のあいだの種々の異相、外人《ほかびと》に語らず、自ら記して秘す。

◇上野国淵名《ふちな》庄波志江《はしえ》の市、小中次太郎の母。建長六年（一二五四）春没。八十二歳。

《信心》兼ねて一七日、高声念仏をおこたらず。《臨終》最後の臨終は、端坐し合掌す。金色《こんじき》の光明、遥《はる》か西方より来りて葦墻六重を徹して照らす。また人々は紫雲の瑞を見て称美する。

◇同所（上野国）布須嶋《ふすじま》の尼。（後半欠）。

《信心》年来の念仏者で、信心ことに深し。剰《あまつ》さえ、もし病者あらば、念□以て（以下欠）。

◇武蔵国阿保の比丘尼。（没年・年齢記載無し）。

《信心》多年の念仏者である。《臨終》臨終の期にいたり、自ら「浄土の蓮華、すでに雨下る」と語る。また「我が前、瑠璃《るり》地となり、人間水の如し」と。光明が来て照らし、諸人は音楽を聞いた。

◇比丘尼青蓮。建長（見セ消チ、傍書「保」）三年（一二五一）九月八日没。七十七歳。

《信心》上野国の住人、のち夫の縁により武蔵国に住む。世□の隙に常に『法華経』を読誦して一千部を満つ。夫夭亡《ようぼう》ののち出家、五十九歳以後は善知識の勧めで一向に称名する。七十三の齢にいたって夜光明を見たが、日輪の如く南方より来て照した。……空に声あり「摂取の光明、所処をえらばず」と。そののち信心堅く、□外人に語らず。《臨終》七十七歳の夏、五月のころ、始めて、舎弟の僧と子息の尼に「八月二十八日より老病□催し、九月七日にいたって所悩平愈《へいゆ》す。ほぼ尋常となり沐浴潔斎《もくよくけっさい》す」と語る。知識の僧に「仏、すでに来迎《らいごう》す」と語り、僧が「仏、何方にあるか」と問うと、指をもって空をさした。また戌時、西方に光明ありと述べた。或は□指数を取り、或は合掌□額念仏する。八日□時にいたり、自ら起居し五色の糸を取り、名号を唱えて声ごとに礼を作した。すなわち十念十礼である。そののち□念仏三十返、眠るが如く気止む。

◇同国（上野国）細井の尼。文応《ぶんおう》元年（一二六〇）夏のころ没。（年齢記載なし）。

《信心》新平三入道の妹尼で、天性道心あり。盛年のころ、夫の手を辞し兄入道について世間を渡る。《臨終》老後、天下同じく病死の人多し。この尼もすでに病を受けて危急に及んだ。二手を挙げて物を受け取ろうとする体（しぐさ）をするので、看病の人が理由を問うと、「蓮華雨下る。その体微妙にして、人間の花に異なる。よって受け取ろうとするところ」と答えた。最後は言葉なく、花を受ける手はなおまた前のようであったので、人々は往生人と称した。

東国社会と浄土宗　特色として指摘できることは、一つは往生人の「年齢」についてである。七名の女性のうち、小中次太郎の母以外の六名は尼（出家者・在家尼）である。四名の没年が記載されているが、その期間は建長三年（一二五一）から文応元年（一二六〇）までである。

三名は年齢も記載されているが、吉田郷の尼は六十八歳、小中次太郎の母は八十二歳、比丘尼青蓮は七十七歳と驚くほどの高齢である。記載がない細井の尼も「老後」とあるので高齢での往生である。年齢・没年の記載はないが、布須嶋の尼や阿保の比丘尼も「年来の念仏者」「多年の念仏者」ということより、二人とも往生は老齢となってからのことである。日々の生活を念仏とともに送り、人生を全うした女性を往生人として記録しているのであり、一人も若年で死亡した女性を往生人として掲載していないのである。

二つは、臨終の儀式と念仏、また往生人の見た仏の来迎や瑞相、人々が往生人と認める奇瑞についてである。儀式においては、「迎講」や「五色の糸を取り、名号を唱う」こと。また、臨終の念仏では、先に紹介した法然の臨終場面「一息とどまるといへど……手足ひへたりといへども、唇舌うごかす事数遍なり」とか「仏号を唱えて眠るがごとく」とよく似た表現がみられ、高声念仏にして不退、端坐合掌して往生をとげている。臨終の瑞相にしても、「紫雲の瑞」「種々の異相、外人に語らず」「金色の光明」「諸人音楽を聞く」といった奇瑞を紹介しているが、これらは第2節において紹介した法然の臨終場面の叙述と類似している。

本章において「布教」史料として提示した史料のほとんどには「ふりがな」がふってある。何度も読みかえすことで、信心を深めていったのであろう。いずれにしても、法然の臨終や女性への夢告とよく共通していて、これら女性の往生の記載は、浄土宗の布教活動において説かれた念仏信仰にもとずくものだと確信できるのである。

在家の念仏者に「修行」の意識はない。東国社会に受容された浄土宗の念仏の特色は、たんに死が近づき「往生」のためにだけ唱える念仏ではなく、念仏信仰が日々の生活とともにあることである。その意味では、生活のなかに諸宗の仏事儀礼が基盤として存在した貴族社会と、生活のなかに仏事儀礼が希薄であった東国の田舎とでは、「専修念仏」の布教活動も異なるのはごく当たり前である。東国の田舎の人びとにおいては、院政期に成立した往生伝や浄土教美術にみられる「極楽浄土」への憧憬《しょうけい》よりも、本論で考察したような老病と死苦からの解放を願った信心として「浄土宗の念仏」が求められ、受容されたものであるといえよう。

七　法然の教化とその消息

中野正明

1　法然消息の全容

自筆書状　現存の法然自筆書状として以前から知られているものに、嵯峨清凉寺《せいりょうじ》所蔵五月二日付熊谷直実《くまがいなおざね》宛書状があるが、ほかに自筆の書状がないためその真偽については定まっていなかった。ところが、昭和三十七年奈良興善寺《こうぜんじ》の阿弥陀如来立像胎内《りゅうぞうたいない》から、数点の門弟の書状とともに三点の正行房《しょうぎょうぼう》宛法然自筆書状断簡《だんかん》が発見され、とくにこの懸紙《かけがみ》に記される署名「源空《げんくう》」と嵯峨清凉寺所蔵法然書状の署名との筆跡の一致により、双方がともに真蹟であるとの評価を受けることになった。

この興善寺文書発見の意義は非常に大きい。従来ともすると法然は筆をとることを嫌ったのではないかとさえ憶測されてきたからである。それは法然自筆のものがほとんど現存していないためである。したがって、後述する『和語灯録《わごとうろく》』『西方指南抄《さいほうしなんしょう》』に収載する各消息の信憑性《しんぴょうせい》についてもどちらか

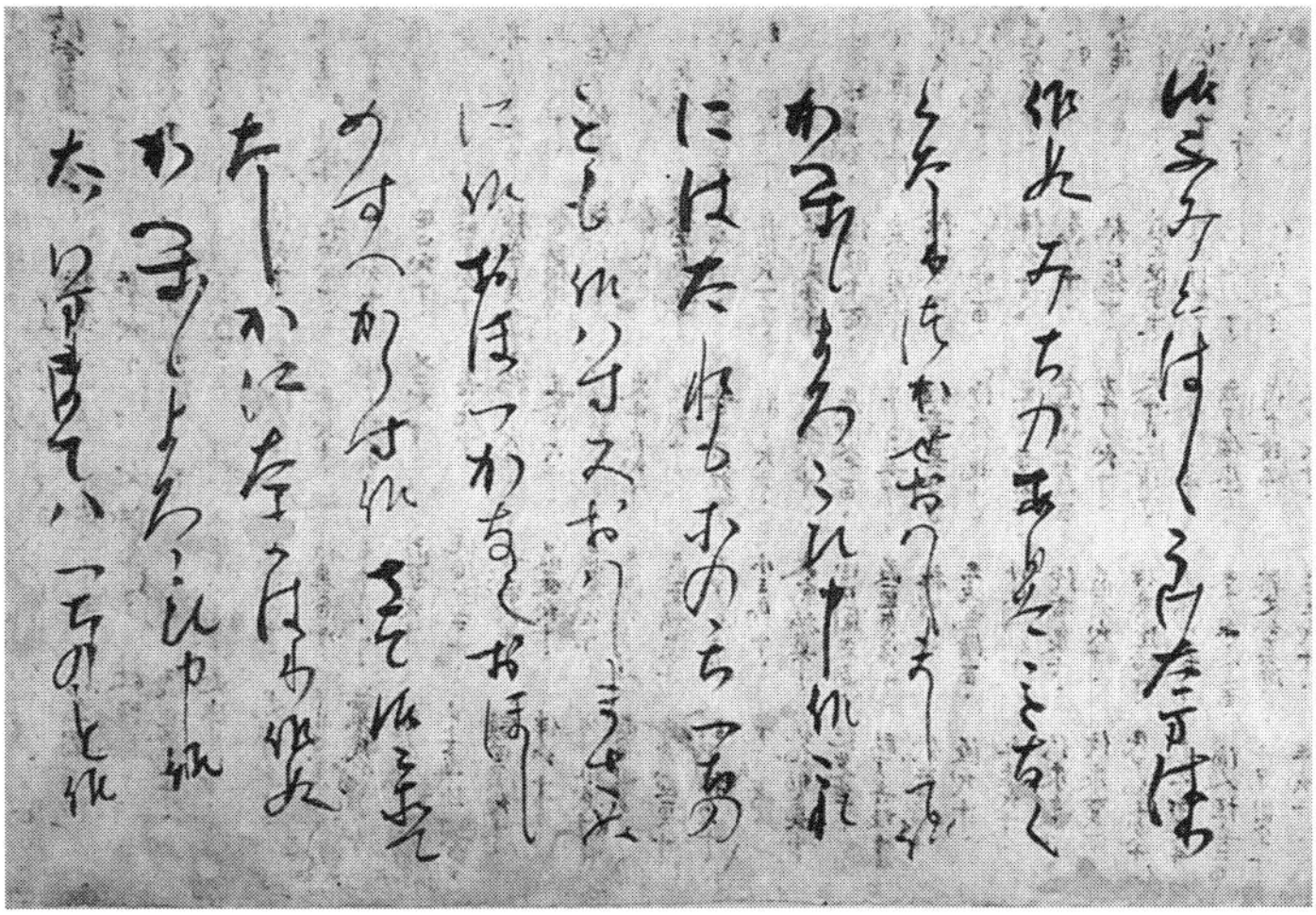

図 18　『奈良興善寺文書』正行房宛法然自筆書状断簡の冒頭部分
（奈良県奈良市興善寺所蔵）

というと疑問視されてきた。それがすべてとは言えないまでもある一定の評価が受けられるようになった。筆跡については、嵯峨清涼寺文書も奈良興善寺文書のどちらの方も、法然の強い信念と温和な人間性が垣間見られる。

『西方指南抄』所収の消息　今日伝来する法然消息のほとんどは、康元《こうげん》元年（一二五六）から翌二年にかけて親鸞によって書写された『西方指南抄』（以下、『指南抄』と称す）と、後述の『黒谷上人《くろだにしょうにん》語《ご》灯録《とうろく》』に収載されている。『指南抄』は現在高田専修寺《せんじゅじ》に所蔵されるが、親鸞によって編集されたものというよりも、法然の弟子によって編集されたものを底本《ていほん》に親鸞が書写した転写本《てんしゃぼん》であると思われる。したがって、『指南抄』は法然の遺文集としての性格を持っているものであるから、法然消息の所収点数が多いのは当然である。

そこで、『指南抄』に所収される消息の題目を所収順序にあげると次のとおりである（各題目は『親鸞聖人真蹟集成』第六巻巻末平松令三氏解説を参考に筆者が付題した）。

◇鎌倉の二品比丘尼《にほんびくに》へ御返事―a
◇念仏の事御返事―b
◇おほごの太郎宛御返事―c
◇しやう如ぼう宛御消息―d
◇故聖人の御坊の御消息―e
◇聖人御坊の御返事の案―f
◇法語（末代の衆生《しゆじよう》を云々）―g
◇九条殿北政所《きたのまんどころ》御返事―h

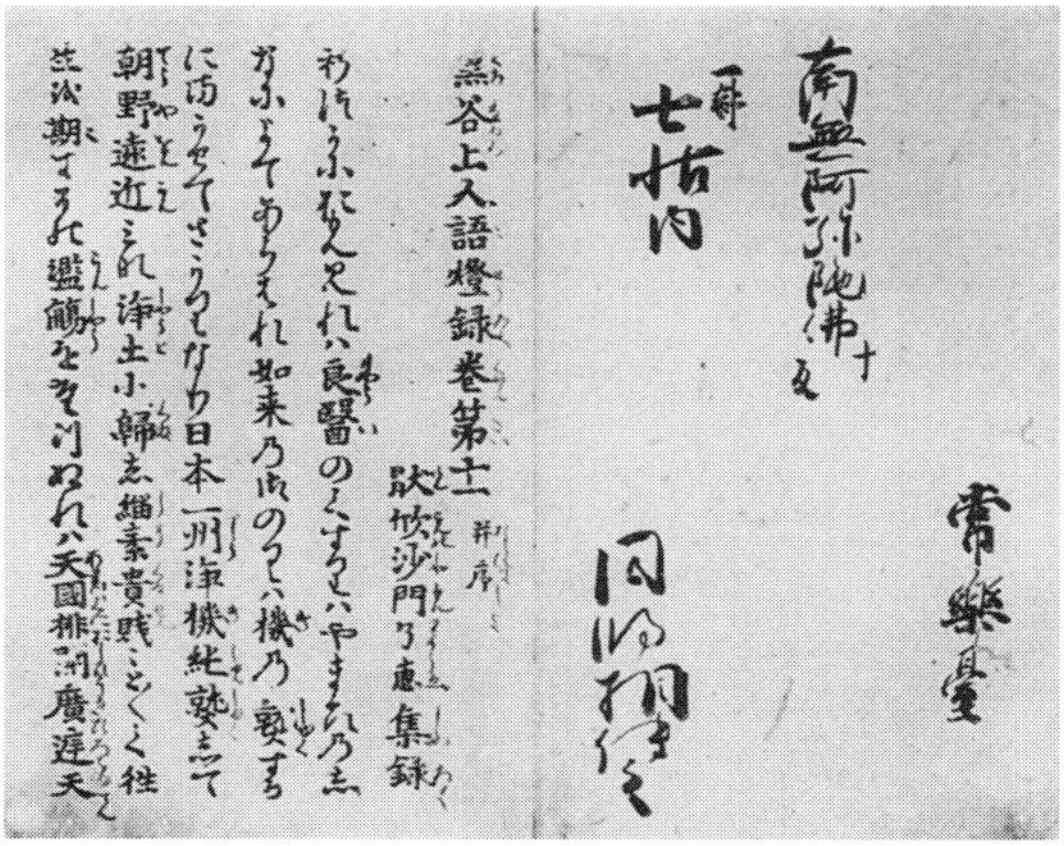
南無阿弥陀仏
七箇条
黒谷上人語燈録巻第十一
厭欣沙門了恵集録

図19　元亨版『黒谷上人語灯録』冒頭部分
（龍谷大学大宮図書館所蔵）

◇九月十六日付御返事―i
◇つのとの三郎宛御返事―j

『黒谷上人語灯録』所収の消息

文永《ぶんえい》十一年（一二七四）から翌十二年に然阿良忠《ねんなりようちゆう》の門弟了恵道光《りようえどうこう》によって法然の遺文集として編纂《へんさん》された『黒谷上人語灯録』（以下、『語灯録』と称す）にも多数の法然の消息が収載されている。『語灯録』には漢文体の遺文を集録した『漢語灯録《かんごとうろく》』、和文体の遺文を集録した『和語灯録』と、補遺《ほい》として編集された『拾遺《しゅうい》語灯録』(漢文体の『拾遺漢語灯録』と和文体の『拾遺和語灯録』とに分かれる)とが存する。このなかから消息のみを抜粋し題目を所収順序に掲げることにする(題目は『漢語灯録』は恵空本、『和語灯録』は元亨版《げんこうばん》、『拾遺漢語灯録』は大徳寺本《だいとくじぼん》、『拾遺和語灯録』は元亨版にそれぞれ拠る)。

『漢語灯録』

◇遺北陸道書状―a
◇遺兵部卿基親《ひょうぶのきょうもとちか》之返報―b
◇遺或人之返報―c

『和語灯録』

◇浄土宗略抄―a
◇九条殿下の北政所へ進する御返事―b
◇鎌倉の二位の禅尼《ぜんに》へ進する御返事―c
◇大胡太郎《おおごのたろう》へつかハす御返事―d
◇大胡太郎実秀か妻室のもとへつかハす御返事―e
◇熊谷の入道へつかハす御返事(九月十六日付)―f
◇津戸《つのと》の三郎入道へつかハす御返事(九月十八日付)―g
◇黒田の聖人へつかハす御文―h
◇越中国光明房《えっちゅうのくにこうみょうぼう》へつかハす御返事―i
◇正如房《しょうにょぼう》へつかハす御文―j

『拾遺語灯録』

◇御教書《みぎょうしょ》御請—a

◇示或人詞—b

◇津戸三郎へつかはす御返事(十月十八日付)—c

◇津戸三郎へつかはす御返事(九月二十八日付)—d

◇津戸三郎へつかはす御返事(四月二十六日付)—e

◇示或女房法語—f

◇御消息—g

◇ある人のもとへつかはす御消息—h

◇熊谷の入道《にゅうどう》へつかはす御返事(五月二日付)—i

◇熊谷の入道へつかはす御返事(四月三日付)—j

◇往生浄土用心—k

伝記所収の消息　法然には二〇種類以上もの伝記があるが、この各種法然伝のうち法然の消息を収録するものとして、とくに『九巻伝』と『法然上人行状絵図』(以下『行状絵図』)をあげることができる。これらは前掲の『語灯録』を参考に収載したものが多いようであるが、両伝記に収載される法然の消息の題目をそれぞれ所収順序にあげると次のとおりである(『昭和新修法然上人全集』第三輯「消息篇」に拠る)。

『九巻伝』

◇津戸の三郎へつかはす御返事(九月十八日付)—a

◇津戸三郎へつかはす御返事(九月二十八日付)—b

◇九条兼実の問に答ふる書—c

◇津戸三郎へつかはす御返事(十月十八日付)—d

◇津戸三郎へつかはす御返事(戒・袈裟《けさ》等乞《こ》はれける時の消息)—i

◇津戸三郎へつかはす御返事(念珠《ねんじゅ》を所望《しょもう》しける時の消息)—j

◇大胡太郎実秀へつかはす御返事―e
◇津戸三郎へつかはす御返事(八月二十四日付)―f
◇基親卿に遣はす御返事―g
◇遣北陸道書状―h

『行状絵図』
◇九条殿下の北政所へ進ずる御返事―a
◇正如房へつかはす御返事―b
◇黒田の聖人へつかはす御文―c
◇御消息―d
◇往生浄土用心―e
◇法性寺《ほっしょうじ》左京大夫《さきょうのだいぶ》の伯母なりける女房に遣はす御返事―f
◇鎌倉の二位の禅尼へ進ずる御返事―g
◇大胡の太郎実秀が妻へつかはす御返事―h
◇熊谷の入道へつかはす御返事(五月二日付)―i
◇熊谷の入道へつかはす御返事(四月三日付)―j
◇津戸三郎へつかはす御返事(或時の消息)―k
◇津戸三郎へつかはす御返事(真影《しんえい》を所望しける時の消息)―l
◇津戸の三郎へつかはす御返事(九月二十八日付)―l
◇津戸三郎へつかはす御返事(十月十八日付)―m
◇津戸三郎へつかはす御返事(念珠を所望しける時の消息)―n
◇津戸三郎へつかはす御返事(或時の消息)―o
◇基親卿に遣はす御返事―p
◇越中国光明房へつかはす御返事―q
◇遣北陸道書状―r
◇津戸三郎へつかはす御返事(八月二十四日付)

◇津戸の三郎へつかはす御返事（九月十八日付）—k

◇遺空阿弥陀仏書—t

—s

さらに、法然の代書と見られるものとして、奈良興善寺所蔵の十二月四日付正行房宛証空《しょうぎょうぼうしょうくう》書状断簡《だんかん》、二月付正行房宛証空書状、同じく年月日未詳正行房宛証空書状断簡、嵯峨清涼寺所蔵四月三日付熊谷直実《なおざね》宛証空書状などがあげられるが、師法然の意をうけて筆を執ったものであり、これらも内容は法然のものと受けとめ法然書状の範疇《はんちゅう》に入れて考えることにする。

法然消息の一覧　以上がおよそ今日伝来する法然消息の全容である。『指南抄』や『語灯録』の編集事情を考慮すると当然なことであるが、かなりの割合で同じ消息を収載している。そのなかには清涼寺所蔵文書などの原物や写本類の記述と一致するものも存する。そこで、これらの共通性を明確にするために、消息それぞれの所収文献の一覧表を作成して掲げておく。従来、『指南抄』『語灯録』あるいは『昭和新修法然上人全集』『親鸞聖人真蹟集成』『定本親鸞聖人全集』『定本法然上人全集』などにおいて、題目の呼び方に一貫性がなかったため、ここで筆者の私見ではあるが一定の様式に拠って統一を試みた。なお、表中のアルファベット符号は前掲各所収本との題目照合に際する便宜を考えて付したものである。また、それぞれに所収巻数を傍らに註記した。

この表を見ると、従来法然関係の史料が少ないといわれるのが通例であったが、自筆書状が数点あり、『指南抄』『語灯録』などの遺文集によって蒐集《しゅうしゅう》所収され、それらが基礎となって伝記類に収載されていく過程がよく理解できる。その後何かしらの事情によって多くの自筆本が伝わらなくなったのであろう。

2　消息の教化内容

対機説法《たいきせっぽう》　法然の法語には『醍醐本《だいごぼん》』「一期物語《いちごものがたり》」をはじめ、『和語灯録』「要義問答《ようぎもんどう》」「十二問答」「十二箇条の問答」「一百四十五箇条問答」などのように問答形式として伝えられるものが多いが、伝存する消息においてもほとんどが質問に答えた内容のものである。

法然には前掲のとおり三七通の消息が伝えられるが、このうちまず関東の御家人《ごけにん》及びその周辺に宛てたものをあげると北条政子《ほうじょうまさこ》宛消息が二通、熊谷直実宛消息が四通（証空代筆のもの一通を含む）、津《つ》戸《と》三郎為守《ためもり》宛消息が九通、大胡《おおご》太郎実秀《さねひで》とその妻宛消息が計二通というように全体の半数近くを占めている。ほかには正如房式子内親王《しょうにょぼうしきしないしんのう》宛消息一通、九条兼実《かねざね》とその妻室宛消息が計三通、平基親《たいらのもとちか》宛消息が一通、藤原信実《ふじわらののぶざね》伯母女房宛消息が一通というように皇室・貴紳へのもの、また正行房宛消息六通（証空代筆のもの三通を含む）をはじめ、黒田聖人《くろだのしょうにん》、光明房、空阿弥陀仏ら門弟へのもの、さらには某人宛消息五通となっている。このうち女性への消息は正如房式子内親王へのものをはじめ計六通ということになるが、このことは女人往生《にょにんおうじょう》を説いた法然の教化の特徴を語っているものと言える。

内容を見ていくと消息の相手によってあるいは質問の内容に配慮しながら、専修《せんじゅ》念仏すなわち称《しょう》

表1　法然書状所収文献照合一覧表

題目	年月日	原本写本	西方指南抄	黒谷上人語灯録 漢語	黒谷上人語灯録 和語	黒谷上人語灯録 拾遺	九巻伝	四十八巻伝	その他
熊谷直実宛書状	五月二日	○				i ○ 下		i ○ 27	
熊谷直実宛書状	九月一六日		i ○ 下末		f ○ 4				
熊谷直実宛書状	建永二年正月朔日	○							清浄華院文書・蜷川家文書・真如堂縁起
正行房宛書状断簡Ⅰ		○							
正行房宛書状断簡Ⅱ		○							
正行房宛書状断簡Ⅲ		○							
九条兼実宛書状Ⅰ	二月二一日					a ○ 上			
九条兼実宛書状Ⅱ							c ○ 3-上		
九条兼実室宛書状			h ○ 下末		b ○ 3			a ○ 19	
正如房宛書状			d ○ 下本		j ○ 4			b ○ 19	
平基親宛書状	八月一七日		f ○ 下本	b ○ 10			g ○ 6-下	p ○ 29	
藤原信実伯母某女房宛書状						f ○ 中		f ○ 24	
北条政子宛書状Ⅰ			a ○ 中末		c ○ 3			g ○ 25	
北条政子宛書状Ⅱ					a ○ 2				
津戸三郎為守宛書状	四月二六日					e ○ 中			
津戸三郎為守宛書状	八月二四日						f ○ 6-下	s ○ 35	
津戸三郎為守宛書状	九月一八日		j ○ 下末		g ○ 4		a ○ 3-上	k ○ 28	
津戸三郎為守宛書状	九月二八日					d ○ 中	b ○ 3-上	l ○ 28	

津戸三郎為守宛書状	一〇月一八日					c○中	d○4−下	m○28	
津戸三郎為守宛書状断簡Ⅰ（戒・袈裟乞われる時の書状）							i○9−下		
津戸三郎為守宛書状断簡Ⅱ（念珠を所望の時の書状）							j○9−下	n○28	
津戸三郎為守宛書状断簡Ⅲ（或時の書状）							k○9−下	o○28	
津戸三郎為守宛書状断簡Ⅳ（真影所望の時の書状）							l○9−下		
大胡太郎実秀宛書状	三月一四日		c○下本		d○3		e○5−下		
大胡太郎実秀妻宛書状			b○下本		e○4			h○25	専修寺文書
黒田聖人宛書状			g○下末		h○4			c○21	
光明房宛書状			e○下本		i○4			q○29	
空阿弥陀仏宛書状	三月一〇日			c○10				t○48	
北陸道某人宛書状	承元三年六月一九日			a○10			h○6−下	r○29	琳阿本
某人宛書状Ⅰ						b○中			
某人宛書状Ⅱ						g○下		d○22	
某人宛書状Ⅲ						h○下			
某人宛書状Ⅳ						k○下		e○23	
熊谷直実宛証空書状	四月三日	○				j○下		j○27	
正行房宛証空書状	二月ヵ	○							
正行房宛証空書状断簡Ⅰ	一二月四日	○							
正行房宛証空書状断簡Ⅱ		○							

名《みょう》の一行《いちぎょう》を勤めることの重要性を説き勧めている。『行状絵図』巻二十に、法然が盗賊であった天野《あまの》四郎《しろう》に念仏の安心《あんじん》を説いたことについて「さる旧盗人と聞置て侍《はべり》しほどに、対機説法（人を見て法を説くこと）して侍き、一定《いちじょう》心得たりげにこそ見えしか」とあるが、対機説法こそまさに法然の真骨《しんこつ》頂《ちょう》ということができる。

熊谷直実宛　嵯峨清涼寺に所蔵される五月二日付の法然自筆書状は、ほかにも『拾遺和語灯録』『行状絵図』に収載されていて、早くから法然自筆と伝えられていたが、比較するものがないため真偽については留保されたきた。それが奈良興善寺文書の発見によって筆跡鑑定が可能となり、両方が法然の自筆と確認されるようになったわけであるがその意義は大きい。

内容的には直実から親への孝養《きょうよう》について質問があったのか、念仏の行は本願《ほんがん》の行であるが持戒《じかい》・誦経《じゅきょう》・誦呪《じゅじゅ》・理観《りかん》などは本願の行ではないとし、極楽を願う者はまず本願の行をつとめなければならないと言い、もし念仏に暇《いとま》があれば善根《ぜんごん》をつとめてもよいとして不淫戒《ふいんかい》・不瞋戒《ふしんかい》・孝養・迎接曼《ごうしょうまん》荼羅《だら》などをあげている。そして、孝養は仏の本願の行ではないが八十九歳の親に孝養を行ない往生を待つようにと言っている。

九月十六日付の消息は『指南抄』『和語灯録』に収載される。弥陀の本願は深いものであるから真《しん》実心《じっしん》による念仏を怠らなければ極楽往生は疑いないと言っている。直実から往生決定《けつじょう》に関する質問があったのであろう。

さらに一点、清浄華院《しょうじょうけいん》文書・蜷川《にながわ》家文書・真如堂縁起《しんにょどうえんぎ》などに収載される、金色《こんじき》の名号《みょうごう》に関係する建永二年正月朔日《ついたち》付書状があるが、これは後世の教団史の展開のなかで作成されたものとの見方が穏当であろう。

熊谷直実といえば、源平の合戦に武勇をあげたが久下《くげ》直光《なおみつ》との境界相論に敗れ髻《もとどり》を切って走湯山《そうとうさん》に逐電《ちくてん》し、その後上洛《じょうらく》して法然の室に入り蓮生《れんせい》・法力房《ほうりきぼう》などと名乗って熱心に念仏の行に励み、上品《じょうぼん》上生往生《じょうしょうおうじょう》の立願文《りつがんもん》を書いて予告往生《よこくおうじょう》を遂げようとするなど鎌倉武士の勇猛さを窺わせる。法然もこうした直実からの質問に対して、その往生を気にして自筆で返事を書き送ったのである。

正行房宛　奈良興善寺文書に証空・円親《えんしん》・欣西《ごんさい》・親蓮《しんれん》ら門弟の書状とあわせて三点の正行房宛書状がある。いずれも断簡であり全体が窺えないことは残念であるが、法然自筆の書状が発見されたことは法然研究にとって画期的なことであった。

正行房が京都から奈良に無事に下向したことを喜んだり、自分の周囲に住まうものがいなくなったことなどを述べているが、これは法然が京都の念仏者周辺の不穏な状況に配慮して集住を禁じ、地方に分散するように指示していたことによるものである。

法然が瘧病《ぎやくびょう》を持病としていた様子がよく分かる内容の書状もある。「なつすぎさぶらひてのぼらせたまふべく候」とあって心配ないようにと気遣っているが、「又これよりのちに、又もしおこり候はゞ」とあるように瘧病にかなり悩まされていたのは事実である。

興味ある記述としては、熊谷直実から奇瑞感得《きずいかんとく》の報があったことを伝えていることである。『行状絵図』によると直実が上品上生往生の夢想《むそう》を得たのは元久《げんきゅう》元年五月であり、また元久二年八月に瘧病を患っている記事があることや弾圧の社会情勢の気運を考慮すると、この一連の書状は元久元年から同二年にかけてのものであると推測される。それにしても、これら三点の書状から法然と正行房との師弟間における強い情愛が偲ばれる。

九条兼実宛　関白《かんぱく》であった九条兼実《かねざね》より信心決定《しんじんけつじょう》後の犯罪について質されたことに対する回答のようで、法然は信心決定の後も罪を犯してはならないことを述べ、深心《じんしん》を起こしたのちでも重罪を犯したならば懺悔《ざんげ》の念仏につとめなければ極楽に往生することはできないと説いている。そして、たとえ不慮の軽い罪でも往生においては障《さわ》りとなることを強調している。

兼実の日記『玉葉《ぎょくよう》』によると、兼実は長男良通《よしみち》の急死によって法然を頼り浄土の法談を請うことが頻繁となり、授戒の師として招請《しょうせい》すること幾度にも及び、妻や娘宜秋門院《ぎしゅうもんいん》も法然を戒師《かいし》として出家しているほどである。

『行状絵図』によると、建永の法難《ほうなん》に際してなんとかして法然の流罪《るざい》が回避されるよう手を尽くすが力の及ぶ状況になかった。兼実がこの消息にしたためた罪と往生決定についての質問は、あるいはこうした時期に行なわれたのかもしれない。

九条兼実室宛　九条兼実の室北政所《きたのまんどころ》への消息は、法然は念仏を唱えていることへの嬉しさを伝え、一向専修《いっこうせんじゅ》の但念仏者《たんねんぶつしゃ》になることを勧めている。念仏は弥陀《みだ》の本願《ほんがん》の行であってまことの往生の行であるとし、余行《よぎょう》は真言《しんごん》・止観《しかん》のような高き行法であっても弥陀の本願ではないことを説いている。また、念仏は釈迦付属の行であり六方諸仏証誠《しょうじょう》の行であることを、源信《げんしん》の『往生要集《おうじょうようしゅう》』や善導《ぜんどう》の『観経《かんぎょう》疏《しょ》』、とくに『無量寿経《むりょうじゅきょう》』の「一向専念無量寿仏《いっこうせんねんむりょうじゅぶつ》」の文を示し、伝教大師最澄《でんぎょうだいしさいちょう》も述べるように七《しち》難消滅《なんしょうめつ》の法にも念仏を勧むべきであると見えていることをあげて、現世後生《げんせごしょう》の勧めに過ぎるものはないと説得している。

九条兼実が長男良通を先立たせてから法然と親交をもつようになったことは前述したが、兼実の日記『玉葉』によるとその室北政所も法然を師として受戒しており、そのうち正治《しょうじ》二年（一二〇〇）九月三十日条には「女房今日殊《こと》に大事発す、仍《よって》法然房を請《しょう》し授戒せしむ、其験《しるし》あり、尤《もっと》も貴《たっと》ぶべしと云々」とあり、兼実の室が授戒され喜んでいることが窺える。

最澄の七難消滅の法をわざわざあげて一向専修の但念仏者になることを勧めているのは、まさにいま専修念仏者になろうとしているところでもあり、相手の気持ちに配慮しながら念仏の教えを伝えようとしたためと見られる。

正如房《しょうにょぼう》宛　岸信宏氏「聖如房に就いて」（『仏教文化研究』第五号、一九五五年）によると、正如房は承如房と称した後白河法皇《ごしらかわほうおう》の第三皇女式子内親王《しきしないしんのう》のことで、母は高倉成子《たかくらせいし》、式子は賀茂《かも》の斎院《さいいん》となり大炊御門《おおいのみかど》の斎院といったようである。式子は和歌にすぐれ、『式子内親王集』（『平安鎌倉私家集』〈日本古典文学大系80〉、岩波書店、一九六四年）のような私家集となって遺っている。

正如房は病気が重くなり臨終《りんじゅう》が近くなった頃、今一度法然の見参《けざん》を希望したようであるが、法然は別時念仏《べつじねんぶつ》を始めたところであることを理由に、また屍《しかばね》への執着にもなるであろうとしてこれを断り、同じ浄土の蓮のうえで再会できることを喜こぼうといい、ひたすら往生を願って念仏することをすすめるために詳細な長文の消息をしたためている。

石丸晶子氏は『式子内親王伝面影《おもかげ》びとは法然』（朝日新聞社、一九八九年）なる書を著し、式子がのこした多くの恋歌の恋の相手は法然に間違いなく、この消息の内容から「法然もまたひとりの男性として式子を愛する心が、心中深くには隠されていたにちがいない」と主張し一躍注目を浴びることとなった。

しかし、石丸氏の考証は、式子の恋歌が法然を相手に詠《よ》まれたものであることの根拠を示すことなく、この消息が式子からの恋心によって寄せられた手紙への返書であることを前提に述べていることに危惧の念を抱く。

すなわち「ハジメヨリ□オキ候シガ、返々モ本願ヲトリツメマイラセテ、一念モウタガフ御コヽロナク、一コヱモ南無阿弥陀仏ト申セバ、ワガミハタトヒイカニツミブカクトモ、仏ノ願力ニヨリテ、一定往生スルゾトオボシメシテ、ヨク〳〵ヒトスヂニ御念仏ノ候ベキナリ」とあって、法然と正如房の親交が始まったころから専修念仏《せんじゅねんぶつ》による往生を一貫してすすめていたことが述べられている。その後『観無量寿経《かんむりょうじゅきょう》』、善導の『往生礼讃《おうじょうらいさん》』、『称讃浄土経《しょうさんじょうどきょう》』を示しながら臨終正念《りんじゅうしょうねん》の心得を説き、また「ソノウヘ御念仏功ツモリタルコトニテ候ハムニハ、カナラズマタ臨終ノ善知識《ぜんちしき》ニアハセオハシマサズトモ、往生ハ一定セサセオハシマスベキコトニテコソ候ヘ」「凡夫ノ善知識ヲオボシメシステ、仏ヲ善知識ニタノミマイラセサセタマフベク候」「臨終正念ヲノミイノルコトドモニテノミ候カ、ユ、シキヒガヰムノコトニテ候也」などとあるように、臨終を間近にした正如房は仏の来迎に不安を感じ法然を善知識としたいと考えるに至ったが、法然は臨終正念のみを祈ることは僻因《へきいん》であるとして、仏を善知識とすることを勧めるため消息によって慰めるに止めたのである。

平基親宛　平基親《もとちか》は『尊卑分脈《そんぴぶんみゃく》』によると、親範《ちかのり》の子、兵部卿《ひょうぶのきょう》とある。『選択集《せんちゃくしゅう》』の建暦版《けんりゃくばん》刊行に際して序文を書いたといわれている（『選択決疑抄見聞《せんちゃくけつぎしょうけんもん》』）。そして『九巻伝』『行状絵図』によれば、成覚房幸西《じょうがくぼうこうさい》が一念義《いちねんぎ》をもって基親の五万返の念仏修行を非難したため、法然に書状を送り質したのである。その書状が『指南抄』には「基親取信信本願之様」「平基親書状案」、『漢語灯録』にも「基親取信本願」「兵部卿基親奉上人書」として収録されており、これらに法然が答えたのがこの消息である。

幸西は多念《たねん》は無益で一念でよいというが、仏恩《ぶっとん》を報ずるためにも多念でなければならないのではないかとの質問に、法然は「一分モ愚意《ぐい》ニ存ジ候トコロニタガハズ候」といい、近来一念の他の数返は無益であるとする義をいう者がいることを承知しているとし、それは文義《もんぎ》から離れて主張する根拠なき説であるから不審であるといっている。そして、破戒《はかい》も顧みないというのは仏法からはずれていることであると言っている。

藤原信実《ふじわらののぶざね》伯母某女房宛　『拾遺和語灯録』には「示或女房法語」となっているが、『行状絵図』には「法性寺《ほっしょうじ》左京大夫《さきょうだいぶ》信実朝臣《のぶざねのあつそん》の伯母なりける女房の尋申けるにつきて、上人の御返事云」とある。

内容的には、往生を願う念仏行者の臨終への心得について、とくに三心具足《さんじんぐそく》することが肝要であるとして、至誠心《しじょうしん》、深心《じんしん》、廻向心《えこうしん》について説明している。そして、聖道門《しょうどうもん》に漏れたる者のために他力《たりき》があるとし、第十九願の来迎《らいごう》の願になるが必ずこのように念仏すれば来迎があると言っている。どちらかというと浄土門《じょうどもん》への入門からまだあまり経っていない者への指南という印象をうける。これが藤原信実の伯母に宛てられたものであるとすると、似絵書《にせえがき》の名人として知られる藤原信実は父隆信《たかのぶ》にならって出家し寂西《じゃくさい》と名乗っているから、この親子らの影響から専修念仏の行者となったものと思われる。

北条政子宛　一つは『指南抄』に「カマクラノ二品比丘尼《にほんびくに》聖人ノ御モトへ念仏ノ功徳《くどく》ヲタヅネ申サレタリケルニ御返事」、『和語灯録』に「鎌倉の二位の禅尼《ぜんに》へ進ずる御返事」として収録される消息であり、すなわち源頼朝《よりとも》の妻北条政子《ほうじょうまさこ》に宛てたものとなっている。

はじめに熊谷直実や津戸三郎は無智《むち》な者であるから余行《よぎょう》をさせずに念仏ばかりを勧めているのではないかと批判があることに触れ、念仏の行はもとより有智《うち》・無智を問わず弥陀の本願は一切衆生《いっさいしゅじょう》のためのものであることを説いている。

つぎに善導の『法事讃《ほうじさん》』「見有修行起瞋毒《しんどく》」の文を引いて、誹謗《ひぼう》する者への心得を示しているが、慈悲の心でこのような誹謗不信の人をも迎えて善根《ぜんごん》を修するようにと言っている。また異解《いげ》の人びとについては、もし専修《せんじゅ》の妨げにならなければ結縁《けちえん》するようにとし、これらの人びとには造堂、造像、写経、僧の供養などの雑善根《ぞうぜんごん》を修することを勧めてもよいと言っている。その意味でこの世の祈りのために余行《よぎょう》を修する人びとのことをとくに批判してはならないとしている。念仏の行は行住《ぎょうじゅう》坐《ざ》臥《が》時《じ》処諸縁《しょしょえん》をえらばず心より名号《みょうごう》を唱えることに一切の善根がおさまっているとし、人びとにもそのように勧めるように言っている。そして、異解・異学《いがく》の人と争論などをせず同心に極楽を願って念仏を勧めるべきであることを強調している。

最後にこの教えは釈迦《しゃか》・弥陀よりはじまり恒沙諸仏《ごうじゃしょぶつ》の証誠《しょうじょう》するところであり、もし批判する人がいるならばこちらの方に遣わして宗を立てた由を聞くようにと言っている。これらのことから専修念仏について批判する者がいてどのように対応すればよいかを尋ねたものであることが了解される。

政子自身も専修念仏に理解を示す立場にあったことは、消息全体の内容が念仏をいかに人に勧めるのかに終始していることから分かる。そして、念仏の功徳について質しられたことについて、智恵第一の舎利弗《しゃりほつ》、多聞《たもん》第一の阿難《あなん》でさえも量り知れぬ広大な善根であって自分のような者では言い尽くせるものではないと前置きしたり、『法事讃』の原文をわざわざ引用するなど、かなりの社会的地位と教養を持つ人を相手としている消息であることが想定され、北条政子宛のものと見ても差し支えないと思われる。

さらに一点『和語灯録』に「浄土宗略抄」なるかなり長い一文が収録され、その奥に「本にいはく、この書かまくらの二位の禅尼の請によつてしるし進ぜられるゝ書也」とある。内容的には、仏道には聖道《しょうどう》と浄土の二門を立て、浄土門の安心《あんじん》・起行《ききょう》を解説し弥陀の本願の行は称名《しょうみょう》の行であるとして、一向専修を勧めたものである。安心については三心をあげ至誠心《しじょうしん》、深心《じんしん》、廻向発願心《えこうほつがんしん》を解説し、起行については善導の示す正定《しょうじょう》の業《ごう》の称名正行のほかの正行を助業《じょごう》であるとしたうえで、念仏に励み往生したならば還来《げんらい》して人びとを引導《いんどう》するように思うべきであると述べている。また善導の『往生礼《おうじょうらい》讃《さん》』、『十往生経《じゅうおうじょうきょう》』『観経《かんぎょう》』を引いて、弥陀の本願を深く信じて念仏し往生を願う者には命終《みょうじゅう》のときに仏が来迎《らいごう》するため、いかなる病も宿業《しゅくごう》と受けとめることができると説いている。この消息も浄土宗の基本的な考えを解説したものといえ、北条政子からの要請に応じて関東に送られた専修念仏の教理書であったのかもしれない。

津戸三郎為守宛　津戸《つのと》三郎為守《ためもり》が関東の御家人であることは、親鸞が『指南抄』の九月十八日付津戸三郎為守宛消息の奥書《おくがき》に「ツノトノ三郎トイフハ、武蔵国《むさしのくに》ノ住人也、オホゴ、シノヤ、ツノト、コノ三人ハ、聖人根本ノデシナリ、ツノトハ生年八十一ニテ、自害シテメデタク往生ヲトゲタリケリ、故聖人往生ノトシトテシタリケル、モシ正月二十五日ナドニテヤアリケム、コマカニタヅネ記スベシ」と書き加え、大胡実秀《おおごさねひで》、渋谷道遍《しぶやどうへん》、津戸為守を根本の弟子とし、法然の入寂《にゅうじゃく》した年齢と同じだからと自害して往生を遂げたことに感動したと註記していることからも分かる。この為守宛の消息が全部で九点伝えられている。

まず『指南抄』所収の九月十八日付のものであるが、はじめに熊谷直実や津戸為守には無智の者であるから念仏を勧め、有智の人はかならずしも念仏をしなくてもよいということではなく、念仏の行は有智・無智にかかわらず弥陀の本願は一切衆生のためのものであり、善導の『法事讃』「見有修行起瞋毒《しんどく》」の文を引いて誹謗《ひぼう》する者への心得を示しているが、このくだりは北条政子宛消息の場合とまったく同じである。さらに、造堂、写経、僧の供養について専修の妨げにならないこと、往生には念仏のほかになく、この世の祈り、仏神のことは後生《ごしょう》の往生のためでなければよい、念仏の行は行住《ぎょうじゅう》坐臥《ざが》・時処諸縁《じしょしょえん》を嫌わずにしなければならない、阿弥陀三尊を造り開眼《かいげん》した功徳はめでたい、どのようなことでも質問して結構である、異学《いがく》・異解《いげ》の人を軽《かろん》じて争論してはならず、少しでも極楽を願う人にその心にしたがって念仏をすすめるようになどと言っているが、これらも前述の北条政子宛消息と共通する内容であり両消息に何らかの深い関係が想定される。

つぎに『拾遺和語灯録』に収載されるものとして、四月二十六日付、九月二十八日付、十月十八日付の三点がある。四月二十六日付の消息は、病気の状態を詳細に伝え、漸く心配ないところまで回復したので遠路を上洛することのないように伝えたものである。身体の痛みについてや灸《きゅう》、唐の薬を服したことなど、法然の病床の様子が具体的に分かって面白いが、どこにいてもお互い往生することができたなら目出度《めでた》いと結んでいるところなどに師弟の情愛が偲ばれる。九月二十八日付の消息は、まず無智の者だから念仏を勧めるというのは僻事《ひがごと》であり、念仏は弥陀の本地《ほんじ》の誓願であって釈迦も勧めており、釈迦の出世は弥陀の本願を説くためのものであったのだから安心して念仏を唱えるようにと言っている。そして、念仏では有智・無智、持戒・破戒、在家・出家の人をきらわず平等に往生できることを力説している。また、この消息には「その一国に三十余人まで候らん」と専修の念仏者の数を示したり、終りの方で「又くまがやの入道の文ハこれへとりよせ候て、なをすべき事の候へバ、そのゝちかきてまいらせ候べし」とあり、熊谷直実と津戸為守とが互いに連絡を取り合っていたことが分かるとともに、法然にとって直実の書状に関して気にかかることがあったものと思われる。あるいは、清涼寺《せいりょうじ》文書に、証空が直実に二字《にじ》と怠状《たいじょう》を提出させ直実はその非を悔過したとあることと関係するのかもしれない。十月十八日付の消息は、為守から念仏について質問を受けたときの対応を尋ねられたことに対する返事のようで、法然は生死《しょうじ》を離れる道は種々あるが極楽に往生するよりほかに道はないとして、その行のなかでも弥陀が一切衆生《いっさいしゅじょう》のために誓った本願の行であるから念仏の行がもっともよいと説いている。そして、善導の『往生礼讃』などをあげて専修雑修《せんじゅぞうしゅ》、五種正行《ごしゅしょうぎょう》、正助二《しょうじょに》行《ぎょう》をあげ、往生を願う者は念仏を唱えるが道心《どうしん》のない者にはできないということを心得て返答すべきであると言っている。ところで、為守が上洛したとき法然のもとで後世《ごせ》のことを尋ねられたことが書かれているが、法然と御家人との具体的な関係を見るものとして興味のある記述である。
『九巻伝』『行状絵図』に収載される別の津戸三郎為守宛消息として八月二十四日付のものがある。これは為守からこの世のことで何か憂《う》きことがあったという消息があり、これに対して法然は現世《げんぜ》には厭《いと》うことが多いから遺恨のことなど考えないで、往生のことだけを願うようにすべきであるという慰めの返事を書いたのである。また『九巻伝』には、他にも為守より戒・袈裟、念珠、真影《しんえい》などを所《しょ》望《もう》されたときなどの津戸三郎為守宛消息が四点掲載されているが、内容の解説はここでは紙面の都合上割愛する。

大胡太郎実秀宛　大胡実秀は上野国《こうずけのくに》大胡《おおご》小四郎《こしろう》隆義《たかよし》の子で関東の御家人である。親鸞が『指南抄』で渋谷道遍・津戸為守と実秀の三人を法然根本の弟子と追記しているように、法然に帰依《きえ》した専修念仏者であった。この消息は京都で法然に教えを聴き郷里の上野国に帰った実秀が、ある人からどのような罪を造っても念仏すれば往生するのであれば、『法華経《ほっけきょう》』を読むこともいいのではないかと尋ねられたことに対しどう答えればよいかを質問してきたことへの返事で、非常に長文なものである。

法然は京都に久しく逗留《とうりゅう》したときに吉水《よしみず》の坊で細かに伝えるべきことであるとしたうえで、まず三心《さんじん》について善導の『観経疏《かんぎょうしょ》』を引いて詳細に解説し、臨終の心得と弥陀の来迎《らいごう》を説き、さらには正行《しょうぎょう》と雑行《ぞうぎょう》について五種の正行をあげ往生のためには一向に正行に専念することを勧め、『法華経』を読むことは雑行であると言い、『法華経』を読むことを悪を造ることにたとえるようなことは仏法を悪く心得る者の仕業《しわざ》であるとしながらも、これについて善き悪しきを言うことは適当ではなく、それは雑行の行者であることの認識に立って批判することをせずに往生のためには正行を勧めるようにすべきであると言っている。

大胡太郎実秀妻宛　この消息は『指南抄』には「念仏の事御返事」とあるが、高田専修寺に所蔵される「法然聖人御消息」には外題《げだい》の脇に「上野大子〔胡〕女房御返事」と付記されている。また『和語灯録』には「正月廿八日　源空」とあり、つづいて「わたしにいはく、この御文ハ正治元年己未、御つかひハ蓮上房導覚《れんじょうぼうどうがく》なり」とあるが詳しくは分明でない。内容は往生のためには念仏に専念することを勧めたものであるが、「往生極楽ノタメニハ、イヅレノ行トイフトモ、念仏ニスギタル事ハ候ハヌ也」といい、『無量寿経』『観無量寿経』の文をあげ、善導の『往生礼讃』『観経疏』などによって念仏が弥陀の本願の行であることを強調している。そして、定善《じょうぜん》・散善《さんぜん》の余行《よぎょう》を釈迦は往生の行に付嘱していないとし、念仏は弥陀の本願であり釈迦が本願の行として付嘱したのであるから、釈迦の説いたことを信じて念仏することが極楽に往生することになるのであるとしている。最後にこの念仏の行を謗《そし》る者は地獄に墜《お》ち五劫苦《ごごうく》を受けることになり、信ずる者は浄土に生まれて永劫《えいごう》に安らぎを受けることになるから二心《ふたごころ》なく信心《しんじん》を深くして念仏するようにと言っている。それにしても、実秀といい実秀の妻といい、かなり高度な経文や経疏《きょうしょ》類を示されながら教説を受けていることに夫婦の教養を感じさせる。

黒田聖人宛　これは現在も「一紙小消息」として親しまれている法語で、念仏の教えの要旨をまとめて述べたものである。『和語灯録』には「黒田の聖人へつかハす御文」と題されており、『指南抄』の末尾には「黒谷聖人源空」とある。この黒田の聖人については、義山は『和語灯録日講私記』に伊賀国名張《なばり》に住む聖《ひじり》としているが詳細は分からない。

内容的には弥陀の本願に遇《あ》えたことを悦び、仏の恩徳《おんどく》に感謝して往生することを信じ念仏すべきであることを述べたものである。念仏は十悪・五逆《ごぎゃく》の者でも往生することができるとし、この世に生まれることができ、遇うことの難しい弥陀の本願に遇うことができ、発《おこ》すことが難しい道心を発し、離れることが難しい迷いの世界を離れることができるということは、これほど悦ばしいことはないと言っている。この有り難い教えを信じ小さな罪でさえも犯さないようにしなければならないといい、行は一念・十念でも虚《むな》しくはないと信じて常に修すべきであり、それは多く念仏するのも当然同じことがいえ、それでこそ命終《みようじゆう》の時には弥陀が来迎《らいごう》することを信じることができるとし、釈迦が説いたとおり生死《しようじ》を離れることのできる悦びに感謝すべきであると結んでいる。

光明房宛　『指南抄』には「故聖人ノ御房ノ御消息」、『和語灯録』には「越中国光明房へつかハす御返事」とある。そして『指南抄』の末尾には、この消息は越中国《えつちゆうのくに》の光明房という聖《ひじり》が、成覚房《じようがくぼう》らが一念義を立てていることについて、国の人びとに法然よりの返事を見せようとして質問してきたことに対するものであるとの註記がある。

内容としてはまず一念往生義が京都に流布していることは言語道断《ごんごどうだん》のことであるといい、『無量寿経』や善導の『往生礼讃』の文について、十念・一念もみな上尽一形《じょうじんいちぎょう》を兼ねた言葉すなわち一生涯のことを言っているとし、十念・一念までも一期《ご》の間行ずべきであると言っている。そして、一念の後は念ぜずとも十悪・五逆を犯しても障りがないのなら少罪は犯してもいいということになるというがとんでもないことであると述べ、このような人は付仏法の外道《げどう》、獅子身中《ししんちゅう》の虫《むし》であり、往生を願う人びとの妨げとなると説いている。

空阿弥陀仏宛　空阿《くうあ》は比叡山の僧にして法性寺《ほっしょうじ》に住し法然の信奉者の一人であった。この消息は『行状絵図』に収録されているものである。『漢語灯録』には「指南抄に云う、空阿弥陀仏に答える書なり」と註記されるが実際に『指南抄』には確認できない。

内容としては善導の文を引いて往生浄土には弥陀の本願の行である称名念仏に限るといい、また『往生要集』によって臨終行儀の要を述べ弥陀の引接《いんじょう》を願っており、最後にはたとえ臨終に称名念仏できずとも正念のときに称名の功を積んでいれば往生できると懐感《えかん》の『群疑論《ぐんぎろん》』に見えることをあげている。

某人宛　法然の消息には誰に宛てたのか不明のものが四点伝わっている。左にその概要を述べる。

（1）『拾遺和語灯録』に「示或人詞」と題して収録されている。この消息は念仏者の用心《ようじん》を伝えたもので、はじめに不浄《ふじょう》の時は西に向かってはならないが普段は弥陀のいる西の方に常に向かうべきである、孝養の心を重く持っている人は父母を極楽に向かわせることができる、善導の『往生礼讃』の文をあげて念仏は四十八願の眼目であり、臨終の来迎には身を清め手を洗い煤《すす》を取り袈裟《けさ》をかけ不浄のものは持仏堂に入らないようにすることなどを述べ、念仏は罪を滅し臨終に際し弥陀の来迎に預かることができることを説いている。

（2）『拾遺和語灯録』『行状絵図』ともに「御消息」と題して収録されている。内容的にはある人からの安心起行《あんじんきぎょう》についての質問に対する返事であり、法然は心と行は相応すべきであるとしたうえで、三心すなわち至誠心、深心、廻向発願心について善導の『観経疏《かんぎょうしょ》』を引いて詳しく解説している。長文の消息で法然の浄土門帰入の信念が読み取れて興味深いが、誰に宛てた消息なのかは不明である。

（3）『拾遺和語灯録』に「ある人のもとへつかハす御消息」と題して収録されている。この消息も宛名不明であるが、念仏はどのような者も往生できる教えであり、阿弥陀仏は悪人でも時をえらばず摂取《せっしゅ》する仏であるとして、また仏の大願業力《だいがんごうりき》によって善悪の凡夫ができることを信ぜず本願を疑うようなことは往生の障《さわ》りであるとさとしている。最後には「源空がわたくしに申す事にてハあらず、聖教のおもてにかゞみをかけたる事にて候へバ、御らんあるべく候也」とあり、法然の布教に対する姿勢を知ることもできる。

（4）『拾遺和語灯録』『行状絵図』ともに「往生浄土用心」と題して収録されている。この消息は往生のための用心について、計十箇条に亘る質問に答えたものである。最初に「毎日御所作《しょさ》六万遍めてたく候」とあり、一日六万遍の念仏を唱えた者はある程度限られるがこれも宛名はわからない。往生の障りとなるかどうかの質問が多かったようで、すべてについて経典や経疏《きょうしょ》を引いて解説し往生の心得を説いている。

3　証空代筆の消息

熊谷直実宛　嵯峨清凉寺《せいりょうじ》に法然の高弟証空《しょうくう》（久我通親《こがみちちか》の猶子《ゆうし》、今日の西山《せいざん》派の派祖）が四月三日付で熊谷直実に宛てた自筆の書状がある。これは斎木一馬《さいきかずま》氏の「清凉寺所蔵熊谷入道宛証空自筆書状について」（『仏教史研究』第七号、一九七三年）によると、常随の証空が法然の意をうけて書いた法然の書状というべきものである。法然は直実の悔過《けか》・反省を喜んで、二字と怠状を返却してさらに念仏に励むよう伝えたのである。この書状は『拾遺和語灯録』『行状絵図』に収載されながらも自筆であるかどうかの判定には至っていなかったが、奈良興善寺文書の発見とともに嵯峨清凉寺文書の信憑性《しんぴょうせい》も高まり、証空の自筆でしかも内容的には法然の書状というべきものであることが分かってきたのである。

清凉寺所蔵の原本の奥には「うれしさをむかしはそでにつゝミけり□□バうの御返事也」とあるが、これは熊谷直実が師法然からの返事に感激して書き添えたものと見られる。

正行房宛　奈良興善寺文書には法然自筆の書状断簡《だんかん》やほかの弟子らの書状とともに、証空が正行房に宛てた自筆の書状が三点ふくまれている。これらも斎木一馬氏の「興善寺所蔵の源空・証空書状覚え書」（藤原弘道先生古稀記念『史学仏教学論集』、一九七三年）に述べられるように、常随の証空が法然の意をうけて書いたものと見られる。各々について簡単に紹介しておく。

（1）二月某日付のものがある。これはなかでも法然の意をうけていたかどうか分からないものであるが一連のものとして扱った。証空は正行房より法然の御影《みえい》についての斡旋を依頼されていたのであろうか、その依頼に沿い得なかったことを詫びている。また、法然の容体が懸念されることを伝えるとともに、真観房、かぢ入道ら弟子らの往生したことを寂しいといっている。また法然のもとには病気再発を案じて密かに集まっていた様子も知られる。

（2）十二月四日付のものははじめの部分が欠けていて断簡ではあるが、念仏は上品《じょうぼん》の業であることを述べようと要文を引いて解説している。そして、いつか見参のときに教えを乞うてはどうかといい上洛を促している。「よにこひしくこそおもひまいらせ候へと」などの記述から師弟の情愛が偲ばれ、また法然の容体についても今は特に問題はないが寒を迎えてどうなるか心配であると伝えている。

（3）もう一点は日付もない断簡である。これは「をて申候」とはじまるように、追而書《おってがき》の部分が残ったのであろう。正行房からの書状に奈良の人びとからの言伝《ことづて》があったことが分かり、正行房の周辺の様子として窺われる。そして、下向してからは頼母《たのも》しい者がいなくなったと嘆いている。「とぞ申せと候」を塗抹《とまつ》し「いのちハしり候ねとも、いまはあきこそまち候めとぞ申とぞ候」と書き足しているのは、証空が法然の意をうけて書き送った書状であることを示す明瞭な箇所であると言える。

八　中世文学から見た法然上人

黒田　彰

1　讃岐の源大夫

法然と中世文学　中世文学から見た法然上人について論じるよう命じられた。新仏教と呼ばれる鎌倉期の仏教史に簇出《そうしゆつ》した諸高僧にあっても、中世文学へ落ちた法然上人の影は、なお一際大きい。ある意味で、法然――また、その浄土教義を知ることなしに、説話《せつわ》や軍記《ぐんき》を始めとする中世文学を論じることは、殆《ほとん》ど不可能と言ってよいであろう。中世文学における法然の意義の深さと広がりは、多岐に亘《わた》るが、中で、法然著作と説話文学について、私にはかねてより気になっている問題が一つ存する。そこで、本章においてはこの機会を借りて、法然の著作を通して垣間《かいま》見る、古代から中世にかけての説話形成の問題を、取り上げてみたく思う。

源大夫の説話　『今昔物語集《こんじやくものがたりしゆう》』巻十九の第十四話に、「讃岐国《さぬきの》多度郡《たどの》五位、聞法《ほうをききて》即《ち》出家《せるこ》語《と》」

と題する説話が収められている。「心極《テ》猛《クシテ》 殺生《ヲ》以《て》業」とし、「人頸《ノくびヲ》 切《リ》足手不折《ヲおらヌ》日」のないことから、「国人《ノ》皆《ニ》恐」れられた「悪奇異《くあさましキ》 悪人」、源大夫《げんだいふ》という者の発心往生譚《ほっしんおうじょうたん》である。

今昔物語集 『今昔物語集』に記す所は、以下のようである（岩波日本古典文学大系に拠る。表記を一部改めてある）。

今昔《は》、讃岐国《の》、多度郡《ノ》、□郷《ノニ》、名《ハ》不知《しらズ》、源大夫云《トいフ》者有《ケリ》。心極《テ》猛《クシテ》、殺生《ヲ》以《て》業《とス》。日夜朝暮《ニ》、山野《ニ》行《テ》鹿鳥《ヲ》狩《リ》、河海《ニ》臨《テ》魚《ヲ》捕《ル》。亦《また》、人《ノ》頸《ヲ》切《リ》足手《ヲ》不折《おらヌ》日《ハ》少《クゾ》有《ケル》。亦、因果《ヲ》不知《しらずシテ》、三宝《ヲ》不信《しんぜズ》。何《に》況《ヤ》法師《ト》云《いハム》者《ヲバ》故《ことさらニ》忌《テ》当《リニモ》不寄《よせざりケリ》。如此《かくのごとクシテ》悪奇異《くあさましキ》悪人《ニテ》有《ケレバ》、国人《ノ》皆《ニ》恐《テゾ》有《ケル》。而《しかル》間、此《こノ》人、郎等四五人許《ばかりヲ》相《ヒ》具《シテ》鹿共多《ク》取《セテ》、山《ヨリ》返《ル》道《ニ》、堂《ノ》有《ケル》、人多《ク》集《リタルヲ》見、此《ハ》何事為所《ルゾト》問《ケレバ》、郎等、此《レハ》堂也。講《ヲ》行《ニコソ》侍《メレ》。講《ヲ》行《フト》云《ハ》仏経《ヲ》養供《スル》事也。哀貴《ニク》侍《ル》事也云《トヒケレバ》、五位、然《ル》態為《ザスル》者有《トハ》髴《ほのかニ》時々聞《ケレドモ》此《かク》目近《クハ》不見《みザリツ》。何事《ナルヲ》云《フゾト》去来《いざ》行聞《テカム》。暫留《クレト》云《テ》、馬《ヨリ》下《ヌ》。然《レバ》、郎等共皆《モ》下《テ》、此《ハ》何《ナル》事《セムズルニカ》有《ラム》。講師《ナム》捘《りようぜムズルニヤ》不便《ノ》態《カナト》思《フ》程《ニ》、五位只歩《ビシ》歩《ビ》寄《テ》、堂《ニ》入《ルヲ》、此講《ノ》庭《ニ》有《ル》者共《モ》、此《かかル》悪人《ノ》入来《レバ》、何《ナル》事《セムズルニカ》有《ムト》思《テ》恐《ヂ》騒《グ》。恐《テ》出《ヌル》者《モ》有《リ》。五位並居《タル》人《ヲ》押分《テ》入《レバ》、風《ニ》靡《なびク》草《ノ》様《ニ》靡《タル》中《ヲ》分《ケ》行《テ》、高座《ノ》傍《ニ》居、講師《ニ》目《ヲ》見合《テ》云《ク》、講師《ハ》何《ナル》事《ヲ》云《ヒ》居《タルゾ》。我心《ガ》現《ニげニト》思《ユ》許《ノ》事云《ヲいヒ》聞《セヨ》。不然《さらズハ》便无《なカリナム》者《ゾト》云《テ》、前《ニ》差《タル》刀押廻《ヲおしめぐらシテ》居《タリ》。講師、極《テ》不祥《ニモ》値《ヌルカナト》恐《クテ》、云《ヒツル》事《ノ》始終不思《モおぼえデ》、引《テ》被落《おとさレヌト》思《ケルニ》、智恵有《ケル》者《ニテ》、仏《ケ》助《ケ》給《ヘト》念《ジテ》、答《ヘテ》云《ク》、此《ここヨリ》西《ニ》多《ノ》世界《ヲ》過《テ》仏《ケ》在《マス》、阿弥陀仏《ト》申《ス》。其《ソノ》仏、心広《クシテ》、年来罪《ヲ》造《リ》積《タル》人《ナレドモ》思《ヒ》返《シテ》一度阿弥陀仏《ト》申《シツレバ》、必《ズ》其《ノ》人《ヲ》迎《テ》、楽《ク》微妙《めでたキ》国《ニ》、思《ヒト》思《フ》事協《フト》身生《レテ》、遂《ニハ》仏《トナム》成《ルト》。五位、此《これヲ》聞《テ》云《ク》、其《ノ》仏《ハ》人《ヲ》哀《ビ》給《ニテハ》、我《ヲモ》慓不給《にくミたまわジナム》。講師《ノ》云《ク》、然也《ト》。五位《ノ》云《ク》、然《ラバ》、我《レ》其《ノ》仏《ノ》名《ヲ》呼《ビ》奉《ラムニ》答《ヘ》給《ヒテムヤト》。講師《ノ》云《ク》、其《レモ》実《ノ》心《ヲ》至《テ》呼《ビ》奉《ラバ》、何《ドカ》答《へ》不給《たまわザラムト》。五位《ノ》云《ク》、其《ノ》仏《ハ》何《ナル》人《ヲ》吉《トハ》宣《フゾト》。講師《ノ》云《ク》、人《ノ》他人《ヨリハ》子《ヲ》哀《レト》思《フ》如《クニ》、仏《モ》誰《ヲモ》懐《シトおぼサネドモ》不思、御弟子《ニ》成《タルヲバ》今少《シ》思《ヒ》給《フ》也《ト》。五位《ノ》云《ク》、何《ナルヲ》弟子《トハ》云《フゾト》。講師《ノ》云《ク》、今日《ノ》講師《ノ》様《ニ》頭《ヲ》剃《そりタル》者《ハ》、皆仏《ノ》御弟子也。男《モ》女《モ》御弟子《ナレドモ》、尚頭《ヲ》剃《レバ》増《ル》事也《ト》。五位、此《ヲ》聞《テ》、然《バ》、我《ガ》此《ノ》頭剃《レトいフ》云。講師、哀《レニ》貴《キ》事《ニハ》有《レドモ》、只今俄《にわかニ》何《デカ》其《ノ》御頭《ヲバ》剃《ラム》。実《ニ》思《ス》事《ナラバ》、家《ニ》返、妻子眷属《けんぞくナドニ》云合《ヒセテ》、万拈《ヲしたためテ》剃給《リベキト》。五位《ノ》云《ク》、汝《なんジ》、仏《ノ》御弟子《ト》名乗《テ》、仏《ハ》虚言无《キト》云《テ》、御弟子《ニ》成《タル》人《ヲバ》哀《ト》思《スト》云《テ》、何忽《ニたちまちニ》舌《ヲ》返《テ》、後剃《ニレトハ》云《フゾ》。糸《いと》不当《あたらヌ》事也《ト》云《テ》、刀《ヲ》抜《テ》自《ラ》髻《もとどりヲ》根際《ヨリ》切《ツ》。此《ル》悪人《ノ》、俄《ニ》此《ク》髻《ヲ》切《ツレバ》、何《ナル》事出来《ヌラムトテ》、講師周《モあわてテ》物不云《モいわズ》、其庭《ノ》居《ニタル》者共《モののしリ》喤合《タリ》。亦、郎等共此《レヲ》聞《テ》、我《ガ》君《ハ》何《ナル》事御《ノおわスルゾトテ》、大刀《ヲ》抜《キ》箭《やヲ》番《テ》、走入来《リタリ》。主、此《レヲ》見《テ》大《キニ》音《ヲ》挙《テ》郎等共《ヲ》静《メテ》云《ク》、汝等我《ガ》吉身《ト》成《ラムト》為《ルヲバ》、何《ニ》思《テ》妨《ゲムトハ》為《ルゾ》。今朝《マデハ》汝等有《ガル》上《ニモ》、尚人《ヲモガナト》思《ヒツレドモ》、此《ヨリ》後《ハ》速《ニ》各行《カムト》思《ハム》方《ニ》行《キ》、被仕《つかわれムト》思《ハム》人《ニ》被仕《つかわれテ》、一人《モ》我《レニハ》不可副《そうべからズト》。郎等共《ノ》云《ク》、何《ニ》、此《ル》態《ヲバ》俄《ニ》令《せしメ》給《ヘルゾ》。直《うるわしキ》心《ニテハ》此《ル》事不有《あらジ》。物《ノつキ》詫給《ヒニケルヲコソ》有《ケレト》云《テ》、皆臥《ふシ》丸《ビ》泣《ク》事无限《かぎりなシ》。主此《レヲ》止《メテ》、髻《ヲ》切《テ》仏《ニ》奉《テ》、忽《ニ》湯涌《ヲわかシテ》紐《ひもヲ》解《テ》押去《おしのけテ》、自《ラ》頭《ヲ》洗《テ》、講師《ニ》向《テ》、此《レ》剃《レ》。不剃《そらズハ》悪《カリナムト》云《ヘバ》、実《ニ》此許思取《ヒタラム》事《ヲ》、不剃《そらズハ》悪《クモ》有《ナム》。亦、出家《ヲ》妨《ゲバ》、其《ノ》罪有《ナム》。旁《かたがたニ》恐思《レテ》、講師、高座《ヨリ》下《テ》、頭《ヲ》剃《テ》戒《ヲ》授《ケツ》。郎等共、涙《ヲ》流《シテ》悲《ム》事无限《かぎりなシ》。其《ノ》後、入道、着《タリケル》水干袴《はかまニ》布衣、袈裟《けさナド》替《ツ》。持《タル》弓、胡録《やなぐいナドニ》金鼓《ヲ》替《ヘテ》、衣、袈裟《けさ》直《ク》着《テ》、金鼓《ヲ》頸《ニ》懸《テ》云《ク》、我《レハ》此《ヨリ》西《ニ》向《テ》、阿弥陀仏《ヲ》呼《ヒ》奉《テ》、金《ヲ》叩《たたきテ》、答《へ》給《ハム》所《マデ》行《カムトス》。答《へ》不給《たまわザラム》限《ハ》、野山《ニマレ》海河《ニマレ》、更《ニ》不返《かえるマジ》。只向《タラム》方《ニ》可行《ゆくべキ》也《ト》云《テ》、音《ヲ》高《ク》挙《テ》、阿弥陀仏《ヨヤ》、ヲイ〱叩《トたたかヒ》行《クヲ》、郎等共《ニ》行《カムト》為《レバ》、己等《ハ》我《ガ》道妨《ゲムト》為《ルニコソ》有《ケレト》云《テ》、打《タムト》為《レバ》、皆留《リヌ》。此《ク》西《ニ》向《テ》、阿弥陀仏《ヲ》呼《ヒ》奉《テ》、叩《ツ、》行《クニ》、実《ニ》云《ツル》様《ニ》、深《キ》水《トテモ》浅《キ》所《ヲ》不求《もとめズ》、高《キ》峰《トテモ》迴《タル》道《ヲ》不尋《たずねズシテ》、倒《レ》丸《ビテ》向《タルマニ》行《クニ》、日暮《レテ》寺《ノ》有《ルニ》行着《キヌ》。其寺《ニ》有《ル》住持《ノ》僧《ニ》向《テ》云《ク》、我《レ》、此《ノ》思《ヒヲ》発《シテ》西《ニ》向《テ》行《クニ》、喬平《そばひらヲみ》不見《ズ》。況《ヤ》後不返見《ヲみかえらずシテ》、此《ヨリ》西《ニ》高峰《キヲ》超行《カムトス》。今七日有《テ》、我《ガ》有《ラム》所《ヲ》必尋《テ》来《レ》。草《ヲ》結《ツ、ゾ》行《カムト》為《ル》、其《レヲ》見《テ》注《トシテ》可来《きたるベシ》。若可食《くらうベキ》物《ヤ》有《ル》、夢許令得《えしめヨト》云《ケレバ》、干飯《ヲ》取出与《テヘタレバ》、多《カト》云《テ》、只少《シヲ》紙《ニ》裏《つつみテ》腰《ニ》挟《テ》、其堂《ノヲ》出《デ、》行《ヌ》。住持、既《ニ》夜《ニ》入《ヌ》。今夜許《ハ》留《マレト》云《テ》留《ムトいへドモ》不聞入《ききいれズシテ》行《ヌ》。其《ノ》後住持、彼《ノ》教《ノ》如《ク》七日《ト》云《ニ》尋《テ》行《クニ》、実《ニ》草《ヲ》結《ビタル》、其《ヲ》尋《テ》高峰《キヲ》超《テ》見《ルニ》、亦其《ヨリモ》高嶮《クさがしキ》峰有《リ》。其峰《ノニ》登《テ》見《レバ》、西海現《ニあらわニ》見《ユル》所有《リ》。其所《ノ》二《ニふたまたナル》胯木有《リ》。其胯《ノニ》入道登居《リテ》、金叩《ヲテ》、阿弥陀仏《ヨヤ》、ヲイ〳〵叩居《トヒタリ》。住持《ヲ》見《テ》喜《テ》云《ク》、我《レ》尚此《ヨリ》西《ニモ》行《テ》、海《ニモ》入《ナムト》思《ヒシカドモ》、此《ニテ》阿弥陀仏《ノ》答《ヘ》給《ヘバ》、其《レヲ》呼《ヒ》奉《リ》居《タル》也《ト》。住持、此《レヲ》聞《テ》、奇異《あさましト》思《ヒテ》、何《ニ》答《ヘ》給《ゾト》問《ヘバ》、然《バ》、呼《ヒ》奉《ラム》。聞《ケト》云《テ》、阿弥陀仏《ヨヤ》、ヲイ〳〵。何《コニ》御《マスト》叫《ヘバ》、海中《ノニ》微妙《ノ》御音有《テ》、此《ニ》有《ト》答《ヘ》給《ヒケレバ》、入道、此《レハ》聞《ヤト》云《フニ》、住持此《ノ》御音《ヲ》聞《テ》、悲《シク》貴《テ》、臥《シ》丸《ビ》泣《ク》事无限《かぎりなシ》。入道涙《モヲ》流《シテ》云《ク》、汝速《チ》可返《ニかえるベシ》。今七日有《テ》来《テ》、我《ガ》有様《ヲ》見畢《みつけヌと》。物《ヤ》欲《キト》思《テ》、干飯《ヲ》取《テ》持《タリキト》云《ヘバ》、更《ニ》物欲《キ》事无《クシテ》、未《ダ》有《リト》。住持見《レバ》、実《ニ》有《シ》如《クニテ》、腰《ニ》挟《ミテ》有《リ》。此《クテ》後《ノ》世《ノ》事《ヲ》契《リテ》置、住持《ハ》返《ヌ》。其後亦七日有《テ》行《テ》見《レバ》、前《ノ》如《ク》木《ノ》胯《ニ》西《ニ》向《テ》、此度《ハ》死《テ》居《タリ》。見《レバ》、口《ヨリ》微妙《めでたク》鮮《ナル》蓮花《れんげ》一葉生《タリ》。住持此《レヲ》見《テ》、泣《キ》悲《ビ》貴《ビテ》、口《ニ》生《タル》蓮花《ヲバ》折《リ》取《ツ》。引《モヤ》隠《サマシト》思《ヒケレドモ》、此《ル》人《ヲバ》只此《クテ》置《テ》、鳥獣《ニモ》被噉《くわれムト》思《ヒケムト》思《テ》、不動《はたらカサズシテ》泣々《ク》返《ニケリ》。其後《ノ》何《ニカ》成《ニケム》、不知《しらザリケリ》。必《ズ》極楽《ニ》往生《シタル》人《ニコソ》有《メレ》。住持《モ》正《ク》阿弥陀仏《ノ》御音《ヲ》聞《キ》奉《リ》、口《ヨリ》生出《タル》蓮花《ヲ》取《テケルハ》、定《メテ》罪人《ニハ》非《ズト》思《ユ》。其《ノ》蓮花《ハ》何《ニカ》成《ニケム》、不知《しらズ》。此事《ノ》、糸昔《ノ》事《ニハ》非《ズ》、□《ノ》比《ノ》事《ナルベシ》。世《ノ》末《ナルトモ》実《ノ》心《ヲ》発《セバ》、此《ク》貴《キ》事《モ》有《ル》也《ケリトナム》語《リ》伝《ヘタル》トヤ

宝物集の源大夫　右の源大夫の発心往生の話（以下、讃岐源大夫譚と呼ぶ）は古代から中世にかけて喧伝《けんでん》されたものの如く、平康頼《やすより》撰と伝えられる『宝物集《ほうぶつしゅう》』（二巻本、三巻本〈平仮名、片仮名本〉、七巻本〈元禄《げんろく》本にも〉。一巻本、抜書本、身延零本欠）、『発心集《ほっしんしゅう》』三4、『私聚百因縁集《しじゅひゃくいんねんしゅう》』九20（『発心集』に拠

る）、『続教訓抄』十四（『宝物集』に拠る）などにも見える。それらの内もう一点、「仏法の名字もしらぬ極重悪人《ごくじゅうあくにん》の、須臾《しゅゆ》の一念によりて極楽に往生したる」例として引かれた、『宝物集』の讃岐源大夫譚を紹介しておこう（七巻本の一、吉田本第九冊に拠る。（ ）は元禄本）。

さぬきの国多刀《たど》の郡と云《いう》所に、源太夫と云武者有けり。狩すなどりをもて興(業)とし、人のあしてをきるをもてさきとし、やうやく年序おほくつもりて、物の命をころす事、其数をしるすにあたはず。十月ばかりの事なるに、狩せんとて野に出《いで》たりけるに、時雨《しぐれ》にければ、人里の見えけるに、そなたへ馬をはしらかして行けるほどに、かや堂のありけるに、仏くやうする事ありて、人多く聴聞すとてあつまりけるお(を)みて、是《これ》はなに事するぞ。取(収)納のさかりに多の人をあつめて、いたづらにをきたるはとて、めをいからかしてはら立ければ、講師、たゞいまぞくびをもあしをもきられなんずと思ひてをづく／＼、仏を供養し奉る也けりと云ければ、ほとけとはなにをいふぞ。仏を供養すれば何事のあるぞととひければ、講師すこし心づきて、是より西方にあみだ仏と申ほとけおはします。その仏を供養し奉り又、名号をとなへ奉れば、極楽とて楽しきめでたき国へ参るなりといひければ、われもまいりなんやととひければ、極楽は人をわく事なし。参らんと云願有人《あるひと》をば、あみだ仏、くわんおん勢至《せいし》と共にむかへ給ふなりといひければ、いかやうにてはまいるべきととへば、男にても参べけれども、仏の御弟子になるとて、法師になりて衣をき、袈裟をかけて参べき也と云ければ、さらばまいらんとて、やがてもとどり（を打切）て法師になりて、かうじが衣、けさをこひてきて、南無あみだ仏と高声《こうしょう》にとなへて行ければ、郎等共ゆみやをはげ、たちぬきなどしてさはぎけれども、たつとき所へゆかんとするをば、いかにかくするぞとて、はらだちておひとめて、野山ともいはず、西方にむかひて行ぬ。その後おぼつかなかりければ、かの導師の聖人、あとをたづねてゆきみれば、西海《さいかい》にむかひたる木の上に、のぼりてぞ死にける。いろかたちたがふ事なくして、口より青蓮花おひて、かうばしき匂《にお》ひ有て、往生の相を現《げん》ぜり

説話の研究史　例えば『今昔物語集』の、「人々が一般に用い馴れている唱えことば＝念仏に対し……人間らしさに満ち」た「「阿弥陀仏よや、おーい、おーい」という呼びかけ」を始めとし、「源大夫のくっきりした人間像が、一言の心的状況の説明もなく、行動と会話の描写で彫り上げ抜かれている」（益田勝実『説話文学と絵巻』〈古典とその時代V〉三一書房、一九六〇年）本話は、かねてから研究者の注目を惹く所となり、管見に入った讃岐源大夫譚に関する論文のみを上げてみても、渡辺竹二郎「讃岐源大夫説話の意義」（『国文学研究』六、一九五二年一〇月）を始めとして、藤永しげ子「源大夫説話の研究――『発心集』を中心として――」（『東洋大学短期大学論集日本文学篇』九、一九七三年三月）、森正人「「今昔物語集」の讃岐の源大夫」（『国文学』二〇・一五、一九七五年一一月）、国東文麿《くにさきふみまろ》「阿弥陀仏ヨヤ、ヲイ〳〵」（『今昔物語集成立考〈増補版〉』早稲田大学出版部、一九七八年。初出一九六一年）、中野孝次「阿弥陀仏よや、おいおい――『発心集』と『一言芳談抄』の人びと」（『本』六・九、一九八一年九月）、石破洋《いしばひろし》「「源大夫説話」考――『今昔物語集』巻一九の一四をめぐって――」（『鹿児島女子大学

研究紀要』四・一、一九八三年三月)、比良輝夫「〈私聚百因縁集〉巻九第二十話「讃岐源大夫事悪人往生」(『私聚百因縁集の研究』本朝篇上、和泉書院、一九九〇年。初出一九七六年)、小峯和明「仏を呼ぶ声　阿弥陀仏よや、をいをい」(『説話の声　中世世界の語り・うた・笑い』一部I、新曜社、二〇〇〇年)などがある。

往生絵巻　一方、『今昔物語集』の本話は大正十年、芥川龍之介《あくたがわりゅうのすけ》により『往生絵巻《おうじょうえまき》』と題して小説化され、「作品のスタイルをガラリと変えて、地の文抜きの戯曲《ぎきょく》形式を採っ」た(長野嘗一《じょういち》「芥川龍之介と日本古典——特に「往生絵巻」について——」『国文学』一一・一四、一九六六年一二月。『古典と近代作家——芥川龍之介』、有朋堂、一九六七年にも)『往生絵巻』についても、前掲長野氏の論攷以下、近時の高木靖子「芥川龍之介「往生絵巻」論」(『文月』四、一九九九年七月)などに至るまで、数多の研究が積み重ねられてきている(三谷憲正氏の教示に負う)。

源大夫の臨終　ところで、私が不思議に思うのは、例えば芳賀《はが》矢一『攷証今昔物語集』(大正二年)を承けた岩波日本古典文学大系の頭注に、「説話構成の直接の典拠は未だ詳かにしない」と言われる如く、これまで讃岐源大夫譚の原拠を探った研究の見当たらないことである。一例を上げれば、讃岐源大夫譚にあってとりわけ目を惹くのが、

・其《ノ》峰《ニ》登《テ》見《レバ》、西海《ニ》現《ニ》見《ユル》所有《リ》。其《ノ》所《ニ》二胯《ナル》木有《リ》。其《ノ》胯《ニ》入道登《リ》居《テ》、金《ヲ》叩《テ》、阿弥陀仏《ヨヤ》、ヲイ〱叩《ト》居《ヒタリ》 (『今昔物語集』)

・西海にむかひたる木の上に、のぼりてぞ死にける (『宝物集』)

という特異な臨終の状況である（但し、『宝物集』の三巻本〈片仮名本〉には、「西ニ向テ行、海ノハタニテ死ニケル」とのみあって、樹上往生を記さないが、省略であろう。『発心集』〈『私聚百因縁集』〉も同様）。この特異な臨終の形には、先蹤《せんしょう》があったのではないか。殆ど同じ臨終往生の形が、善導《ぜんどう》伝に見えるのである。

2 善導伝

法然と善導伝　『観経疏《かんぎょうしょ》』四巻を著し、また、五部九巻の著述をもって知られる唐僧善導（六一三—六八二）のことは、改めて紹介するには及ぶまい。法然が善導の『観経疏』により余行《よぎょう》を捨て、専修《せんじゅ》念仏に帰入して、専修念仏の新義を打ち立てたことは、余りにも有名な事実である（『選択本願念仏集《せんちゃくほんがんねんぶつしゅう》』）。さて、ここで取り上げてみたいのは、その善導の伝記である。善導の伝記については、例えば近時、牧田諦亮《たいりょう》氏が、「なお明らかでないことが多くあるのは、衆目の一致した見解であろう」（『善導』〈浄土仏教の思想五〉十一章、講談社、二〇〇〇年）と指摘されているように古来、頗《すこぶ》る謎が多い。例えば早く良忠が『観経疏伝通記《でんずうき》』巻一において、宋《そう》、王古《おうこ》の『新修往生伝』巻中の第二十五に善導、第二十六に善道の二人を上げることに関し、三異十一同を数えるが如き、その最たるもので、後世善導の二人説、三人説を生じさせるに至っている。善導伝に不明な点が多いのは、偏《ひとえ》にその「絶対的な史料の不足」（牧田前掲書一章）によるが、我が国にあって逸《いち》早く善導に関する伝記資料の蒐集《しゅうしゅう》に努めたのは、外ならぬ法然上人である。即ち、法然撰に掛る『類聚浄土五祖伝《るいじゅじょうどごそでん》』がそれである（『浄土依憑《えひょう》経論章疏《しょうしょ》目録』下八）。浄土門における相承血脈《そうじょうけちみゃく》を示す浄土五祖（曇鸞《どんらん》、道綽《どうしゃく》、善導、懐感《えかん》、少康）は、法然の立てたものと言われているが、その案立の基礎となったものであろう。『類聚浄土五祖伝』の第三位が善導で、そこには『続高僧伝』以下、六種の善導伝が蒐集《しゅうしゅう》されている。上述『新修往生伝』など、善導伝を含む中巻は今日散逸しており、辛うじて法然の『類聚浄土五祖伝』によってのみ、その原姿を窺《うかが》うことができるのは、とりわけて貴重なこととしなければならない。

新修往生伝の善導　ところで、注目すべきは、讃岐源大夫譚における源大夫の特異な臨終の形に酷似する、臨終の有様というものが、外でもない善導のそれとして、『新修往生伝』などに見えることである。『新修往生伝』の善導伝を、次に示してみよう（『類聚浄土五祖伝』〈『漢語灯録』九所収〉に拠る。

図 20　善導大師像
（京都市知恩寺所蔵）
見にくいが，口から出た名号の六仏が描かれている。

書下し文を掲げ、末尾に原文を添えた。以下も同じ。原文中の（　）内は、『唐朝京師善導和尚類聚伝』〈後述〉所引）。

三、新修往生伝に云わく、釈善導は何許《いずこ》の人なるかを悉《し》らず。寰宇《かんう》に周遊し道津を求訪す。唐の貞観《じょうがん》中、西河の綽禅師の方等懺《ほうどうせん》を行し及び浄土九品《くほん》の道場に観経を講ずるを見る。導大いに喜びて曰《い》わく、此れ真に仏道に入るの津要にして、余の行業を修するは迂僻《うへき》にして成り難く、惟《た》だ此の観門のみ速やかに生死を超ゆ。吾之《これ》を得たりと。是《ここ》に於《お》いて篤勤精苦すること頭然《ずねん》を救うがごとし。続《つ》いで京師に至り四部の弟子を激発し、貴賤《きせん》を問うこと無く彼の屠沽《とこ》の輩も亦撃悟す。導堂に入らば則ち合掌胡跪《こき》し、一心に念仏して力竭《つ》くるに非《あら》ずば休まず、乃至《ないし》寒冷にも亦すべからく汗を流すべし。此の相状を以って至誠を表す。出でては即ち人の為に浄土の法を説きて諸道俗を化《け》し、道心を発し浄土の行を修せしめ、暫時も利益《りやく》を為さざること有る無し。三十余年、別の寝処無く暫くも睡眠せず、洗浴を除くの外は曾《かつ》て衣を脱がず。般舟《はんじゅ》行道、礼仏方等、以って己が任と為す。戒品《かいほん》を護持《ごじ》し繊毫《せんごう》も犯さず、曾て目を挙げ女人を視ず。一切の名利《みょうり》は心に念を起こすこと無く、綺詞《きし》戯笑も亦未だ之有らず。所行の処争いて供養を申《の》べ、飲食衣服は四事豊饒《ほうじょう》なるも、皆自ら入れず幷《なら》びにもって迴施《えせ》す。好食は大廚《だいちゅう》に送りて徒衆を供養し、唯《た》だ麁悪《そあく》を食して纔《わず》かに身を支うるを得、乳酪醍醐《だいご》は皆飲噉《おんたん》せず。諸有の襯施《しんせ》は、もって阿弥陀経を写すこと十万余巻、画く所の浄土変相は三百余堵《さんびゃくよと》。所在の処、壊《やぶ》れたる伽藍《がらん》及び故《ふる》き塼塔《せんとう》等を見ては、皆悉《ことごと》く営造し、然灯明かりを続ぎて歳に常に絶えず。三衣瓶鉢《びょうはつ》は人をして持ち洗わしめず、始終改むること無く諸有縁《うえん》を化す。毎《つね》に自ら独行《どくぎょう》して衆と共に去《ゆ》かず、人と行き世事を談論して行業を修するを妨ぐることを恐る。其れ暫く礼謁を申す有らば、聞きて少法を説く。或《ある》いは同じく道場に預かり親《みずか》ら教訓を承くることを得、或いは曾て見聞せざるには教義を披《ひら》き尋ねしめ、或いは展転《てんてん》して浄土の法門を授く。京華諸州の僧尼士女、或いは身を高嶺より投じ或いは命を深泉に寄せ、或いは自ら高枝より堕《お》ち身を焚《や》き供養する者、略《ほぼ》四遠に聞こゆるもの百余人になんなんとす。諸《もろもろ》の梵行《ぼんぎょう》を修して妻子を棄捨する者、阿弥陀経を誦して十万より三十万遍に至る者、阿弥陀仏を念じて日《ひび》に一万五千を得るより十万遍に至る者、及び念仏三昧を得て浄土に往生する者、数を知るべからず。或るひと導に問いて曰わく、念仏の善は浄土に生ずるやと。対《こた》えて曰わく、汝の所念の如く汝の所願を遂げんと。対え已《おわ》りて導乃《すなわ》ち自ら阿弥陀仏を念ず。是《かく》の如く一声すれば、則ち一道の光明《こうみょう》有り、其の口より出ず。十声するより百声に至る光も亦之《こ》の如し。導人に謂《い》いて曰《い》わく、此の身厭《いと》うべく諸苦逼迫《ひっぱく》す。情偽変易して暫くも休息すること無し。乃ち所居の寺の前の柳樹に登り、西に向かい願いて曰わく、願わくは仏の威神《いじん》驟《すみ》やかに以って我を接し、観音勢至も亦来たりて我を助けよ。我をして此の心に正念《しょうねん》を失わず驚怖を起こさず弥陀の法中より以って退堕を生ぜざらしめよと。願い畢《おわ》り其の樹上より身を投じて自ら絶ゆ。時に京師の士大夫誠を傾け帰信し、咸《ことごと》く其の骨を収め以って葬す。高宗《こうそう》皇帝其の念仏するや口より光明を出だ

すを知り、又捨報の時の精此《か》くの如くなるを知りて、寺額を賜わり光明と為すと(三、新修往生伝云、釈善導不レ悉二何許人一。周二遊寰宇一求二訪道津一。唐貞観中、見下西河綽禅師行二方等懺一及浄土九品道場講中観経上。導大喜曰、此真入二仏道一之津要、修二余行業一迂僻難レ成、惟此観門速超二生死一。吾得レ之矣。於レ是篤勤精苦若レ救二頭然一。続至二京師一激二発四部弟子一、無レ問二貴賤一彼屠沽輩亦撃悟焉。導入レ堂則合掌跪、一心念仏非二力竭一不レ休、乃至寒冷亦須レ流レ汗。以二此相状一表二於至誠一。出即為レ人説二浄土法一化二諸道俗一、令下発二道心一修中浄土行上、無レ有二暫時不一レ為二利益一。三十余年、無二別寝処一不二暫睡眠一、除二洗浴一外曾不レ脱レ衣。般舟行道、礼仏方等、以為二己任一。護二持戒品一繊毫不レ犯、曾不三挙レ目視二女人一。一切名利無二心起一レ念、綺詞戯笑亦未二之有一。所行之処争申(浄身)二供養一、飲食衣服四事豊饒、皆不二自入一幷将迴施。好食送二大厨一供二養徒衆一、唯食二麁悪一纔得レ支レ身、乳酪醍醐皆不二飲噉一。諸有䞋施、将写二阿弥陀経一十万余巻、所レ画浄土変相三百余堵。所在之処、見二壊伽藍及故塼塔等一、皆悉営造、然灯続レ明歳常不レ絶。三衣瓶鉢不レ使二人持洗一、始終無レ改化二諸有縁一。毎自独行不二共レ衆去一、恐下与レ人行談二論世事一妨上修二行業一。其有三暫申二礼謁一、聞説二少法一。或得下同預二道場一親承中教訓上、或曾不二見聞一披二尋教義一、或展転授二浄土法門一。京華諸州僧尼士女、或投二身高嶺一或寄(委・棄)二命深泉一、或自堕二高枝一焚レ身供養者、略聞二四遠一向二百余人一。諸修二梵行一棄二捨妻子一者、誦二阿弥陀経一十万至二三十万遍一者、念二阿弥陀仏一日得二一万五千一至二十万遍一者、及得二念仏三昧一往二生浄土一者、不レ可レ知レ数。或問レ導曰、念仏之善生二浄土一耶。対曰、如二汝所念一遂二汝所願一。対已導乃自念二阿弥陀仏一。如レ是一声、則有二一道光明一、従二其口一出。十声至二百声一光亦如レ之。導謂レ人曰、此身可レ厭諸苦逼迫。情偽変易無二暫休息一。

乃登二所居寺前柳樹一、西向願曰、願仏威神驟以接レ我、観音勢至亦来助レ我。令丁我此心不レ失二正念一不レ起二驚怖一不丙於二弥陀法中一以生乙退堕甲。願畢於二其樹上一投レ身自絶。時京師士大夫傾レ誠帰信、咸収二其骨一以葬。高宗皇帝知三其念仏口出二光明一、又知二捨報之時精如レ此、賜二寺額一為二光明一焉）

言う。

西河は、山西省汾陽県《ふんようけん》、綽禅師は、浄土二祖の道綽（五六二―六四五）を指す。方等懺は、行法である四種三昧《ししゅさんまい》の一、方等三昧の、懺法《せんぼう》の意、般舟行道も、四種三昧の一、般舟三昧（常行三昧）のことを言う。

善導の臨終　源大夫は何故、臨終に際して木に登らなければならなかったのだろうか。その理由を読み解く鍵が善導伝にありそうである。上掲『新修往生伝』によれば、

　導人に謂いて曰わく、此の身厭うべく諸苦逼迫す……乃ち所居の寺の前の柳樹に登り、西に向かい願いて曰わく……願い畢り其の樹上より身を投じて自ら絶ゆ

とあって、善導自身が臨終に際し、柳の樹に登って往生を遂げていることが分かるのである。また、善導のみならず、その教えに与《あずか》った人々についても、

　京華諸州の僧尼士女、或いは身を高嶺より投じ或いは命を深泉に寄せ、或いは自ら高枝より堕ち身を焚き供養する者、略四遠に聞こゆるもの百余人になんなんとす

と言い、「自ら高枝より堕ち」るなどの臨終の形が当時、一種の流行をなしていたことが知られるのである。さらに源大夫と講師との問答の雛型《ひながた》を思わせる、『新修往生伝』の、

或るひと導に問いて曰わく、念仏の善は浄土に生ずるやと。対えて曰わく、汝の所念の如く汝の所願を遂げんと

や、往生した源大夫の口に蓮花の生ずることと、『新修往生伝』の、念仏する善導が、

一声すれば、則ち一道の光明有り、其の口より出ず

などに関しても（宋、遵式の『西方略伝』〈『唐朝京師善導和尚類聚伝』所引〉には、「人の至信有る者は、和尚念仏するとき仏の口より出ずるを見る〈人有二至信一者、見二和尚念仏従レ口出一〉」などとも言う。有名な知恩寺蔵の善導大師像〈紹興《しょうこう》三十一年曇省《どんしょう》の讃がある。図20〉などに、しばしば図像化される）、注意を払っておく必要があるだろう。同様の善導伝は溯って宋、戒珠の『浄土往生伝』巻中にも見える。そして、『新修往生伝』は戒珠の『浄土往生伝』に拠るものと言われている（松本文三郎「善導大師の伝記と其時代」『仏教史論』、弘文堂書房、一九二九年。岩井大慧《ひろさと》「善導伝の一考察」『日支仏教史論攷』一部三、東洋文庫、一九五七年。復刻版、原書房、一九八〇年。初出一九三〇年など）。

戒珠の往生伝　その『浄土往生伝』の善導伝も見ておきたい。次に、『唐朝京師善導和尚類聚伝』（後述）所引の本文を掲げる（金沢文庫本に拠る）。

浄土往生伝巻中に云わく、唐の京師の釈善導は其の姓を原《たず》ねず亦何許の人なるかを悉らず。寰宇に周遊し道津を求訪す。唐の貞観中、西河の綽禅師の方等懺及び浄土九品の道場を行するを見る。導大いに喜びて曰わく、此れ真に仏に入るの津要にして、吾之を得たりと。是に於いて篤勤精苦

すること頭然を救うがごとし。続いで京師に至り四部の弟子を撃発し、貴賤を問うこと無く彼の屠沽の輩も亦撃悟す。嘗《かつ》て弥陀経を写すこと数十万巻、散施して受持せしむ。故を以って京師より左右の列郡に至るまで、経仏を念ずる者の跡を踵《つ》ぐこと是のごとし。或るひと導に問いて曰わく、念仏の善は浄土に生ずるやと。対えて曰わく、汝の所念の如く汝の所願を遂げんと。対え已りて導乃ち自ら阿弥陀仏を念ず。是の如く一声すれば、則ち一道の光明有り、其の口より出ず。或いは其の十声するより百声に至る、光も亦之の如し。導此の身を厭い諸苦逼迫す。情偽変易して暫くも休息すること無し。乃ち所居の寺の前の柳樹に登り、西に向かい願いて曰わく、願わくは仏の威神驟やかに以って我を摂し、観音勢至も亦来たりて我を助けよ。我をして此の心に正念を失わず驚怖を起こさず弥陀の法中より以って退堕を生ぜざらしめよと。願い畢り其の樹上より身を投じて自ら絶ゆ。時に京師の士大夫誠を傾け帰信し、咸く其の骨を収め以って葬す。高宗皇帝其の念仏するや口より光明を出だすを知り、又捨報の時の精至ること此くの如くなるを知りて、勅《ちょく》を下し以って其の寺を額して光明と為すと（浄土往生伝巻中云、唐京師釈善導、不レ原二其姓一亦不レ悉二何許人一。周二遊寰宇一求二訪道津一。唐貞観中、見三西河綽禅師行二方等懺及浄土九品道場一。導大喜曰、此真入レ仏之津要、吾得レ之矣。於レ是篤勤精苦若レ救二頭然一。続至二京師一撃二発四部弟子一、無レ問二貴賤一彼屠沽輩亦撃悟焉。嘗写二弥陀経一数十万巻、散施受持。以レ故京師至二于左右列郡一、念二経仏一者踵レ跡而レ是。或問レ導曰、念仏之善生二浄土一耶。対曰、如二汝所念一遂二汝所願一。対已導乃自念二阿弥陀仏一。如レ是一声、則有二一道光明一、

従二其口一出。或其十声至二于百声一、光亦如レ之。導厭二此身一諸苦逼迫。情偽変易無二暫休息一。乃登二所居寺前柳樹一、西向願曰、願仏威神驟以接レ我、観音勢至亦来助レ我。令丁我此心不レ失二正念一不レ起二驚怖一不丙於二弥陀法中一以生乙退堕甲。願畢於二其樹上一投レ身自絶。時京師士大夫傾レ誠帰信、咸収二其骨一以葬。高宗皇帝知三其念仏口出二光明一、又知二捨報之時精至如一レ此、下レ勅以額二其寺一為二光明一焉）

善導の臨終の様など、『浄土往生伝』は『新修往生伝』と殆ど同じ内容を伝えていることが確認できよう。そして、善導の臨終を同様に伝えるものは宋、王日休の「竜舒増広浄土文《りゅうじょぞうこうじょうどもん》」以下、実に数多いのである。ところで、善導は本当に柳の樹から飛び下りて亡くなったのであろうか。

3　讃岐源大夫譚の成立

二つの善導臨終　法然の『類聚浄土五祖伝』には、前引『新修往生伝』に続けてもう一条、同書を引き、善導伝の異伝を伝えている（当条の「善導」はもと「善道」〈『観経疏伝通記』等〉に作っていたらしい）。こちらの伝える善導の臨終の有様は、次に示すように、戒珠の『浄土往生伝』などとは全く異なる。

後《のち》所住の寺院中に於いて、浄土の変相を画くに、忽《にわ》かに催《うなが》して速やかに成就せしむ。或るひと其の故を問うに、即ち曰わく、吾将《まさ》に往生せんとし、住《とど》まること三両夕なるべきのみと。忽然《こつぜん》と微疾して室に掩《と》まり、怡然《いぜん》として長逝《ちょうせい》す。春秋《しゅんじゅう》六十九。身体柔軟にして容色常の如し。異香《いきょう》音楽

久しくして方《まさ》に歇《や》む。時に永隆二年三月十四日なり（後於二所住寺院中一、画二浄土変相一、忽催令二速成就一。或問二其故一、則曰、吾将二往生一、可二住三両夕一而已。忽然微疾掩レ室、怡然長逝。春秋六十九。身体柔軟、容色如レ常。異香音楽久而方歇。時永隆二年三月十四日）

この二つの善導臨終の説は、捨身往生、掩室《えんしつ》長逝などと呼ばれ、例えば岩井大慧氏は、後者「こそ史的存在としての善導の示寂を記述したものに相違なからうと思ふ」（前掲論文）と言われている。一方、前者即ち、善導の捨身往生については、『浄土往生伝』を溯る、さらに古い資料が存する。善導の「事跡の記録せらるゝ最古のもの」（松本文三郎前掲論文）、「善導の平生を伝える最も確実で信憑し得るもの」（牧田諦亮前掲書二章）とされる、唐、道宣《どうせん》の『続高僧伝』二十七会通伝付である。『続高僧伝』は、善導の捨身往生説の原形を留めると思しい、非常に興味深い内容をもっている。

続高僧伝　『類聚浄土五祖伝』の筆頭に掲げられたそれを、次に示す（原文の（　）内は今本の『続高僧伝』）。

一、続高僧伝第三十七〈遺身篇〉に云わく、近ごろ山僧善導なる者有り、寰宇に周遊し道津を求訪す。行きゆきて西河に至り道綽師に遇い、唯だ念仏弥陀の浄業を行す。既に京師に入り広く此の化を行す。弥陀経を写すこと数万巻、士女の奉者其の数無量なり。時に光明寺に在りて説法す。人有り導に告げて曰わく、今仏名を念ぜば定めて浄土に生ぜんや不《いな》やと。導曰わく、定めて生ぜん定めて生ぜんと。其の人礼拝し訖《おわ》り、口に南無阿弥陀仏を誦し、声声相次ぎて光明寺の門を出

で、柳樹の表《こずえ》に上りて合掌西望し、倒投身下して地に至り遂に死す。事台省に聞こゆと（一、続高僧伝第二十七〈遺身篇〉云、近有㆓山僧善導者㆒、周㆓遊寰宇㆒求㆓訪道津㆒。行至㆓西河㆒遇㆓道綽師(部)㆒、唯(惟)行㆓念仏弥陀浄業㆒。既入㆓京師㆒広行㆓此化㆒。写㆓弥陀経㆒数万巻、士女奉者其数無量。時在㆓光明寺㆒説法。有人告㆑導曰、今念㆓仏名㆒定生㆓浄土㆒不。導曰、定生(念仏)定生。其人礼拝訖、口誦㆓南無阿弥陀仏㆒、声声相次出㆓光明寺門㆒、上㆓柳樹表㆒合掌西望、倒投身下至㆑地遂死。事聞㆓台省㆒）

善導捨身の解釈　右によれば、柳の樹から飛び下りて死んだのは、善導自身ではなく、善導の教えを受けた信者であったということになる。この「『続高僧伝』会通伝中の善導伝に見られる、信者の投身自殺、戒珠の『往生伝』、『新修往生伝』などの、善導が柳樹から投身自殺する記事との間の矛盾」（牧田前掲書十一章）について、例えば松本氏は、「往生伝著者は続高僧伝の本文を誤読したか、又はその中多少の誤写若くは誤奪があったのではなからうかと推測するのである。今続高僧伝の文……を「其人礼拝訖」で句を切り、口仏名を誦するを善導のことゝなし、「声々相次出光明」で切れば、往生伝著者のいふ所となる。尚ほ「寺門上柳樹表」の上字が誤つて寺門の上にあつたか、又寺門の二字が誤奪されて居たと考へれば、一層往生伝のいふが如く解釈さるゝのである」、或いは、「本来は所《しよ》化《け》の為す所ではあつたに関はらず之を其師の善導自身に帰し、彼の徳をして愈《いよいよ》顕著ならしめんとなしたものとも考へられる」（前掲論文）とし、岩井氏は、「善導の捨身往生説は……「続伝」に……ある記事を、宋代になつて善導自身のことと訛伝《かでん》するやうになつたものであらうと言ふことに、諸先輩

図 21　善導信者の捨身往生（『浄土五祖伝』善導巻，鎌倉市光明寺所蔵）

の意見は、殆ど一致してゐるやうである。然《しか》し自分は」「善導の行為が常人と変り頗《すこぶ》る異彩を放ってゐるところから、その往生の相として、薬王菩薩《やくおうぼさつ》の故事に倣ひ、この捨身往生を採用し、以て善導の徳をして、いやが上にも顕彰せしめんと企てたものに外ならぬと考へる。戒珠の善導捨身往生説は、かくして出現したものと自分は思ふのである」、また、「捨身往生説は、善導を崇信礼讃するの余り、阿弥陀仏の化身とするの思想の発展と共に、薬王焼身の故事に倣ひ、大法の為め大安養を得る為めに身命を惜まず、敢へてこれをなしたとする、宋代思想の反映として、作者の（戒珠、王古共に）机上に出来上つたものに外ならない」とした上で、王古の『新修往生伝』が二つの善導伝を併存させることについては、「王古の意中を察するに、彼は先づ一方に弥陀の化身としての善導を伝し、他方真の人間としての善導を記せんと志したものと思ふ。これ「新修伝」に二伝現はるる所以であつて、その為めに一方を善導とし他方を善道とした、王古の作意も、畢竟《ひっきょう》ここに因するものである」として、「全く同一人のことを、二つに分けた」もの（前掲論文）とされている。

近時の学説　善導の捨身往生説については近時、藤田宏達氏が、「戒珠にはじまる善導投身自殺説は、これ〔続高僧伝〕を善導自身のことと誤って解したのではないか」、さらにその誤解は、「やはり戒珠の見識にもとづく改変潤色と考えられるのである」（『善導』〈人類の知的遺産一八〉I 5、講談社、一九八五年）とし、牧田氏も、「宋代の往生伝などに見られる善導伝は、『続高僧伝』の記事が誤解されて、長安光明寺で善導の教説を聞いて納得した信者が、門前の柳樹にのぼって捨身往生を遂げたことを、善導自身が捨身往生したと伝えている」（前掲書一章）と述べられた如くであるが、総じて見れば、かつて善導伝における臨終の問題を再点検された野上俊静氏が、「以上、善導の捨身往生に関する諸説の概略と、問題のよってきたる所以を紹介し、あわせて、いささか私見を述べたことであるが、捨身の肯定・否定のどちらに明快な判断をくださんとしたわけではない。換言すれば、判断をくだしえない情態にあることを説明した、ということになるわけである。すなわち、今のところ、善導の捨身往生を、積極的には、肯定も否定もなしうる材料にとぼしいと考えるのである」（『中国浄土三祖伝』善導伝七、文栄堂書店、一九七〇年）と言われた辺りを、穏当な意見とすべきであろうか。

善導伝と源大夫　さて、話を元へ戻すならば、『続高僧伝』の善導伝は、或る「人」が善導に念仏の効能を問い、善導の答えによって教化され（ここまでは『浄土往生伝』『新修往生伝』なども同じ）、その者が柳の木に登って捨身往生を遂げる点（さらにその者の口から念仏の奇瑞が生じたとも読める点）、より一層、讃岐源大夫譚に近い。つまり源大夫が僧に会い、念仏に関する問答の末に教化を受け、木に登って往生するという、謂わば讃岐源大夫譚の骨格が、悉く『続高僧伝』の善導伝に見出されるのである。そして、源大夫の往生と重なる、『続高僧伝』の或る「人」の捨身往生に、善導の捨身往生の問題が深く関わっていることになる。

源大夫の造型　讃岐源大夫譚の成立、特に源大夫の造型についてはもう一点、善導伝との関係を考えてみたい資料がある。例えば『今昔物語集』に、

〔源大夫〕法師《ト》云《ハム》者《ヲバ》故《ニ》忌《テ》……講師《ニ》目《ヲ》見合《テ》云《ク》……我《ガ》心《ニ》現《ニト》思《ユ》許《ノ》事《ヲ》云《ヒ》聞《セヨ》。不然《さらズバ》便无《カリナム》者《ゾト》云《テ》、前《ニ》差《タル》
刀《ヲ》押廻《シテ》居《タリ》

『宝物集』に、

〔源大夫〕是はなに事するぞ。取(収)納のさかりに多の人をあつめて、いたづらにをきたるはとて、めをいからかしてはら立ければ、講師、たゞいまぞくびをもあしをもきられなんずと思ひて

などとあるように、源大夫は当初、法師を恫喝《どうかつ》し傷害に及ぼうとしている。讃岐源大夫譚における、このような場面の由来を示唆する、善導伝の資料が残されているのである。それは、『唐朝京師善導和尚類聚伝』に引かれる、宋、遵式の『往生西方略伝』である。

幸西の類聚伝　『唐朝京師善導和尚類聚伝』一巻は、法然の弟子成覚房幸西《じょうかくぼうこうさい》の撰に掛り（『浄土依憑経論章疏目録』下八など）、本書に関しては早く山上正尊「唐朝京師善導和尚類聚伝の著者に就て」（『真宗学報』一四、一九三四年六月）、小笠原宣秀「唐朝京師善導和尚類聚伝に就いて」（『龍谷学報』三一〇、一九三四年一〇月）などの優れた研究があるが、法然の『類聚浄土五祖伝』共々、多くの逸文を伝える点、貴重な書物となっている。

西方略伝の善導　遵式の『往生西方略伝』もその一つで、三箇所ある引用の中の三番目、『唐朝京師善導和尚類聚伝』末尾に引かれるものを、次に掲げる（金沢文庫蔵延応《えんおう》元年〈一二三九〉写本に拠る。原文の（ ）内は、承応《じょうおう》三年〈一六五四〉刊本。なお金沢文庫本は、『金沢文庫資料全書』四浄土篇一〈神奈川

県立金沢文庫、一九八〇年〉に翻刻が収められている）。

西方略伝に云わく、長安の屠児《とに》、姓は京氏名は宝蔵、善導和尚の人を勧め念仏せしむるにより、長安を満じて肉を断ち、人の買う者無し。遂に刀を持ちて寺に詣《いた》り、意《こころ》に害を与えんと欲す。和尚之を見、指して西方を現ず。即便《すなわち》発心し、誓いて身命を捨て、浄土に生ぜんことを求む。高樹に上り阿弥陀仏を念ぜしむること十声、樹より堕ちて終わる。衆化仏《けぶつ》の天童子を引き宝蔵の頂《ちょう》門《もん》よりして出ずるを見ると〈天童子と言うは、即ち是其《これぞ》の神なり〉。

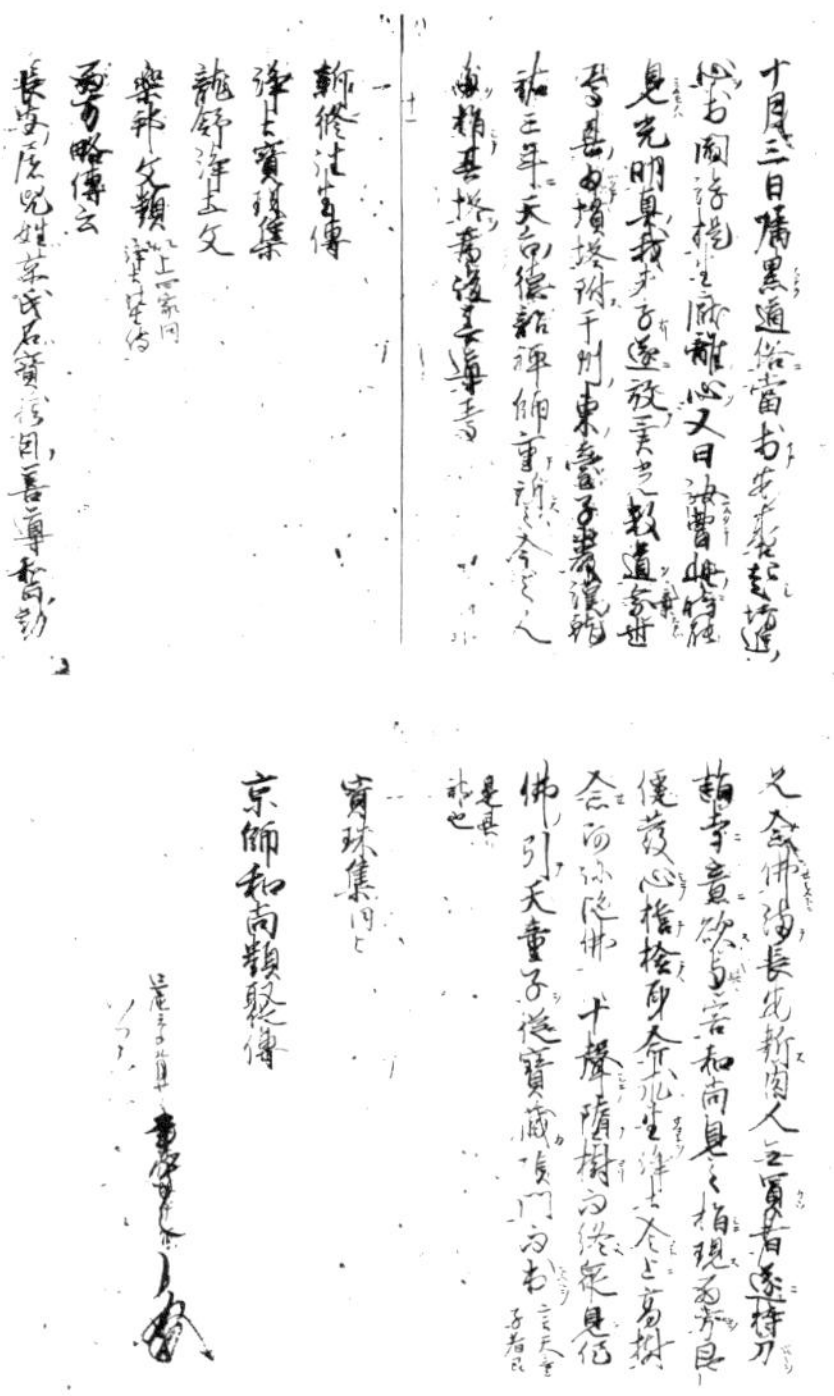

図 22 『唐朝京師善導和尚類聚伝』
(称名寺所蔵，神奈川県立金沢文庫保管)

宝珠集上に同じ（西方略伝云、長安屠児、姓京氏名宝蔵、因(同)二善導和尚勧レ人念仏一、満二長安一断レ肉、人無二買者一。遂持レ刀詣レ寺、意欲レ与(興)レ〈「与」の右に「〳興（歟）」〉害。和尚見レ之、指二現西方一。即便発心、誓捨二身命一、求レ生二浄土一。令下上二高樹一念中阿弥陀仏上十声、堕レ樹而終。衆見下化仏引二天童子一従二宝蔵頂門一而出上〈言二天童子一者、即是其神也〉。宝珠集同レ上）

源大夫と宝蔵　『往生西方略伝』に見える屠児とは、言うまでもなく獣を殺しその肉を売る者の蔑《べっ》称《しょう》であって（『法華経』安楽行品に、「亦莫レ親二近、屠児魁膾、畋猟漁捕、為レ利殺害一」と見える）、このことはまた、前掲『浄土往生伝』などに、「貴賤を問うこと無く彼の屠沽の輩も亦撃悟す」（屠は、屠者、沽は、酒売り）とあることと対応しているが、何より興味深いのは、本話における屠児の宝蔵が当初、善導を憎んで害意を懐き、刀を下げて善導に迫っていることで、この状況は、讃岐源大夫譚における源大夫と法師の邂逅《かいこう》の場面に酷似することである。また、善導の教化に接した宝蔵が、俄に回心して発心し、樹に上って念仏往生を遂げることや、宝蔵に往生の奇瑞の現われることなども、讃岐源大夫譚の骨格と殆ど一致していると言ってよいであろう。加えて、屠児の宝蔵は、「日夜朝暮《ニ》、山野行《ニテ》鹿鳥《ヲ》狩《リ》、河海臨《ニテ》魚《ヲ》捕《ル》」（『今昔物語集』）、「狩すなどりをもて興(業)とし」（『宝物集』）、「罪宗《ヲ》造《トル》者」（『私聚百因縁集』）などと記述される、源大夫の出自を思わせるに十分なものをもっている。この屠児宝蔵譚に関しては、南宋、陸師寿《りくしじゅ》の『新編古今往浄土宝珠集』にもあったらしいが、散逸しており（八巻中、巻一のみ存）、『仏祖統紀』二十八には、『往生西方略伝』とほぼ同じものが見える。また、『鳥竜山師并屠児宝蔵伝』と題する、鎌倉末期巻子本《かんすぼん》が西本願寺に伝えられ（『唐朝京師善導和尚類聚伝』の抄出。山上、小笠原前掲論文参照）、光明寺蔵『浄土五祖伝』（善導巻。『光明大師絵詞伝《えことばでん》』とも）に屠児宝蔵譚が描かれていることなどにも、注意を払う必要があるだろう。一方、善導の著作の我が国への将来は、善導存命中の斉明《さいめい》天皇七年（六六一）、道昭《どうしょう》の帰朝に伴うそれに溯るとされるから（中井真孝『朝鮮と日本の古代仏教』Ⅱ「留学僧道昭と唐の善導」二、東方出版、一九九四年。初出一九七九年）、善導の伝記の舶載も思いの外、早かったに違いない。その道昭のいた「西明寺《さいみょうじ》」と道一本を隔てていたのが光明寺」で、「道昭は善導と遇っていた可能性は高」く、「あるいは光明寺における善導の説教を聞き、柳樹より投身自殺した人の話を、道昭は噂《うわさ》として小耳にはさんだとも考えられる」（中井前掲書）という指摘は非常に重要であり、善導伝の我が国への伝来を考える上で、頗る示唆に富む。

源大夫譚の成立　以上のことから考えて、讃岐源大夫譚は、善導伝（『続高僧伝』『往生西方略伝』など）に骨子を借り、それを換骨奪胎《かんこつだったい》して、我が国の源大夫の話とすることにより、成立したものではないだろうか。その目的は、おそらく成立期浄土教の唱導《しょうどう》の粉本に供しようとしたものであろう。さて、源大夫の木に登っての往生は、捨身往生の一種であろうと思われる。捨身往生というものについて、例えば井上光貞氏は、「平安時代の民間浄土教が、大観すれば、呪術的な、シャーマニスティックな、そして雑信仰的な性格のものであり……かような民間浄土教の一般大勢が、いかに低劣なものであったかは、たとえば末法《まっぽう》の自覚のます〳〵たかまってきた平安末期に入り、きわめて頽廃的《たいはいてき》な、非倫理的な捨身往生が流行したという一事によっても知られよう。この捨身往生とは、焼身・入水《じゅすい》することであって……古くからおこなわれた民間宗教の一形態であったであろう。しかしその風は平安末期、浄土教の隆盛に伴なって著しくなり、その瑞想《ずいそう》・奇跡にあずかろうとする民衆のうごきは各種の記録にあらわれてくる……聖《ひじり》の目的はいずれにあったにせよ、民衆はまじめにこれを信じた……このような現実のなかにおかれていたのが、平安末期の一般の信仰であったとみてよいであろう」（『新訂日本浄土教成立史の研究』山川出版社、一九七五年）とされているが、最後に、聊《いささ》か面白い捨身往生の例を上げておきたい。

河内源氏の捨身　天仁《てんにん》二年（一一〇九）二月三日夜、河内《かわち》源氏の嫡流《ちゃくりゅう》を継ぐ義家《よしいえ》四男の義忠が刃《にん》傷《じょう》を被り、五日に死ぬ（『百錬抄《ひゃくれんしょう》』など）。この事件の経過について、安田元久氏は、「朝廷では、はじめ源重実を殺害の張本人と疑い、これを捕えた。また同時に〔義家弟〕義綱の三男義明にその指嗾《しそう》者《しゃ》としての容疑をかけた。重実は、源満仲《みつなか》の弟満政の三代の孫であるが、この容疑によって捕えられたものの、まもなくその事実がなかったことが明らかとなり、釈放された。そして今度は、義明の関係で義綱自身にも疑いがかかり、彼はしきりに事件に無関係なことを弁明したが、ついに罪をまぬかれ難いような事情に追い込まれた。そこで義綱は憤激の余り、義弘・義俊・義仲・義範・義公らの子息を伴って近江《おうみ》の甲賀山に籠《こも》ってしまった。このとき義明は病のため同行できず、乳父《めのと》であった滝《たき》口季方《ぐちのすえかた》の宿所に隠れた。そこで朝廷では義綱以下の討伐を源為義《ためよし》に命じたのである。義忠の死によって源氏の嫡流をついだ為義はわずか十四歳であったが、源家累代の家人《けにん》たちを率いて甲賀山に向った……ついに義綱は敗れ、出家して降り、為義はこれを京都につれ帰った」（『源義家』十二章、人物叢書、吉川弘文館、一九六六年）と述べられている。義綱の子供達六人はこの事件に巻き込まれ、死んでしまうことになるのだが、その死に方が凄まじい。『尊卑分脈《そんぴぶんみゃく》』によると、例えば一男義弘の場合、

（父出家して為義に降らんとするの時、父に自害を勧めんが為に、其の場に於いて高木に昇り、身を嶮谷《けんこく》に投じて死に了《おわ》んぬ（父出家降二于為義一之時、為レ勧二父自害一、於二其場一昇二高木一、投二身於嶮谷一死了）

と記し、また、二男義俊については、

舎兄《しゃけい》の自殺と同じ時同じ場に於いて、自ら深渓に飛び入りて死に了んぬ（舎兄自殺同時於二同場一、自飛二入深渓一死了）

と言い、さらに四男義仲に関しては、

舎兄の自殺と同じ時同じ場に於いて、火に入りて死に畢んぬ（舎兄自殺同時於二同場一入レ火死畢）

などとしているのである。これらは、父義綱の出家していることもあって、単なる自殺とは思われず、やはり捨身往生であろうと考えられる。義綱など源大夫そのものとも言え（大夫は五位の称で、義綱は五位）、殊に一男の義弘など、説話前史に数多《あまた》いたらしい、各地の源大夫たちの実態を偲《しの》ばせる、興味深い例と思われる。讃岐源大夫譚の成立を論じるには、右の義弘らの例も併せ、改めて善導伝にお

ける捨身往生の意義、また、日中におけるその展開について、検討する必要があるだろう。何より我が法然は、善導のそれを信じたのである（『善導十徳』七）。

九　法然像の現代化

中井真孝

1 「円光大師」と「勅修御伝」

浄土宗鎮西派《ちんぜい》の諸寺院は、中世後期になって京都の本山や関東の檀林《だんりん》、各地の由緒寺院などを中核とする地域的な本末圏をなしていたが、ようやく近世に入って緩やかな統合による全国的な宗派の「浄土宗」を形成した。統一宗派のシンボルとして法然上人（以下、尊称を略す）に対する宗祖観《しゅうそかん》が絶対化するのも、このころである。

天文《てんぶん》八年（一五三九）、法然に「光照大士《こうしょう》」という諡号《しごう》が贈られたが、知恩院《ちおんいん》の開山堂《かいざんどう》の額字に過ぎなかったようだ。元禄《げんろく》十年（一六九七）、幕府からの執奏《しっそう》によって「円光大師《えんこう》」という諡号が贈られたのである。宗祖に対する贈号は、天台・真言・禅の諸宗に比肩《ひけん》する宗派たることを示威《じい》したので、宗派を挙げて慶讃した。知恩院の秀道が法然の影像の前で読み上げた祭文《さいもん》において、法然の諸伝記で

図23　法然上人御廟

「弥陀《みだ》の応現」「勢至《せいし》の垂迹《すいじゃく》」と賛嘆《さんだん》されたゆえんの奇瑞《きずい》は、蓮華《れんげ》を足下《そっか》に踏み、金光《こんこう》を頭上に放ち、勢至菩薩《ぼさつ》が行道に伴い、普賢《ふげん》菩薩が道場に現れ、諸神が衛護し、異類が信服したことを取り上げ、これこそが「一代の化儀《けぎ》の概略」であると述べている（『知恩院史』知恩院、一九三七年）。さらに法然が「三朝の天子」の授戒の師となり、当時の名僧が弟子の礼をとり、古今の聖賢がみな帰敬《ききょう》した点を強調している。こうした事績が、法然への諡号追贈の理由だと認識されていたのである。

知恩院の秀道は直ちに『円光大師略伝』を著し、これを末寺に配布している。この略伝は、巷間《こうかん》から姿を消しつつある「伝法絵《でんぼうえ》」系の諸伝記や、浩瀚《こうかん》な『法然上人行状絵図《ほうねんしょうにんぎょうじょうえず》』に代わって、宗祖の事績を簡単に知ることのできる伝記として普及したが、同時に浄土宗の宗祖観を絶対化させる役割を果たしたのである。秀道に触発された称名寺《しょうみょうじ》の心阿《しんあ》は宝永《ほうえい》元年（一七〇四）に『浄土本朝高僧伝《じょうどほんちょうこうそうでん》』（『鎮流祖《ちんりゅうそ》伝《でん》』ともいう）を編纂《へんさん》して、法然以下の浄土宗を継承してきた僧たちの業績を顕彰した。心阿は法然について、「本地《ほんじ》高広」「誕生霊異《りょうい》」「諸宗通達《つうだつ》」「講説霊異」「顕密現証」「伝興宗義」「三昧発得《さんまいほっとく》」「自身放光」「円戒中興」「竜象帰依《きえ》」「王臣帰敬《ききょう》」「神祇感応《じんぎかんのう》」という一二の徳を掲げている。最後の「神祇感応」を除けば、いずれも法然の諸伝記に大なり小なり書かれている事績だ。

法然像の特徴が「徳行」の列記だとすれば、「伝法絵」系の法然伝では大別すると、奇瑞的な法然像と智者的な法然像とが交錯《こうさく》していた（本書「法然伝の系譜」参照）。このうちどれを強調するかは、伝記作者の判断によるところだが、時代の傾向もあろう。「伝法絵」系の法然伝で特筆されず、『鎮流祖伝』で挙げられた「徳行」には、「本地高広」「誕生霊異」「講説霊異」「顕密現証」「伝興宗義」「三昧発得」などがある。概していえば、霊異（奇瑞）的な法然像がより濃厚になってきた。

法然の大師号追贈と相前後して、知恩院蔵の『法然上人行状絵図』は「勅集《ちょくしゅう》（修）御伝」と呼ばれ始めた（以下、『勅伝』という）。秀道の『円光大師略伝』や忍澂《にんちょう》の『勅修吉水円光大師御伝縁起《ちょくしゅうよしみずえんこうだいしごでんえんぎ》』において、後伏見《ごふしみ》上皇が勅をもって舜昌《しゅんじょう》に法然諸伝を集成せしめ、その詞書《ことばがき》は伏見《ふしみ》法皇・後伏見上皇・後二条《ごにじょう》天皇の宸翰《しんかん》、能書《のうしょ》の法親王《ほっしんのう》・公卿《くぎょう》らの直筆《じきひつ》になる、という伝承がにわかに登場したのである。ここに『勅伝』は「円光大師」の諡号とともに、法然と皇室の関係を誇示《こじ》する宗派の至宝《しほう》と見なされ、最も権威ある法然伝として崇《あが》められるようになった。すなわち『勅伝』は絶対視され、そこに描かれた法然像が宗派の公定するところとして、不動の位置を占めたのである。

2　人間的法然像への模索

法然像の近代化は、法然没後七百年の大遠忌《おんき》に当たる明治四十四年（一九一一）の前後から始まった。宗学者の望月信亨《しんこう》氏が『法然上人正伝』（記念報恩会、一九一一年）を著している。望月氏は法然の事績のうち、正確なると信じたものを採録し、疑似にわたるものを排斥《はいせき》し、年月の明らかなるものは編年法により、不明なるものは年代を推断して配列するという、これまでの法然伝にない編纂の方法をとった。法然諸伝の原形ともいうべき『本朝祖師伝記絵詞《ほんちょうそしでんきえことば》』（『伝法絵』）は、記述が簡素で年月が明らかでないものが多く、法然諸伝を集大成した『勅伝』は、記事が詳細であるが年代順になっていないので、法然の生涯を追うにはかえって煩瑣《はんさ》である、という欠点を克服しようと意図した。「三昧発得記」や「臨終記」などの法然に関する古記録、『玉葉《ぎょくよう》』などの公卿の日記をも採用して史実に近づけようと努めているが、「上人の盛徳」を賛嘆することに著述の目的があり、従来の法然像を根底から覆《くつがえ》すところまでは至っていない。

望月氏と同じころ、須藤光暉《みつてる》氏が『法然上人』（金尾文淵堂、一九一一年）を著している。法然の生涯にわたる事績を編年的に、小説の手法をもって書かれた高僧の伝記文学とでも言うべきものだ。もともと年月が判明しないはずの事績について、十分な考証を経ずに年月を付けたり、また史料的価値が低い伝記によって異説を採用するなど、伝記としての信頼性を損ねている。しかし、須藤氏は秘蹟や奇瑞には淡泊な態度で臨んでおり、神秘的な要素が少ない法然像となっているのは、この時期のものとしては珍しい。

小説家の木下尚江《なおえ》氏が書いた評論の『法然と親鸞』（金尾文淵堂、一九一一年）は注目される。木下氏は法然と親鸞を宗教改革者と捉え、法然を「傲慢《ごうまん》な教権、陰険な政権、横暴な兵権に疲れ果てた民生の霊魂」の救済者として論じている。社会主義運動を起こした木下氏が、現実的に期待できない社会改革に代わるものとして、過去の歴史に実験された偉大な宗教改革に興味を引かれたのである。純粋な小説の手法によって、純粋な信仰生活に生きた法然の姿を描こうと世に問うたのが、三井晶史《まさし》氏の『創作　法然』（新光社、一九二二年）である。安楽房遵西《あんらくぼうじゅんさい》を主人公としたので、法然の全生涯に迫りきれず、その点で不満が残る。

須賀隆賢氏の『全法然』（春秋社、一九二四年）は、須藤氏や木下氏に触発され書かれた本格的な法然伝である。須賀氏は、偉大な霊性的人格をもつ「巨人」法然を描くことに努め、歴史的背景の叙述と御法語の引用に相当の紙数を割いている。新出の醍醐《だいご》本『法然上人伝記』によって法然の悪人正機説《あくにんしょうきせつ》（「善人尚《なお》以テ往生ス、況《いわ》ンヤ悪人ヲヤ」の言葉）を初めて紹介したが、それが以後の法然像の構築に継承されなかったのは惜しい。

ところで、木下氏によって提唱された「宗教改革者」の法然像は、近代的な法然像の一つとして定着する。矢吹慶輝《けいき》氏も『法然上人』（岩波書店、一九三一年）において、法然の浄土開宗を宗教改革の新運動と見た。矢吹氏は世界史的な観点から、西洋の宗教改革に先立つこと四百年の十二世紀後半にわが国の宗教改革が行なわれた意義を高く評価し、法然を日本仏教史の分水嶺《ぶんすいれい》に立つ宗教家と捉えた。しかし、法然の生涯を述べるに当たっては、なお『勅伝』の宗祖観から脱却できていない。また、中里介山《かいざん》氏も『法然』（三省堂、一九三一年）の冒頭において、法然を「唯一の創立者」「本当の革命家」であると評する。中里の法然への傾倒は一方《ひとかた》ならず、『勅伝』を「法然伝の中の最も信用すべき、最も豊富なる材料を有する価値ある古典」として、読者に分かりやすく提供するため、現代語に要約している。この要約は簡明かつ的確であって、それまで宗派の僧にしか読まれなかった『勅伝』を、世に普及せしめた功績は大きい。

このように、近代になって奇瑞的な法然像は希薄になる。しかし、『勅伝』によって構築された宗派公定の法然像を否定するにおよばなかった。

3　多様な法然像の構築

戦後の法然伝研究において、『勅伝』の権威から自由になることが要請された。田村圓澄《えんちょう》氏は、歴史学の立場から新しい法然像の構築を目指し、人物叢書に『法然』（吉川弘文館、一九五九年）を著した。信（帰依《きえ》）と謗《ぼう》（非難）の両極端を一身に集めた法然の生涯を、確実な史料にもとづき記述している。田村氏の基本的な視座は、中世に成立した法然伝は「救済者」としての法然、「宗祖」としての法然を描くことを要求されていたが、近代人の関心は「人間」としての法然にあって、中世・近世的な法然像に付加された神秘的な装いは除去されねばならない、というところにあった。

田村氏の法然論に対して、大橋俊雄《しゅんのう》氏が「日本人の行動と思想」シリーズに『法然』（評論社、一九七〇年）を、梶村昇氏が角川選書に『法然』（角川書店、一九七〇年）を相次いで著している。大橋氏は、平板《へいばん》になりがちな伝記を有機的に編もうと試み、ややもすれば教説と行動が個々ばらばらになりがちな宗祖伝のあり方を批判して、教説を行動との絡み合いの中に求めた。梶村氏は、ただ単に法然の事績を編年的に並べていくのではなく、日本仏教史との関連において法然の全貌を把握しようと努め、「宗教は知識ではなく、体験である。法然の信仰思想が今日のわれわれにとって、いかなる意味をもつか」という視座を掲げた。

この間、法然を主人公とする佐藤春夫氏の歴史小説『極楽から来た』（講談社、一九六一年）が発表されている。著者自身の語るところでは「法然上人正伝と真平家物語を書いた」とあり、小説でありながら、時代背景を克明に追い、ほぼ史伝に即して書かれている。「正如房《しょうにょぼう》につかはす御文」の正如房は式子内親王《しきしないしんのう》だとする新説を紹介し、法然と式子内親王の道交を叙するなど、法然の人間性を豊かに表しており、これ以後の法然像の構築に多大の影響を与えた。

このように「人間」法然――法然に関する評論や歴史研究の抄録『思想読本　法然』（法蔵館、一九八三年）を編集した橋本峰雄氏の言を借りれば、「個人としての法然」——への関心は高まり、最近になって宗派に属さない人からも、照射の角度を変えた多様な法然像が呈されてきた。私が属目《しょくもく》した二、三を紹介しておこう。石丸晶子氏は『式子内親王　面影びとは法然』（朝日新聞社、一九八九年）において、正如房（式子内親王）に宛てた法然の消息や式子の和歌を緻密《ちみつ》に分析し、式子は法然を慕い、法然も式子の心を知りながら、病篤《あつ》い彼女の枕辺に赴かずに浄土での再会を誓ったと推測する。石丸氏によって、法然の隠れた一面が照らし出された。

阿満利麿《あまとしまろ》氏の『法然の衝撃　日本仏教のラディカル』（人文書院、一九八九年）は、法然を革命的人物と見るが、そのラディカル性を救済原理の〈自家用の念仏〉がすべての人々に開かれている点に求めている。町田宗鳳《そうほう》氏は『法然　世紀末の革命者』（法蔵館、一九九七年）において、法然の革命性を民衆性・易行《いぎょう》性にではなく、ネガティブな暗黒の死を、阿弥陀や極楽浄土のポジティブなイメージに昇華させたという想像の一大転換に求め、「三昧発得」などの幻視体験を重視している。松本章男氏の『法然の生涯』（大法輪閣、一九九八年）も、法然の若いころの法華三昧《ざんまい》や晩年の念仏三昧などの神秘的な宗教体験を認め、そこに法然の回心《えしん》の実際と人間性を見いだそうとした。また、梅原猛《たけし》氏は『法然の哀しみ』（小学館、二〇〇〇年）を著し、法然の父の死を醍醐本『法然上人伝記』の「別伝記」に従って比叡《ひえい》登山後のこととした上で、父殺害事件が法然の思想形成の原体験になっていると言う。

こうした多様な法然像は、橋本氏が「人はおのがじし、反証のないかぎり、できるだけ矛盾のないかぎりにおいて、所与の史料、読物および伝承のなかから、自分の法然像を画くほかないであろう」と看破したごとく、陸続《りくぞく》と生まれ出るに違いない。それはあくまでも一個の「私にとっての法然像」に過ぎないのであるが、その営み以外に法然の全貌に迫る方法はないことを銘記しておきたい。

あとがき

法然上人は日本の仏教思想史の分水嶺《ぶんすいれい》だと評価されているが、その生涯と思想に関する研究は、同じ鎌倉仏教の祖師《そし》たちに比べて見劣りの感がする。法然の伝記は十指に余りあるが、宗祖の偉大さを記すところに主眼を置き、その生涯にわたる事績を漏らさずに書き留めているわけではない。法然自筆の著作物が今日に伝存することは少なく、著述の多くが遺弟《ゆいてい》や孫弟子らの手で編集された。しかし、教義に関して門流の間で微妙な相違が見受けられる。こうしたことによってか、法然研究は他の祖師たちよりも進んでいないのが実情である。

法然の独創は、その主著『選択本願念仏集《せんちゃくほんがんねんぶつしゅう》』の書名の通り、称名《しょうみょう》の念仏を阿弥陀仏《あみだぶつ》が選択された本願の念仏であると理論的に確立し、その称名の念仏を「専修《せんじゅ》」することを明言したことにある。法然の専修念仏は、時機相応《じきそうおう》（「時」は時代の特質、「機」は個人の能力をいい、時と機がマッチする）の教行《きょうぎょう》であると、多くの階層の人びとに受け入れられた。法然の思想の特徴を、当時の時代と人間のありようを見つめて、時機相応した思考と行動をとることであったと理解すれば、私たちがいま現に生きている時代と自己を直視し、真の自己を形成するには、法然の思想が大きな示唆を与えるに違いない。

本書はその冒頭に、法然への想いが篤《あつ》い文化人に「私の法然」を語っていただいた。ついで、法然思想の中核となる浄土教の教理的特質、宗教的体験、悪人往生論などについて、「各論」に当たる論考を掲載した。さらには、法然研究の基礎となる伝記や遺文《いぶん》（消息）の整理と位置づけ、法然の老病と絵解《えと》き、源大夫往生譚《げんだいふおうじょうたん》と善導《ぜんどう》伝、法然像の現代化、といった「特論」も併せて収録した。これで法然のすべてが分かるわけではないが、法然思想の解明に幾分なりとも寄与できると確信している。

法然は『選択本願念仏集』の巻末に、「ここにおいて貧道《ひんどう》、昔この典（『観経疏』）を披閲《ひえつ》して、ほぼ素意を識《さと》り、立《たちどこ》ろに余行を舎《す》てて、ここに念仏に帰す。それより已来《このかた》、今日に至るまで、自行化他《じぎょうけた》ただ念仏を縡《こと》とす。然る間、希《まれ》に津《しん》を問ふ者には、示すに西方の通津《つうしん》を以てし、適《たま》たま行を尋ぬる者には、誨《おし》へるに念仏の別行を以てす。これを信ずる者は多く、信ぜざる者は尠《すくな》し」と述懐している。往生浄土を願い、庵室を訪ねて来るものにだけ、法然は念仏を勧めたのである。ここに法然の慎ましさと〝待ち〟の姿勢があるが、しかし法然の浄土宗は広まった。それはなぜか。私は、法然の魅力がこうしたところに隠されていると思う。

なお最後になったが、本書の趣旨を汲み取り、各章を執筆いただいた各位には、心から感謝を申し上げたい。巻末の年表・参考文献の作成は、松島吉和氏の手を煩わせた。編集全般のことがらについて、吉川弘文館編集部のお力添えを得た。ともに記して謝意を表したい。

平成十六年七月一日

中　井　真　孝

参考文献

（1）史料

井川定慶編『法然上人伝全集』法然上人伝全集刊行会　一九六七年（増補版）
石井教道編『昭和新修法然上人全集』平楽寺書店　一九五五年
大橋俊雄編『法然全集』三巻　春秋社　一九八九年
大橋俊雄編『法然上人伝』二巻　春秋社　一九九四年
黒田真洞・望月信亨編『法然上人全集』宗粋社　一九〇六年
小松茂美編『法然上人絵伝』（続日本絵巻大成）三巻　中央公論社　一九八一年
塚本善隆編『法然上人絵伝』（新修日本絵巻物全集）角川書店　一九七七年
藤堂祐範編『選択集大観』山喜房佛書林　一九七五年（再版）
法然上人全集刊行会編『定本法然上人全集』第一巻・第七巻　山喜房佛書林　一九七七・一九八二年
水谷真成監『往生院本・延応本選択本願念佛集』法蔵館　一九八〇年

（2）生涯に関する著作

井川定慶『法然上人絵伝の研究』法然上人伝全集刊行会　一九六一年
伊藤唯真『浄土宗の成立と展開』吉川弘文館　一九八一年
伊藤唯真・玉山成元編『法然』（日本名僧論集）第六巻　吉川弘文館　一九八二年
伊藤唯真・玉山成元編『法然上人と浄土宗』（日本仏教宗史論集）第五巻　吉川弘文館　一九八五年
梅原　猛『法然の哀しみ』小学館　二〇〇〇年

大橋俊雄『法然』(日本人の行動と思想) 第一巻　評論社　一九七〇年
大橋俊雄『法然と浄土宗教団』(歴史新書) 一七一　教育社　一九七八年
大橋俊雄『法然入門』春秋社　一九八九年
大橋俊雄『法然』(学術文庫) 一三二六　講談社　一九九八年
梶村　昇『法然』(角川選書) 三六　角川書店　一九七〇年
菊地勇次郎『源空とその門下』法蔵館　一九八五年
三田全信『成立史的法然上人諸伝の研究』光念寺出版部　一九六六年
大正大学・佛教大学編『法然浄土教の総合的研究』山喜房佛書林　一九八四年
田村圓澄『法然』(人物叢書) 三六　吉川弘文館　一九五九年
田村圓澄『法然上人伝の研究』法蔵館　一九五六年
田村圓澄『法然とその時代』(法蔵選書) 一九　法蔵館　一九八二年
知恩院浄土宗学研究所編『法然仏教の研究』山喜房佛書林　一九七五年
知恩院浄土宗学研究所編『法然上人の研究』山喜房佛書林　一九八二年
寺内大吉『法然讃歌』(中公新書) 一五二六　中央公論新社　二〇〇〇年
中井真孝『法然伝と浄土宗史の研究』思文閣出版　一九九四年
中里介山『法然』三省堂　一九三一年
中野正明『法然遺文の基礎的研究』法蔵館　一九九四年
佛教大学法然上人研究会編『法然上人研究』隆文館　一九七五年
法然上人伝研究会編『法然上人伝の成立史的研究』四冊　知恩院　一九六一〜六五年
吉田　清『源空教団成立史の研究』名著出版　一九九二年
吉田　清『法然浄土教成立史の研究』岩田書院　二〇〇一年

（3）思想に関する著作

阿満利麿『法然の衝撃』人文書院　一九八九年
阿満利麿『法然を読む「選択本願念仏集」講義』（角川叢書）四　角川書店　一九九九年
石井教道『選択集の研究（註疏編）』誠文堂新光社　一九四五年
石井教道『選択集の研究（総論編）』平楽寺書店　一九五一年
石井教道『選択集全講』同刊行後援会　一九五九年
石上善應『法然』（日本の仏典）第三巻　筑摩書房　一九八八年
石上善應『おおらかに生きる・法然』（仏教を生きる）第八巻　中央公論新社　二〇〇〇年
梅原　猛『法然』（浄土仏教の思想）第八巻　講談社　二〇〇〇年
大橋俊雄『法然・一遍』（日本思想大系）第一〇巻　岩波書店　一九七一年
小川龍彦『一枚起請文原本の研究』同刊行会　一九七〇年
香月乗光『法然浄土教の思想と歴史』山喜房佛書林　一九七四年
梯　實圓『法然教学の研究』永田文昌堂　一九八六年
梶村　昇『法然のことば』雄山閣出版　一九七八年
梶村　昇『法然の言葉だった「善人なをもて往生をとぐいはんや悪人をや」』大東出版社　一九九九年
髙橋弘次『改版増補法然浄土教の諸問題』山喜房佛書林　一九九四年
知恩院浄土宗学研究所編『選擇集論集』知恩院浄土宗学研究所　一九九八年
塚本善隆編『法然』（日本の名著）第五巻　中央公論社　一九七一年
坪井俊映『法然浄土教の研究』隆文館　一九八二年
藤堂恭俊『法然上人研究』第一・二巻　山喜房佛書林　一九八三・一九九六年
藤堂恭俊『一枚起請文のこころ』東方出版　一九八七年
藤堂恭俊『一紙小消息のこころ』東方出版　一九九六年

藤堂恭俊『選択集講座』浄土宗　二〇〇一年
西川知雄『法然浄土教の哲学的解明』山喜房佛書林　一九七三年
袴谷憲昭『法然と明恵―日本仏教思想史序説』大蔵出版　一九九八年
橋本峰雄編『法然』（思想読本）法蔵館　一九八三年
服部正穏『法然浄土教思想』百華苑　一九八〇年
藤本浄彦『法然上人思想論攷』平楽寺書店　一九八八年
藤本浄彦『法然浄土教の宗教思想』平楽寺書店　二〇〇三年
佛教大学編『法然上人の思想と生涯』東方出版　一九八四年
町田宗鳳『法然　世紀末の革命者』法蔵館　一九九七年
町田宗鳳『法然対明恵　鎌倉仏教の宗教対決』（選書メチエ）一四一　講談社　一九九八年
松本史朗『法然親鸞思想論』大蔵出版　二〇〇一年

略年譜

和暦	西暦	年齢	事項
長承 二	一一三三	一	美作国久米南条稲岡庄に生誕。父は久米の押領使漆間時国、母は秦氏、幼名は勢至丸(伝法絵、琳阿本、行状絵図)
永治 元	一一四一	九	父漆間時国、預所明石定明の夜襲により傷死(私日記)○この年、菩提寺観覚の室に入る(伝法絵)
久安 三	一一四七	一五	二月、比叡山西塔持宝房源光の室に至り、四月、皇円の室に移る(行状絵図)○十一月、比叡山戒壇院で受戒(知恩講)
四	一一四八	一六	春、天台三大部を読み始める(琳阿本、行状絵図)
六	一一五〇	一八	この年、黒谷に隠遁し、叡空に師事する(知恩講、伝法絵)
保元 元	一一五六	二四	この年、嵯峨清涼寺に参籠し、ついで法相宗蔵俊・三論宗寛雅・華厳宗慶雅らと論談する(伝法絵、醍醐本)
安元 元	一一七五	四三	春、浄土宗を開宗する(私日記、伝法絵、琳阿本)○この年、はじめ西山広谷に、のち東山吉水に移る(行状絵図)
治承 五	一一八一	四九	閏二月二十三日、藤原邦綱の臨終知識となる(玉葉)○六月、東大寺大仏大勧進を固辞し、俊乗坊重源を推挙する(伝法絵)
元暦 元	一一八四	五二	二月、平重衡を教化する(平家物語)
文治 二	一一八六	五四	秋、顕真に招かれ、大原で浄土の法門を談義(大原問答)する(私日記、行状絵図)
五	一一八九	五七	八月一日、九条兼実に招かれ、法文および往生業を説く。八日、兼実に授戒、兼実その後念仏を始める(玉葉)

建久	元	一一九〇	五八	二月一日、重源の求めに応じて、この日より東大寺に『浄土三部経』を講説する（漢語灯録）○七月二十三日、九条兼実に授戒する（玉葉）
	二	一一九一	五九	三月十三日、重源の十問に答える（拾遺語灯録）○七月二十八日、八月二十一日、十月六日、九条兼実に授戒する（玉葉）○九月二十九日、宜秋門院任子に授戒する（玉葉）
	三	一一九二	六〇	八月八日、九条兼実に授戒する（玉葉）
	六	一一九五	六三	三月二十一日、津戸為守、法然に帰依する（行状絵図）
	八	一一九七	六五	三月三十日、九条兼実に授戒する（玉葉）○五月、弁長、法然を吉水に訪問する（聖光上人伝）
	九	一一九八	六六	一月一日、この日より別時念仏を行ない三昧発得する（醍醐本）○春、『選択本願念仏集』を撰述する（古徳伝）○四月八日、没後制誡を書く（漢語灯録）○この年、幸西、法然の室に入る（行状絵図）
正治	元	一一九九	六七	二月、弁長、入洛し、法然より『選択本願念仏集』を伝授される（聖光上人伝）
	二	一二〇〇	六八	九月三十日、九条兼実の妻（北政所）病気により、法然を招き十月二日まで連日受戒する（玉葉）
建仁	元	一二〇一	六九	春、親鸞、法然の室に入る（古徳伝）○十月十七日、宜秋門院任子、法然を戒師として出家する（明月記）○この年、藤原隆信、法然について出家する（行状絵図）
	二	一二〇二	七〇	一月二十八日、九条兼実、法然について出家する（明月記）○この年、長西、法然の室に入る（浄土法門源流章）
元久	元	一二〇四	七二	二月十七日、伊豆山源延のために「浄土宗略要文」を集録する（漢語灯録）○八月、弁長筑後に帰り、浄土宗を弘通する（聖光上人伝）○十月、山門衆徒蜂起し、天台座主真性に専修念仏の停止を訴える（琳阿本）○十一月七日、「七箇条制誡」をつくり門弟を

			誡め、これを座主真性に送る(二尊院文書)
二	一二〇五	七三	八月、瘧病にかかる(行状絵図)○十月、興福寺貞慶、九箇条を挙げて、法然の念仏を弾奏する(興福寺奏状)○十二月二十九日、宣旨により科をまぬがれる(行状絵図)
建永元	一二〇六	七四	二月十四日、院宣により行空・遵西の二人逮捕される(三長記)○十一月二十七日、西園寺実宗、法然を戒師として出家する(明月記)
承元元	一二〇七	七五	二月九日、住蓮・安楽、六条河原で死刑に処せらる(行状絵図)○二月二十七日、院宣により土佐に配流が決まり、三月十六日京都を出発し、室の泊を経て、二十六日讃岐国塩飽の地頭高階保遠の館に到着する(伝法絵)○十二月八日、勅免の宣旨下り、ついで摂津国勝尾寺に入る(行状絵図)
三	一二〇九	七七	この年、幸西ら、北陸に一念義弘通する(行状絵図)
建暦元	一二一一	七九	十一月十七日、入洛の宣旨が下る。二十日入洛して、東山大谷に住む(醍醐本)○十一月、平基親『選択本願念仏集』の序文を作り、ついで開版を行なう(延応版選択本願念仏集)
二	一二一二	八〇	一月二十三日、源智に「一枚起請文」を授ける(金戒光明寺文書)。一月二十五日入寂(知恩講)○春、門弟ら、法然の中陰の法事を行なう(伝法絵)

＊カッコ内に依拠した史料を示した。略号は次のとおり。
知恩講＝知恩講私記／伝法絵＝本朝祖師伝記絵詞（善導寺本）／醍醐本＝法然上人伝記／私日記＝源空聖人私日記／琳阿本＝法然上人伝絵詞／古徳伝＝拾遺古徳伝絵／行状絵図＝法然上人行状絵図（四十八巻伝）

執筆者紹介（生年、現職、主要著書）―執筆順

寺《てら》内《うち》大《だい》吉《きち》　一九二一年生まれ　浄土宗大本山増上寺法主
『はぐれ念仏』（第四十四回直木賞）文芸春秋社、一九六三年
『法然讃歌』中公新書、二〇〇〇年

中《なか》村《むら》梅《うめ》之《の》助《すけ》　一九三〇年生まれ　俳優・前進座代表
前進座公演『法然』主演
前進座公演『勧進帳』主演

水《みず》谷《たに》幸《こう》正《しょう》　一九二八年生まれ　浄土宗宗務総長、学校法人浄土宗教育資団（佛教大学・華頂学園）理事長
『仏教思想と浄土教』思文閣出版、一九九八年
『仏教・共生・福祉』思文閣出版、一九九九年

中《なか》井《い》真《しん》孝《こう》　→別掲

福《ふく》原《はら》隆《りゅう》善《ぜん》　一九四一年生まれ　佛教大学教授
『浄土仏教の思想――隆寛』講談社、一九九二年
『現代語訳一切経2　智者大師別伝』大東出版社、一九九七年

藤《ふじ》本《もと》淨《きよ》彦《ひこ》

一九四四年生まれ　佛教大学教授
『法然浄土教の普遍』四恩社、一九九七年
『法然浄土教の宗教思想』平楽寺書店、二〇〇三年

末《すえ》木《き》文《ふみ》美《ひ》士《こ》

一九四九年生まれ　東京大学教授
『日本仏教思想史論考』大蔵出版、一九九三年
『鎌倉仏教形成論』法蔵館、一九九八年

梶《かじ》村《むら》昇《のぼる》

一九二五年生まれ　亜細亜大学名誉教授
『法然のことば』雄山閣出版、一九七八年
『日本人の信仰』中公新書、一九八八年

今《いま》掘《ほり》太《た》逸《いつ》

一九五〇年生まれ　佛教大学教授
『神祇信仰の展開と仏教』吉川弘文館、一九九〇年
『本地垂迹信仰と念仏』法蔵館、一九九七年

中《なか》野《の》正《しょう》明《みょう》

一九五四年生まれ　華頂短期大学学長
『法然遺文の基礎的研究』法蔵館、一九九四年
「各種法然伝所載「ご臨終の時門弟等に示されける御詞」について」(『香川孝雄博士古稀記念論集佛教学浄土学研究』永田文昌堂、二〇〇一年)

黒《くろ》田《だ》彰《あきら》

一九五〇年生まれ　佛教大学教授

『中世説話の文学史的環境』正・続、和泉書院、一九八七・一九九五年
『孝子伝の研究』佛教大学鷹陵文化叢書五、二〇〇一年

編者略歴

中井真孝

一九四三年　滋賀県に生まれる

一九七二年　大阪大学大学院文学研究科博士課程満期退学（国史学専攻）

現在　佛教大学学長・教授

〔主要著書〕

『日本古代仏教制度史の研究』（法蔵館、一九九一年）

『朝鮮と日本の古代仏教』（東方出版、一九九四年）

『法然伝と浄土宗史の研究』（思文閣出版、一九九四年）

日本の名僧　7

念仏の聖者　法然

二〇〇四年（平成十六）十月一日　第一刷発行

編　者　中《なか》井《い》真《しん》孝《こう》

発行者　林　英男

発行所　株式会社　吉川弘文館

郵便番号一一三—〇〇三三

東京都文京区本郷七丁目二番八号

電話〇三—三八一三—九一五一〈代表〉

振替口座〇〇一〇〇—五—二四四

http://www.yoshikawa-k.co.jp/

印刷＝株式会社　理想社

製本＝誠製本株式会社

装幀＝清水良洋

ISBN4-642-07851-7

刊行のことば

二十一世紀を迎えた現代社会は、永い人類史の到達点として誰にとっても豊かで輝かしい世紀でなければなりません。しかしながら、現実はバブル経済破綻の後遺症としての雇用不安や、社会福祉の後退にともなう将来不安、信じがたいさまざまな事件による社会不安が、人びとの心に深い影を落し、人間相互の不信を増幅しています。また、産業構造の変化や情報革命といわれるように、歴史上でも大きな社会変革期に当って、多くの人びとに精神的な動揺をもたらしています。

小社では、このような混迷の時代を生きる指針として、『日本の名僧』全十五巻を企画立案いたしました。名僧に関する出版物が溢れる中で、生きる指針としての欲求を満たすために、全巻同一の視点から名僧たちを客観的に追究し、実像を浮かび上がらせたいと考えました。かつての仏教学・宗教学からの研究は、ともすると名僧の多くが宗祖であるがゆえに宗派内の価値観に囚われ、また歴史学からの研究は、その足跡をたどりながら政治権力との関わりや文化史的意義を問いながらも、名僧の内面の襞までは捉えていないように見えます。そこで、これらの名僧をそれぞれの専門分野から多面的に捉え、生きた名僧像を捉えられるような構成といたしました。

本叢書で取り上げる名僧たちは、現代と同様な社会変動期を私たちと同じようにさまざまな事柄に悩みながらも、混迷する社会の中で思索を重ね行動し、強い意志を持って生き抜いた人たちです。これら名僧たちを追体験しながら、その生きざまが何ゆえに現代人の魂を揺さぶるのかの再確認を通して、読者が混迷する現代社会の中に新しい価値観を創造し、新時代の建設に役立てていただくことを期待するものであります。

二〇〇三年六月

吉川弘文館